발빠르게
자격증을
취득한다!

탄탄한 매뉴얼과 최신 기출문제 수록! 빠르고 정확한 합격 지름길!

최신 출제유형
100% 반영

정보기술자격

ITQ

한글 NEO 2016

MARINE
MARINEBOOKS

MEMO

이책의 차례

Information Technology Qualification

MEMO

ITQ
시험안내

1. 정보기술자격 ITQ 자격 소개

2. 회원가입부터 자격증 수령까지 한눈에!

3. ITQ 답안 작성 요령(온라인 답안 시스템)

MEMO

★ 정보기술자격 ITQ 자격 소개

최고의 신뢰성, 최대의 활용도를 갖춘 국가공인자격 ITQ는 실기시험만으로 평가하는 미래형 첨단 IT자격시험입니다.

시험 과목

자격종목	프로그램 및 버전		등급	시험 방식	시험 시간
	S/W	공식버전			
아래한글	한컴오피스	NEO/2020 병행(2022.1월 정기시험부터)	A등급 B등급 C등급	PBT	60분
한셀		* 한셀/한쇼 과목은 NEO버전으로만 운영			
한쇼					
MS워드	MS오피스	2016(2022.1월 정기시험부터)			
한글엑셀					
한글액세스					
한글파워포인트					
인터넷	내장브라우저 IE8.0 이상				

합격 결정기준

등급	점수	수준
A등급	400점 ~ 500점	주어진 과제의 80%~100%를 정확히 해결할 수 있는 능력
B등급	300점 ~ 399점	주어진 과제의 60%~79%를 정확히 해결할 수 있는 능력
C등급	200점 ~ 299점	주어진 과제의 40%~59%를 정확히 해결할 수 있는 능력

글꼴 : 궁서, 18pt, 진하게, 가운데 정렬
책갈피 이름 : 건강
덧말 넣기

머리말 기능
굴림, 10pt, 오른쪽 정렬 → 지역 건강 통계

지역사회건강조사
건강조사, 함께 여는 건강 내일

문단 첫 글자 장식 기능
글꼴 : 돋움, 면색 : 노랑

그림위치(내 PC₩문서₩ITQ₩Picture₩그림5.jpg, 문서에 포함)
자르기 기능 이용, 크기(40mm×40mm), 바깥 여백 왼쪽 : 2mm

지역사회건강조사는 지역 건강통계를 생산(生産)하여 지역별로 꼭 필요한 근거 중심의 보건사업을 수행하기 위해 지역주민 건강행태(흡연, 음주 등) 및 이환, 의료이용 등을 조사하는 건강조사로 지역보건법 제4조(지역사회 건강실태조사) 및 동법시행령 제2조(지역사회 건강실태조사 방법 및 내용)에 따라 보건복지부 질병관리본부와 17개 시, 도, 255개 보건소가 함께 수행하는 국가승인통계 조사이다.

조사방법은 조사원이 주택유형과 지역적 특성을 고려한 통계적 방법론에 따라 선정된 약 450개의 표본가구를 직접 방문하여 일대일 면접 조사로 실시되며, 설문조사는 전자조사표 (CAPI)를 이용하여 노트북으로 진행된다. 이때, 선정된 가구에는 8월부터 우편을 통해 선정통지서가 전달되며, 일련의 교육과정을 통해 훈련된 해당지역 보건소 소속 조사원이 조사 수행한다. 조사 항목으로는 가구조사, 건강행태, 예방접종 및 검진, 이환, 의료이용, 사고 및 중독, 활동 제한 및 삶의 질, 심폐소생술㉠, 사회 물리적 환경, 코로나바이러스감염증-19, 교육 및 경제활동에 대해 조사한다. 이 중 건강행태 조사 항목으로는 흡연, 음주, 안전의식, 신체활동, 식생활, 비만(肥滿) 및 체중조절, 건강지식, 구강건강, 정신건강이다.

각주

■ 한국인을 위한 식생활 지침

글꼴 : 굴림, 18pt, 하양
음영색 : 파랑

I. 영유아를 위한 식생활 지침
   i. 생후 6개월까지는 반드시 모유를 먹이자.
   ii. 이유식은 성장단계에 맞추어 먹이자.
II. 청소년을 위한 식생활 지침
   i. 짠 음식과 기름진 음식을 적게 먹자.
   ii. 식사를 거르거나 과식하지 말자.

문단 번호 기능 사용
1수준 : 20pt, 오른쪽정렬,
2수준 : 30pt, 오른쪽정렬
줄 간격 : 180%

표 전체 글꼴 : 돋움, 10pt, 가운데 정렬
셀 배경(그러데이션) : 유형【수평】,
시작색(하양), 끝색(노랑)

■ 연도별 지역사회건강조사 추진 내용

글꼴 : 굴림, 18pt, 기울임, 강조점

연도	추진 경과	실시 규모 및 방법	비고
2007년	지역사회건강조사 시범사업 실시	서울, 전북, 경남에서 시범 실시	제3기 순환조사 (2018년-2021년)
2008년	전국 일제 실시	전국 251개 보건소	
2009년	전자조사표 면접조사 실시	조사원이 면접 진행	
2010년	순환조사 체계 도입	조사 항목별 1년, 2년, 4년 주기	
2015년	지역사회건강조사 의무시행 법적근거 마련	지역보건법 제4조	

각주 구분선 : 5cm

글꼴 : 궁서, 24pt, 진하게
장평 95%, 오른쪽 정렬 → # 보건복지부 질병관리본부

㉠ 심폐소생술 인지, 심폐소생술 교육 및 실습 경험 등에 대해 조사함

쪽 번호 매기기
4로 시작 → IV

정보기술자격(ITQ) 시험

UTB1111

한컴오피스

과 목	코드	문제유형	시험시간	수험번호	성 명
아래한글	1111	B	60분		

수험자 유의사항

- 수험자는 문제지를 받는 즉시 문제지와 수험표상의 시험과목(프로그램)이 동일한지 반드시 확인하여야 합니다.
- 파일명은 본인의 "수험번호-성명"으로 입력하여 답안폴더(내 PC₩문서₩ITQ)에 하나의 파일로 저장해야 하며, 답안문서 파일명이 "수험번호-성명"과 일치하지 않거나, 답안파일을 전송하지 않아 미제출로 처리될 경우 실격 처리합니다.(예:12345678-홍길동.hwp).
- 답안 작성을 마치면 파일을 저장하고, '답안 전송' 버튼을 선택하여 감독위원 PC로 답안을 전송하십시오. 수험생 정보와 저장한 파일명이 다를 경우 전송되지 않으므로 주의하시기 바랍니다.
- 답안 작성 중에도 주기적으로 저장하고, '답안 전송'하여야 문제 발생을 줄일 수 있습니다. 작업한 내용을 저장하지 않고 전송할 경우 이전에 저장된 내용이 전송되오니 이점 유의하시기 바랍니다.
- 답안문서는 지정된 경로 외의 다른 보조기억장치에 저장하는 경우, 지정된 시험 시간 외에 작성된 파일을 활용할 경우, 기타 통신수단(이메일, 메신저, 네트워크 등)을 이용하여 타인에게 전달 또는 외부 반출하는 경우는 부정 처리합니다.
- 시험 중 부주의 또는 고의로 시스템을 파손한 경우는 수험자가 변상해야 하며, <수험자 유의사항>에 기재된 방법대로 이행하지 않아 생기는 불이익은 수험생 당사자의 책임임을 알려 드립니다.
- 문제의 조건은 한컴오피스 2020 버전으로 설정되어 있으며 한컴오피스 NEO호 [ ]에 표기되어 있습니다. 이와 관련하여 작성한 답안의 출력형태가 문제지와 다를 수 있습니다.
- 시험을 완료한 수험자는 답안파일이 전송되었는지 확인한 후 감독위원의 지시에 따라 문제지를 제출하고 퇴실합니다.

답안 작성요령

- 온라인 답안 작성 절차
  수험자 등록 ➡ 시험 시작 ➡ 답안파일 저장 ➡ 답안 전송 ➡ 시험 종료
- 공통 부문
  - 글꼴에 대한 기본설정은 함초롬바탕, 10포인트, 검정, 줄간격 160%, 양쪽정렬로 합니다.
  - 색상은 조건의 색을 적용하되 색의 구분이 안 될 경우에는 RGB 값을 적용하십시오.
    (빨강 255,0,0 / 파랑 0,0,255 / 노랑 255,255,0).
  - 각 문항에 주어진 <조건>에 따라 작성하고 언급하지 않은 조건은 <출력형태>와 같이 작성합니다.
  - 용지여백은 왼쪽·오른쪽 11㎜, 위쪽·아래쪽·머리말·꼬리말 10㎜, 제본 0㎜로 합니다.
  - 그림 삽입 문제의 경우 「내 PC₩문서₩ITQ₩Picture」 폴더에서 지정된 파일을 선택하여 삽입하십시오.
  - 삽입한 그림은 반드시 문서에 포함하여 저장해야 합니다(미포함 시 감점 처리).
  - 각 항목은 지정된 페이지에 출력형태와 같이 정확히 작성하시기 바라며, 그렇지 않을 경우에
    해당 항목은 0점 처리됩니다.
    ※ 페이지구분 : 1페이지 - 기능평가 I (문제번호 표시 : 1. 2.),
      　　　　　　 2페이지 - 기능평가 II (문제번호 표시 : 3. 4.),
      　　　　　　 3페이지 - 문서작성 능력평가
- 기능평가
  - 문제와 <조건>은 입력하지 않으며 문제번호와 답(<출력형태>)만 작성합니다.
  - 4번 문제는 뭐리를 했을 경우 0점 처리됩니다.
- 문서작성 능력평가
  - A4 용지(210㎜×297㎜) 1매 크기, 세로 서식 문서로 작성합니다.
  - ⓐ 표시는 문서작성에 대한 지시사항이므로 작성하지 않습니다.

kpc 한국생산성본부

기능평가 I (150점)

1. 다음의 《조건》에 따라 스타일 기능을 적용하여 《출력형태》와 같이 작성하시오. (50점)

《조건》 (1) 스타일 이름 - copyright
　　　　(2) 문단 모양 - 왼쪽 여백 : 15pt, 문단 아래 간격 : 10pt
　　　　(3) 글자 모양 - 글꼴 : 한글(굴림)/영문(바탕), 크기 : 10pt, 장평 : 95%, 자간 : 5%

《출력형태》
Copyright enriches the life of people. For culture and arts of life and development of scientific journals toward intellectual life, the copyright protection is essential.

저작권자는 자신의 저작권이 침해되었을 경우 해당 저작물에 대한 복제 및 전송 중단 요청 만사상 손해배상 청구, 형사 고소를 할 수 있다.

2. 다음의 《조건》에 따라 《출력형태》와 같이 표와 차트를 작성하시오. (100점)

《표 조건》 (1) 표 전체(표, 캡션) - 돋움, 10pt
　　　　　(2) 정렬 - 문자 : 가운데 정렬, 숫자 : 오른쪽 정렬
　　　　　(3) 셀 배경(면색) : 노랑
　　　　　(4) 한글의 계산 기능을 이용하여 빈칸에 평균(소수점 두 자리)을 구하고, 캡션 기능을 사용할 것
　　　　　(5) 선 모양은 《출력형태》와 동일하게 처리할 것

《출력형태》

유형별 저작권 상담 현황 (단위 : 백 건)

유형	2017년	2018년	2019년	2020년	평균
인터넷상담	8.7	1.7	1.7	4.1	
내방상담	8.2	11.2	7.4	0.8	
서신상담	0.7	0.8	1.2	1.1	
전화상담	430.7	426.4	434.9	429.4	

《차트 조건》 (1) 차트 데이터는 표 내용에서 연도별 인터넷상담, 내방상담, 서신상담의 값만 이용할 것
　　　　　　(2) 종류 - <묶은 세로 막대형>으로 작업할 것
　　　　　　(3) 제목 - 굴림, 진하게, 12pt, 속성 - 채우기(하양), 테두리, 그림자(대각선 오른쪽 아래)
　　　　　　【굴림, 진하게, 12pt, 배경 - 선 모양(한 줄로), 그림자(2pt)】
　　　　　　(4) 제목 이외의 전체 글꼴 - 굴림, 보통, 10pt
　　　　　　(5) 축제목과 범례는 《출력형태》와 동일하게 처리할 것

《출력형태》

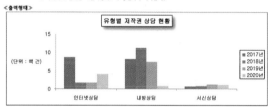

유형별 저작권 상담 현황

(단위 : 백 건)

━ 2017년
━ 2018년
━ 2019년
━ 2020년

인터넷상담　　내방상담　　서신상담

기능평가 II (150점)

3. 다음 (1), (2)의 수식을 수식 편집기로 각각 입력하시오. (40점)

《출력형태》

$(1)\ \frac{h_1}{h_2} = \left(\sqrt{a}\right)^{M_1 - M_2}, 2.5^{M_1 - M_2}$

$(2)\ h = \sqrt{k^2 - r^2}, M = \frac{1}{3}\pi r^2 h$

4. 다음의 《조건》에 따라 《출력형태》와 같이 문서를 작성하시오. (110점)

《조건》 (1) 그리기 도구를 이용하여 작성하고, 모든 도형(글맵시, 지정된 그림 포함)을 《출력형태》와 같이 작성하시오.
　　　　(2) 도형의 면색은 지시사항이 없으면 색 없음을 제외하고 서로 다르게 임의로 지정하시오.

《출력형태》

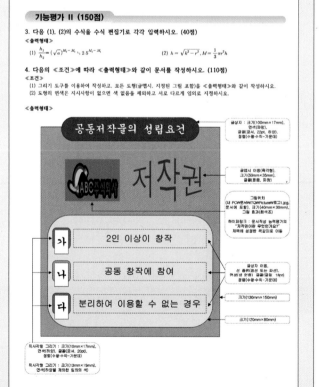

공동저작물의 성립요건

저작권

2인 이상이 창작

공동 창작에 참여

분리하여 이용할 수 없는 경우

가 / 나 / 다

글상자 : 크기(100mm×17mm), 면색(하양), 글꼴(굴서, 22pt, 가운데 정렬(수평·수직·가운데))

글맵시 이용(육각형), 크기(50mm×35mm), 글꼴(돋움, 파랑)

그림위치 (내 PC₩문서₩ITQ₩Picture₩로고1.jpg, 문서에 포함), 크기(40mm×30mm), 그림효과(회색조)

하이퍼링크 : 문서작성 능력평가의 "저작권이란 무엇인가요?" 제목에 설정한 책갈피로 이동

글상자 이용, 선 모양(점선 또는 파선), 면색(설정 없음) 글꼴(굴서, 18pt) 정렬(수평·수직·가운데면색)

크기(130mm×150mm)

크기(120mm×80mm)

직사각형 그리기 : 크기(10mm×17mm), 면색(하양), 글꼴(굴서, 20pt), 정렬(수평·수직·가운데)

직사각형 그리기 : 크기(13mm×15mm), 면색(하양을 제외한 임의의 색)

문서작성 능력평가 (200점)

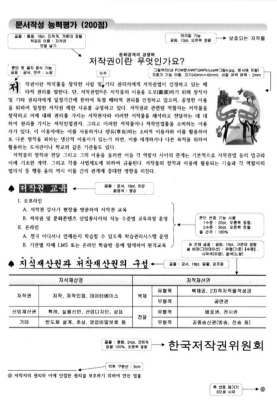

글꼴 : 돋움, 18pt, 진하게, 가운데 정렬
책갈피 이름 : 저작권
덧말 넣기

머리말 기능
굴림, 10pt, 오른쪽 정렬 ➡ 보호되는 저작물

문화경제의 경쟁력
저작권이란 무엇인가요?

문단 첫 글자 장식 기능
글꼴 : 굴서, 면색 : 노랑

각주

저작권이란 저작물을 창작한 사람 등 기타 권리자에게 저작권법이 인정하고 있는 배타적 권리를 말한다. 단, 저작권법은 저작물의 이용을 도모[圖謀]하기 위해 창작자 및 기타 권리자에게 일정기간에 한하여 특정 배타적 권리를 인정하고 있으며, 공정한 이용을 위하여 일정한 저작권 제한 사유를 규정하고 있다. 저작권과 관련된 역할자는 저작물을 창작하고 이에 대해 권리를 가지는 저작권창작자 이러한 저작물을 해석하고 전달하는 데 대하여 권리를 가지는 저작인접권자. 그리고 이러한 저작물에서 저작인접물을 소비하는 이용자가 있다. 이 이용자에는 이를 사용하거나 향유(享有)하는 소비적 이용자와 이를 활용하여 또 다른 창작을 꾀하는 생산적 이용자가 있는가 하면, 이를 매개하거나 다른 목적을 위하여 활용하는 도서관이나 학교와 같은 기관들도 있다.

저작물의 창작과 전달 그리고 그의 이용을 둘러싼 이들 각 역할자 사이의 관계는 기본적으로 저작권법 등의 법규와 이에 기초한 계약. 그리고 각종 사업제도에 의하여 규율된다. 저작물의 창작과 이용에 활용되는 기술과 각 역할자의 법의식 등 행동 윤리 역시 이들 간의 관계에 중대한 영향을 미친다.

그림위치(내 PC₩문서₩ITQ₩Picture₩그림4.jpg, 문서에 포함), 크기(40mm×45mm), 바깥 여백 왼쪽 : 2mm

♠ 저작권 교육

글꼴 : 굴서, 18pt, 하양
음영색 : 빨강

I. 오프라인
　A. 저작권 강사가 현장을 방문하여 저작권 교육
　B. 저작권 및 문화콘텐츠 산업종사자의 직능 수준별 교육과정 운영
II. 온라인
　A. 전국 어디나 언제든지 학습할 수 있도록 학습관리시스템 운영
　B. 기관별 자체 LMS 또는 온라인 학습방 등에 탑재하여 원격교육

문단 번호 기능 사용
1수준 : 20pt, 오른쪽 정렬
2수준 : 30pt, 오른쪽 정렬
줄 간격 : 180%

표 전체 글꼴 : 굴림, 10pt, 가운데 정렬
셀 배경(그러데이션) : 유형[가운데]
시작색(하양), 끝색(노랑)

♠ 지식재산권과 저작재산권의 구성

글꼴 : 굴서, 18pt, 밑줄, 강조점

지식재산권			저작재산권		
저작권	저작, 저작인접, 데이터베이스	복제	유형적	복제권, 2차적저작물작성권	
			무형적	공연권	
산업재산권	특허, 실용신안, 산업디자인, 상표	전달	유형적	배포권, 전시권	
기타	반도체 설계, 초상, 영업비밀보호 등		무형적	공중송신권(방송, 전송 등)	

글꼴 : 굴서, 24pt, 진하게
장평 105%, 오른쪽 정렬 ➡ **한국저작권위원회**

각주 구분선 : 5cm

ⓐ 저작자의 권리와 이에 인접한 권리를 보호하기 위하여 만든 법이다

쪽 번호 매기기
6으로 시작 ➡ ⑥

3. 다음 (1), (2)의 수식을 수식 편집기로 각각 입력하시오. (40점)

《출력형태》

(1) $\int_0^1 (\sin x + \frac{x}{2})dx = \int_0^1 \frac{1+\sin x}{2}dx$

(2) $H_n = \frac{a(r^n - 1)}{r-1} = \frac{a(1+r^n)}{1-r} (r \neq 1)$

4. 다음의 《조건》에 따라 《출력형태》와 같이 문서를 작성하시오. (110점)

《조건》　(1) 그리기 도구를 이용하여 작성하고, 모든 도형(글맵시, 지정된 그림 포함)을 《출력형태》와 같이 작성하시오.

　　　　(2) 도형의 면색은 지시사항이 없으면 색 없음을 제외하고 서로 다르게 임의로 지정하시오.

《출력형태》

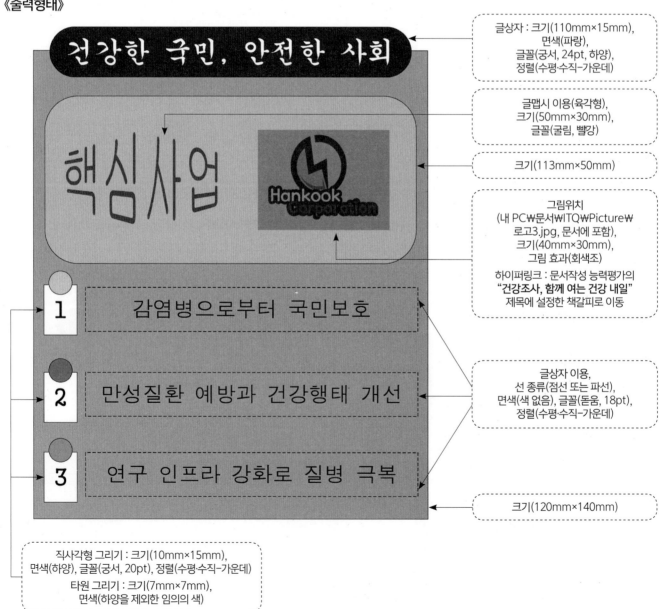

글상자 : 크기(110mm×15mm), 면색(파랑), 글꼴(궁서, 24pt, 하양), 정렬(수평·수직-가운데)

글맵시 이용(육각형), 크기(50mm×30mm), 글꼴(굴림, 빨강)

크기(113mm×50mm)

그림위치 (내 PC₩문서₩ITQ₩Picture₩ 로고3.jpg, 문서에 포함), 크기(40mm×30mm), 그림 효과(회색조)

하이퍼링크 : 문서작성 능력평가의 **"건강조사, 함께 여는 건강 내일"** 제목에 설정한 책갈피로 이동

글상자 이용, 선 종류(점선 또는 파선), 면색(색 없음), 글꼴(돋움, 18pt), 정렬(수평·수직-가운데)

크기(120mm×140mm)

직사각형 그리기 : 크기(10mm×15mm), 면색(하양), 글꼴(궁서, 20pt), 정렬(수평·수직-가운데)
타원 그리기 : 크기(7mm×7mm), 면색(하양을 제외한 임의의 색)

★ 회원가입부터 자격증 수령까지 한눈에!

회원가입!

1

회원가입 → 본인인증 → 사진등록

license.kpc.or.kr 접속 > 개인정보 입력!

시험 접수!

2

검정 고사장과 ITQ 시험 과목을 선택해요. 원서접수 유의사항을 꼭 확인하고, 검정 수수료와 환불 규정도 꼼꼼히 살펴보면 좋겠죠?

열공!!

3

연 공!

화팅!

시험장 도착

4

시험보고 싶어요ㅠㅠ

입실완료

1. 다음의 《조건》에 따라 스타일 기능을 적용하여 《출력형태》와 같이 작성하시오. (50점)

《조건》
(1) 스타일 이름 – disease
(2) 문단 모양 – 첫 줄 들여쓰기 : 10pt, 문단 아래 간격 : 10pt
(3) 글자 모양 – 글꼴 : 한글(굴림)/영문(돋움), 크기 : 10pt, 장평 : 105%, 자간 : -5%

《출력형태》

A disease is a particular abnormal condition that negatively affects the structure of function of all or part of an organism, and that is not due to any immediate external injury.

질병은 생물학적 차원의 개념으로 병리학 혹은 생리학의 관점에서 심신이 계속적으로 장애를 일으켜서 정상적인 기능을 할 수 없는 상태를 의미하며, 감염성 질환과 비감염성 질환으로 나눈다.

2. 다음의 《조건》에 따라 《출력형태》와 같이 표와 차트를 작성하시오. (100점)

《표 조건》
(1) 표 전체(표, 캡션) – 돋움, 10pt
(2) 정렬 – 문자 : 가운데 정렬, 숫자 : 오른쪽 정렬
(3) 셀 배경(면색) : 노랑
(4) 한글의 계산 기능을 이용하여 빈칸에 평균(소수점 두 자리)을 구하고, 캡션 기능 사용할 것
(5) 선 모양은 《출력형태》와 동일하게 처리할 것

《출력형태》

지역별 주5일 이상 아침식사 결식 학생 수(단위 : 명)

지역	2016년	2017년	2018년	2019년	평균
서울	9,567	9,287	8,771	8,337	
경기	13,990	13,465	12,798	12,360	
강원	2,224	2,219	2,262	2,056	
대전	2,682	2,377	2,273	2,184	✕

《차트 조건》
(1) 차트 데이터는 표 내용에서 연도별 서울, 경기, 강원의 값만 이용할 것
(2) 종류 – <묶은 세로 막대형>으로 작업할 것
(3) 제목 – 궁서, 진하게, 12pt, 배경 – 선 모양(한 줄로), 그림자(2pt)
(4) 제목 이외의 전체 글꼴 – 궁서, 보통, 10pt
(5) 축제목과 범례는 《출력형태》와 동일하게 처리할 것

《출력형태》

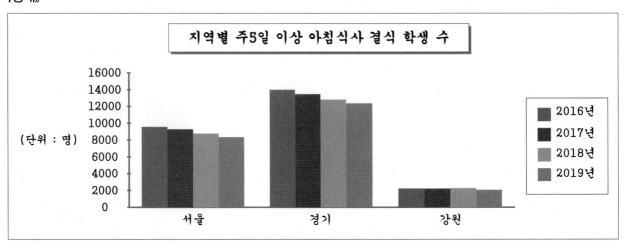

정보기술자격(ITQ) 최신기출문제

과 목	코 드	문제유형	시험시간	수험번호	성 명
아래한글	1111	A	60분		

수험자 유의사항

◎ 수험자는 문제지를 받는 즉시 문제지와 **수험표상의 시험과목(프로그램)이 동일한지 반드시 확인**하여야 합니다.

◎ 파일명은 본인의 "수험번호-성명"으로 입력하여 답안폴더(내 PC₩문서₩ITQ)에 하나의 파일로 저장해야 하며, 답안문서 파일명이 "수험번호-성명"과 일치하지 않거나, 답안파일을 전송하지 않아 미제출로 처리될 경우 실격 처리합니다 (예:12345678-홍길동.hwp).

◎ 답안 작성을 마치면 파일을 저장하고, '답안 전송' 버튼을 선택하여 감독위원 PC로 답안을 전송하십시오. 수험생 정보와 저장한 파일명이 다를 경우 전송되지 않으므로 주의하시기 바랍니다.

◎ 답안 작성 중에도 **주기적으로 저장하고, '답안 전송'**하여야 문제 발생을 줄일 수 있습니다. 작업한 내용을 저장하지 않고 전송할 경우 이전에 저장된 내용이 전송되오니 이점 유의하시기 바랍니다.

◎ 답안문서는 지정된 경로 외의 다른 보조기억장치에 저장하는 경우, 지정된 시험 시간 외에 작성된 파일을 활용할 경우, 기타 통신수단(이메일, 메신저, 네트워크 등)을 이용하여 타인에게 전달 또는 외부 반출하는 경우는 부정 처리합니다.

◎ 시험 중 부주의 또는 고의로 시스템을 파손한 경우는 수험자가 변상해야 하며, <수험자 유의사항>에 기재된 방법대로 이행하지 않아 생기는 불이익은 수험생 당사자의 책임임을 알려 드립니다.

◎ 문제의 조건은 한컴오피스 2020 버전으로 설정되어 있으며 한컴오피스 NEO는 【 】에 표기되어 있습니다. 이와 관련하여 작성한 답안의 출력형태가 문제지와 다를 수 있습니다.

◎ 시험을 완료한 수험자는 답안파일이 전송되었는지 확인한 후 감독위원의 지시에 따라 문제지를 제출하고 퇴실합니다.

답안 작성요령

◎ **온라인 답안 작성 절차**

수험자 등록 ⇒ 시험 시작 ⇒ 답안파일 저장 ⇒ 답안 전송 ⇒ 시험 종료

◎ **공통 부문**

· 글꼴에 대한 기본설정은 함초롬바탕, 10포인트, 검정, 줄간격 160%, 양쪽정렬로 합니다.

· 색상은 조건의 색을 적용하고 색의 구분이 안 될 경우에는 RGB 값을 적용하십시오.
  (빨강 255,0,0 / 파랑 0,0,255 / 노랑 255,255,0).

· 각 문항에 주어진 《조건》에 따라 작성하고 언급하지 않은 조건은 《출력형태》와 같이 작성합니다.

· 용지여백은 왼쪽 ·오른쪽 11mm, 위쪽·아래쪽·머리말·꼬리말 10mm, 제본 0mm로 합니다.

· 그림 삽입 문제의 경우 「내 PC₩문서₩ITQ₩Picture」 폴더에서 지정된 파일을 선택하여 삽입하십시오.

· 삽입한 그림은 반드시 문서에 포함하여 저장해야 합니다(미포함 시 감점 처리).

· 각 항목은 지정된 페이지에 출력형태와 같이 정확히 작성하시기 바라며, 그렇지 않을 경우에 해당 항목은 0점 처리됩니다.
  ※ 페이지구분 : 1페이지 – 기능평가 I (문제번호 표시 : 1. 2.),
                  2페이지 – 기능평가 II (문제번호 표시 : 3. 4.),
                  3페이지 – 문서작성 능력평가

◎ **기능평가**

· 문제와 《조건》은 입력하지 않으며 문제번호와 답(《출력형태》)만 작성합니다.

· 4번 문제는 묶기를 했을 경우 0점 처리됩니다.

◎ **문서작성 능력평가**

· A4 용지(210mm×297mm) 1매 크기, 세로 서식 문서로 작성합니다.

· ┌──────┐ 표시는 문서작성에 대한 지시사항이므로 작성하지 않습니다.

★ ITQ 답안 작성 요령

※ 해당 프로그램은 개인이 연습할 수 있는 답안전송 프로그램으로 실제 답안은 전송되지 않습니다. 또한 시험장 운영체제 및 KOAS 버전에 따라 세부적인 부분에서 차이가 있을 수 있습니다.

❶ KOAS 수험자(연습용) 프로그램을 더블클릭하여 실행합니다.

❷ [KOAS 연습용 시험과목 선택] 대화상자가 표시되면 '시험 과목'과 '수험자 성명'을 입력한 후 <선택>을 클릭합니다.

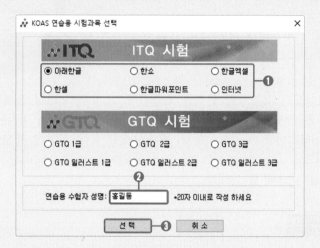

❸ [수험자 등록] 대화상자가 표시되면 본인의 수험번호를 입력한 후 <확인>을 클릭합니다. 이어서, 수험번호 확인 메시지 창에서 수험번호를 확인한 후 <확인>을 클릭합니다.

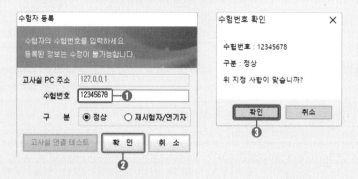

❹ [수험자 버전 선택] 대화상자가 표시되면 사용할 버전을 선택한 후 <확인>을 클릭합니다. 이어서, 수험자 정보(수험번호, 성명, 수험과목 등)를 최종적으로 확인한 후 <확인>을 클릭합니다.

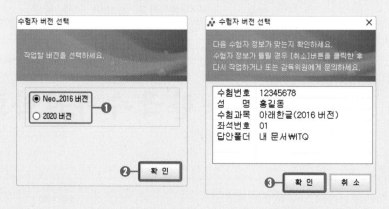

글꼴 : 돋움, 18pt, 진하게, 가운데 정렬
책갈피 이름 : 자정능력
덧말 넣기

머리말 기능
굴림, 10pt, 오른쪽 정렬 → 물과 사람

문단 첫 글자 장식 기능
글꼴 : 궁서, 면색 : 노랑

자연정화작용
물의 자정능력과 수질오염

그림위치(내 PC₩문서₩ITQ₩Picture₩그림4.jpg, 문서에 포함)
자르기 기능 이용, 크기(40mm×35mm), 바깥 여백 왼쪽 : 2mm

생태계는 동물, 식물 등의 생물체와 땅, 공기와 같은 미생물적 요소로 구성된다. 생물체는 미생물적 요소를 이용하고 그 조건 속에서 살아간다. 생태계는 환경에 위해나 변화가 발생할 때 그 변화에 적응(適應)하고 균형을 유지하여 영향을 줄일 수 있는 능력을 갖추고 있는데 이를 자정 능력이라 한다. 그러나 자연을 과도하게 개발하여 자연자원을 고갈시키거나, 생태계가 감당할 수 없는 많은 양의 쓰레기를 자연환경에 배출(排出)하면 환경오염이 발생한다. 이처럼 오염이 과도하여 생태계의 자정 능력을 넘어서면 생태계가 파괴되고 생물체는 생존의 위협을 받게 된다.

각주

적은 양의 물의 오염은 오히려 정상적인 것이지만 오염물질의 유입량이 한계를 초과하여 그 수역의 자정 능력만으로 정화되지 못할 경우에는 수질의 변화와 함께 물의 이용 가치가 떨어지고 생물이나 인간에게 악영향을 미치는데, 이것을 수질오염이라고 한다. 물의 자정 능력은 물속의 박테리아⑦ 수, 영양 물량, 용존산소량 등에 의하여 결정되므로 폐수의 방류 시에는 반드시 이를 신중하게 고려해야 한다. 기업체뿐만 아니라 우리 모두가 오염의 원인이자 문제 해결의 책임자임을 명심하여 수질 개선을 위한 노력에 힘을 모아야 할 것이다.

♣ 수질오염사고 발생 시 대처요령

글꼴 : 굴림, 18pt, 하양
음영색 : 빨강

(ㄱ) 수질오염 구별법

  (1) 물의 맛과 냄새, 색깔 등이 평소와 다를 때

  (2) 하천 등의 지역에서 어류활동이 이상하거나 폐사할 때

(ㄴ) 수질오염사고 발생 시 국민행동요령

  (1) 낚시, 수영, 보트놀이 등 친수 활동 금지

  (2) 식수의 사용을 중단하고 어로 및 수렵 행위 중단

문단 번호 기능 사용
1수준 : 20pt, 오른쪽정렬,
2수준 : 30pt, 오른쪽정렬
줄 간격 : 180%

표 전체 글꼴 : 돋움, 10pt, 가운데 정렬
셀 배경(그러데이션) : 유형(왼쪽 대각선),
시작색(하양), 끝색(노랑)

♣ 학회 발전 목표 및 추진 과제

글꼴 : 굴림, 18pt, 밑줄, 강조점

분야	발전 목표	추진 과제
학술	물 분야의 학술 발전을 위한 학회 역할 강화	수자원 관련 새로운 수요 창출
		정기 학술 발표회 운영 개선
기술	수자원의 기술 및 교육을 위한 학회 역량 강화	수자원 기술 강좌의 활성화
		수자원 기술 정보의 교류 확대
대외협력	학회 활동의 세계화 추진	국제 학술대회의 지속적 유치
		미래 세대를 위한 교육 및 홍보

글꼴 : 궁서, 24pt, 진하게
장평 105%, 오른쪽 정렬 → **한국수자원 학회**

각주 구분선 : 5cm

⑦ 생물체 가운데 가장 미세하고 가장 하등에 속하는 단세포 생활체

쪽 번호 매기기
4로 시작 → iv

답안 파일 저장 및 감독관 PC로 파일 전송하기

① 한글 프로그램을 실행하여 본인의 '수험번호-성명(12345678-홍길동)'으로 [내PC]-[문서]-[ITQ] 폴더에 저장합니다.

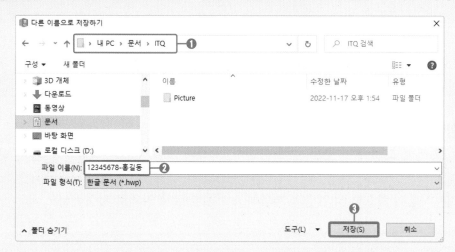

② 저장된 답안 파일을 전송하기 위해 [답안 전송]을 클릭합니다. 이어서, 답안파일 전송 메시지 창에서 <확인>을 클릭합니다.

※ 수험자 유의사항에 따라 주기적으로 답안 파일을 저장한 후 [답안 전송]을 클릭합니다.

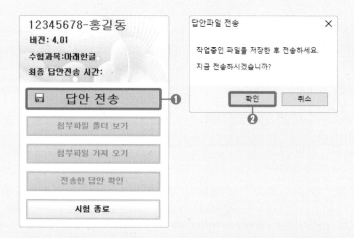

③ [고사실 PC로 답안 파일 보내기] 대화상자가 표시되면 답안 파일의 존재 유무를 확인한 후 [답안전송]을 클릭합니다. 이어서, 성공 메시지 창에서 <확인>을 클릭합니다.

④ 답안 파일 전송 상태가 '성공'인지 확인한 후 <닫기>를 클릭합니다.

※ 답안 파일은 [내PC]-[문서]-[ITQ] 폴더에 저장되어야 하며, 답안전송이 실패로 표시될 경우 다시 [답안전송]을 클릭합니다.

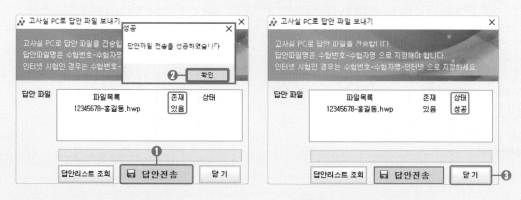

3. 다음 (1), (2)의 수식을 수식 편집기로 각각 입력하시오. (40점)

《출력형태》

(1) $F = \dfrac{4\pi^2}{T^2} - 1 = 4\pi^2 K \dfrac{m}{r^2}$

(2) $E = \sqrt{\dfrac{GM}{R}}, \dfrac{R^3}{T^2} = \dfrac{GM}{4\pi^2}$

4. 다음의 《조건》에 따라 《출력형태》와 같이 문서를 작성하시오. (110점)

《조건》　(1) 그리기 도구를 이용하여 작성하고, 모든 도형(글맵시, 지정된 그림 포함)을 《출력형태》와 같이
작성하시오.

(2) 도형의 면색은 지시사항이 없으면 색 없음을 제외하고 서로 다르게 임의로 지정하시오.

《출력형태》

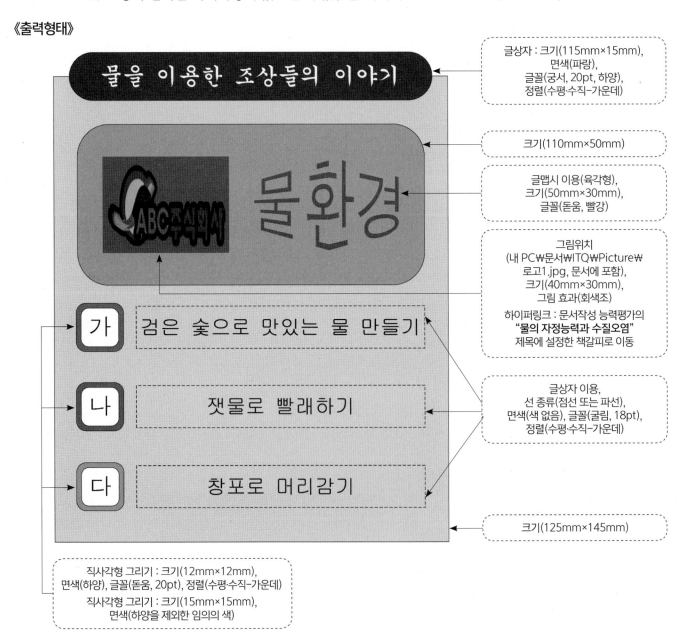

글상자 : 크기(115mm×15mm),
면색(파랑),
글꼴(궁서, 20pt, 하양),
정렬(수평·수직-가운데)

크기(110mm×50mm)

글맵시 이용(육각형),
크기(50mm×30mm),
글꼴(돋움, 빨강)

그림위치
(내 PC₩문서₩ITQ₩Picture₩
로고1.jpg, 문서에 포함),
크기(40mm×30mm),
그림 효과(회색조)
하이퍼링크 : 문서작성 능력평가의
"물의 자정능력과 수질오염"
제목에 설정한 책갈피로 이동

글상자 이용,
선 종류(점선 또는 파선),
면색(색 없음), 글꼴(굴림, 18pt),
정렬(수평·수직-가운데)

크기(125mm×145mm)

직사각형 그리기 : 크기(12mm×12mm),
면색(하양), 글꼴(돋움, 20pt), 정렬(수평·수직-가운데)
직사각형 그리기 : 크기(15mm×15mm),
면색(하양을 제외한 임의의 색)

MEMO

1. 다음의《조건》에 따라 스타일 기능을 적용하여《출력형태》와 같이 작성하시오. (50점)

《조건》　　(1) 스타일 이름 – water

　　　　　(2) 문단 모양 – 첫 줄 들여쓰기 : 15pt, 문단 아래 간격 : 10pt

　　　　　(3) 글자 모양 – 글꼴 : 한글(굴림)/영문(돋움), 크기 : 10pt, 장평 : 95%, 자간 : -5%

《출력형태》

In order to reduce drastic climate change which has never appeared before, green growth has come to the fore as a national task and water management will be more significant for green growth.

현재 세계는 역사상 유례가 없는 물 부족 현상을 경험하고 있습니다. 수자원의 확보는 인류의 안전 보장은 물론, 사회와 국가의 지속할 수 있는 성장을 위한 필수요소가 되고 있습니다.

2. 다음의《조건》에 따라《출력형태》와 같이 표와 차트를 작성하시오. (100점)

《표 조건》　(1) 표 전체(표, 캡션) – 돋움, 10pt

　　　　　(2) 정렬 – 문자 : 가운데 정렬, 숫자 : 오른쪽 정렬

　　　　　(3) 셀 배경(면색) : 노랑

　　　　　(4) 한글의 계산 기능을 이용하여 빈칸에 평균(소수점 두 자리)을 구하고, 캡션 기능 사용할 것

　　　　　(5) 선 모양은《출력형태》와 동일하게 처리할 것

《출력형태》

2020년 10월 한강권역 수질 현황(단위 : mg/L)

구분	도곡	잠실	우이천	노량진	평균
용존산소	9.71	10.42	13.42	9.01	
부유물질	9.82	5.46	2.44	6.25	
총질소	1.92	2.16	5.83	4.31	
총인	0.036	0.024	0.041	0.047	✕

《차트 조건》(1) 차트 데이터는 표 내용에서 수계별 용존산소, 부유물질, 총질소의 값만 이용할 것

　　　　　(2) 종류 – <묶은 가로 막대형>으로 작업할 것

　　　　　(3) 제목 –【궁서, 진하게, 12pt, 배경 – 선 모양(한 줄로), 그림자(2pt)】

　　　　　(4) 제목 이외의 전체 글꼴 – 궁서, 보통, 10pt

　　　　　(5) 축제목과 범례는《출력형태》와 동일하게 처리할 것

《출력형태》

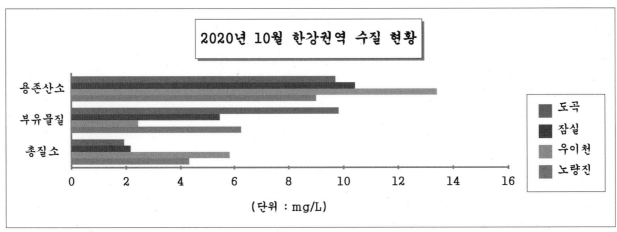

출제유형 마스터하기

정보기술자격(ITQ) 최신기출문제

과 목	코 드	문제유형	시험시간	수험번호	성 명
아래한글	1111	C	60분		

수험자 유의사항

◎ 수험자는 문제지를 받는 즉시 문제지와 **수험표상의 시험과목(프로그램)이 동일한지 반드시 확인**하여야 합니다.

◎ 파일명은 본인의 "수험번호-성명"으로 입력하여 답안폴더(내 PC₩문서₩ITQ)에 하나의 파일로 저장해야 하며, 답안문서 파일명이 "수험번호-성명"과 일치하지 않거나, 답안파일을 전송하지 않아 미제출로 처리될 경우 실격 처리합니다 (예:12345678-홍길동.hwp).

◎ 답안 작성을 마치면 파일을 저장하고, '답안 전송' 버튼을 선택하여 감독위원 PC로 답안을 전송하십시오. 수험생 정보와 저장한 파일명이 다를 경우 전송되지 않으므로 주의하시기 바랍니다.

◎ 답안 작성 중에도 **주기적으로 저장하고, '답안 전송'**하여야 문제 발생을 줄일 수 있습니다. 작업한 내용을 저장하지 않고 전송할 경우 이전에 저장된 내용이 전송되오니 이점 유의하시기 바랍니다.

◎ 답안문서는 지정된 경로 외의 다른 보조기억장치에 저장하는 경우, 지정된 시험 시간 외에 작성된 파일을 활용할 경우, 기타 통신수단(이메일, 메신저, 네트워크 등)을 이용하여 타인에게 전달 또는 외부 반출하는 경우는 부정 처리합니다.

◎ 시험 중 부주의 또는 고의로 시스템을 파손한 경우는 수험자가 변상해야 하며, <수험자 유의사항>에 기재된 방법대로 이행 하지 않아 생기는 불이익은 수험생 당사자의 책임임을 알려 드립니다.

◎ 문제의 조건은 한컴오피스 2020 버전으로 설정되어 있으며 한컴오피스 NEO는 【 】에 표기되어 있습니다. 이와 관련하여 작성한 답안의 출력형태가 문제지와 다를 수 있습니다.

◎ 시험을 완료한 수험자는 답안파일이 전송되었는지 확인한 후 감독위원의 지시에 따라 문제지를 제출하고 퇴실합니다.

답안 작성요령

◎ **온라인 답안 작성 절차**
  수험자 등록 ⇒ 시험 시작 ⇒ 답안파일 저장 ⇒ 답안 전송 ⇒ 시험 종료

◎ **공통 부문**
  · 글꼴에 대한 기본설정은 함초롬바탕, 10포인트, 검정, 줄간격 160%, 양쪽정렬로 합니다.
  · 색상은 조건의 색을 적용하고 색의 구분이 안 될 경우에는 RGB 값을 적용하십시오.
    (빨강 255,0,0 / 파랑 0,0,255 / 노랑 255,255,0).
  · 각 문항에 주어진 《조건》에 따라 작성하고 언급하지 않은 조건은 《출력형태》와 같이 작성합니다.
  · 용지여백은 왼쪽·오른쪽 11mm, 위쪽·아래쪽·머리말·꼬리말 10mm, 제본 0mm로 합니다.
  · 그림 삽입 문제의 경우 「내 PC₩문서₩ITQ₩Picture」 폴더에서 지정된 파일을 선택하여 삽입하십시오.
  · 삽입한 그림은 반드시 문서에 포함하여 저장해야 합니다(미포함 시 감점 처리).
  · 각 항목은 지정된 페이지에 출력형태와 같이 정확히 작성하시기 바라며, 그렇지 않을 경우에 해당 항목은 0점 처리됩니다.
    ※ 페이지구분 : 1페이지 – 기능평가 I (문제번호 표시 : 1. 2.),
                  2페이지 – 기능평가 II (문제번호 표시 : 3. 4.),
                  3페이지 – 문서작성 능력평가

◎ **기능평가**
  · 문제와 《조건》은 입력하지 않으며 문제번호와 답(《출력형태》)만 작성합니다.
  · 4번 문제는 묶기를 했을 경우 0점 처리됩니다.

◎ **문서작성 능력평가**
  · A4 용지(210mm×297mm) 1매 크기, 세로 서식 문서로 작성합니다.
  · [_____] 표시는 문서작성에 대한 지시사항이므로 작성하지 않습니다.

[공통] 기본 환경 설정

- 편집 용지(용지 종류, 용지 방향, 용지 여백 등)를 설정합니다.
- 구역을 나눈 후 각각의 구역에 문제 번호를 입력합니다.
- 기본 환경 설정이 끝나면 본인의 수험번호와 이름으로 파일을 저장합니다.

출제 유형 미리보기

소스파일: 없음   완성파일: 12345678-홍길동.hwp

《출력형태》

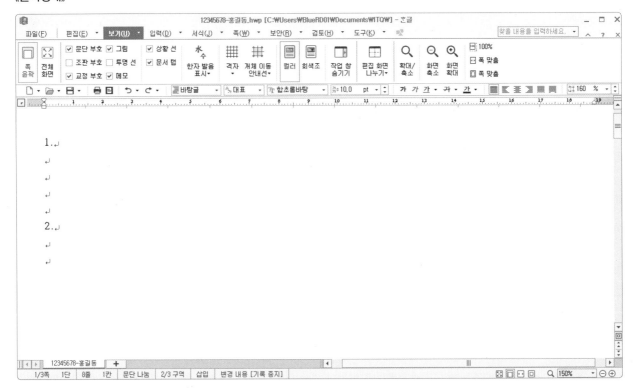

《조건》

○ 파일명은 본인의 "수험번호-성명"으로 입력하여 답안폴더(내 PC₩문서₩ITQ)에 하나의 파일로 저장해야 하며, 답안문서 파일명이 "수험번호-성명"과 일치하지 않거나, 답안파일을 전송하지 않아 미제출로 처리될 경우 실격 처리합니다(예:12345678-홍길동.hwp).

○ 글꼴에 대한 기본설정은 함초롬바탕, 10포인트, 검정, 줄간격 160%, 양쪽정렬로 합니다.

○ 용지여백은 왼쪽·오른쪽 11mm, 위쪽·아래쪽·머리말·꼬리말 10mm, 제본 0mm로 합니다.

○ 각 항목은 지정된 페이지에 출력형태와 같이 정확히 작성하시기 바라며, 그렇지 않을 경우에 해당 항목은 0점 처리됩니다.

　※ 페이지 구분 : 1페이지 - 기능평가 I (문제번호 표시 : 1. 2.),

　　　　　　　　2페이지 - 기능평가 II (문제번호 표시 : 3. 4.),

　　　　　　　　3페이지 - 문서작성 능력평가

⭐ 과정 미리보기 글꼴 기본 설정 ➔ 편집 용지 설정 ➔ 구역 나누기 ➔ 문제 번호 입력 ➔ 답안 파일 저장

글꼴 : 돋움, 18pt, 진하게, 가운데 정렬
책갈피 이름 : 특산물
덧말 넣기

머리말 기능
굴림, 10pt, 오른쪽 정렬 → 지역 특산물

우수한 향토 자원
대한민국 명품 특산물 페스티벌

문단 첫 글자 장식 기능
글꼴 : 궁서, 면색 : 노랑

그림위치(내 PC₩문서₩ITQ₩Picture₩그림4.jpg, 문서에 포함)
자르기 기능 이용, 크기(40mm×40mm), 바깥 여백 왼쪽 : 2mm

전 국 대표 지역 특산물에 대한 관심과 선호도가 높아짐에 따라 생산자와 소비자, 유통 사업자 간의 활발한 교류(交流)가 필요한 시점에서 대한민국을 대표하는 최상의 지역 특산물이 한자리에 모여 축제로 즐기는 대한민국 명품 특산물 페스티벌이 국내 최대 규모의 종합 전시장인 킨텍스에서 9월 30일부터 4일간 장마당으로 열린다. 대한민국 명품 특산물 페스티벌은 명품 특산물관을 비롯하여 지자체 비즈니스관, 대한민국을 대표하는 명품 특산물 향토기업관, 이벤트 전시관 등으로 구성되어 일반 소비자를 대상으로 하는 현장판매 뿐만 아니라 지역 상품의 세일즈 마케팅을 위한 비즈니스 박람회로서 기업과 기업 간의 가교 역할(役割)을 하는 교류의 장을 펼치게 된다.

대한민국 명품 특산물 페스티벌은 우수한 향토자원을 기반으로 한 각 지역의 대표 농축 수산 특산물 발굴은 물론 전문 마케팅 플랫폼 제공을 통해 명품 특산물의 소비 촉진 및 판로 개척에 크게 기여할 것으로 기대된다. 지난해에 이어 두 번째로 개최되는 이번 페스티벌은 참가업체의 판매 활성화를 위한 프로그램과 부대 행사㉮를 다양하게 마련하여 더욱 많은 참관객이 행사장을 방문할 수 있도록 차별화할 예정이다.

각주

★ 대한민국 명품 특산물 페스티벌 개요

글꼴 : 굴림, 18pt, 하양
음영색 : 빨강

A. 기간 및 장소
　i. 기간 : 2021. 9. 30.(목) - 2021. 10. 3.(일)
　ii. 장소 : 킨텍스 제2전시장 10홀
B. 주최 및 주관
　i. 주최 : 대한민국지방신문협의회
　ii. 주관 : 킨텍스, 메쎄이상

문단 번호 기능 사용
1수준 : 20pt, 오른쪽정렬,
2수준 : 30pt, 오른쪽정렬
줄 간격 : 180%

표 전체 글꼴 : 돋움, 10pt, 가운데 정렬
셀 배경(그러데이션) : 유형(왼쪽 대각선),
시작색(하양), 끝색(노랑)

★ 페스티벌 관련 주요 행사

글꼴 : 굴림, 18pt, 밑줄, 강조점

구분	전시회	세미나	부대행사 및 이벤트
일정	1일 - 4일차	2일차	1일 - 4일차
주제	전국 지역별 공산품 전시	식품 및 유통 관련 내용으로 진행	참관객 참여 행사
내용	농식품 6차 산업	국내 유통시장의 이해와 판로 개척	TV프로그램 생방송 방영
	지자체 인증 제품 전시	식품유통을 위한 온라인 시장 이해	온라인 슈퍼특가 이벤트
	지역별 우수 향토 제품 전시	소셜커머스 판매 촉진 방법	현장 경품 이벤트

글꼴 : 궁서, 24pt, 진하게
장평 105%, 오른쪽 정렬

명품특산물사무국

각주 구분선 : 5cm

㉮ 지자체 대표문화 공연, 어린이 그림대회, 국민대통합 아리랑 등으로 구성됨

쪽 번호 매기기
2로 시작 → B

01 글꼴 기본설정 확인 및 편집 용지 설정하기

- 글꼴에 대한 기본설정은 함초롬바탕, 10포인트, 검정, 줄간격 160%, 양쪽정렬로 합니다.
- 용지 여백은 왼쪽·오른쪽 11mm, 위쪽·아래쪽·머리말·꼬리말 10mm, 제본 0mm로 합니다.

❶ 한글 NEO를 실행하기 위해 [시작(■)]-[한글(■)]을 클릭합니다. 한글 NEO 프로그램이 실행되면 서식 도구 상자에서 **글꼴(함초롬바탕)**, **글자 크기(10pt)**, **글자 색(검정)**, **정렬 방식(양쪽 정렬)**, **줄 간격(160%)** 을 확인합니다.

➕ 해당 조건은 한글 NEO의 기본값이므로 눈으로만 확인합니다.

❷ 편집 용지를 설정하기 위해 [쪽] 탭-[편집 용지(■)]를 클릭합니다. [편집 용지] 대화상자가 나타나면 **[기본] 탭**에서 용지 여백 **왼쪽(11)**, **오른쪽(11)**, **위쪽(10)**, **아래쪽(10)**, **머리말(10)**, **꼬리말(10)**, **제본(0)** 의 값을 입력하고 <설정>을 클릭합니다.

➕ 편집 용지 바로 가기 키 : F7

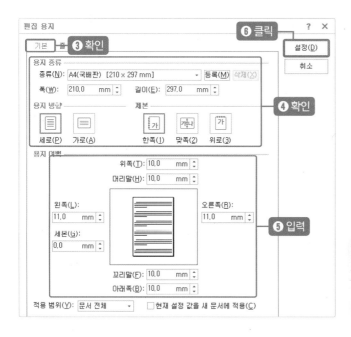

시험꿀팁
- 편집 용지의 여백 설정은 고정적으로 출제되고 있습니다.
- 용지 종류, 용지 방향은 한글 NEO의 기본값이므로 눈으로만 확인합니다.

3. 다음 (1), (2)의 수식을 수식 편집기로 각각 입력하시오. (40점)

《출력형태》

(1) $\dfrac{x}{\sqrt{a}-\sqrt{b}}=\dfrac{x(\sqrt{a}+\sqrt{b})}{a-b}$

(2) $\displaystyle\sum_{k=1}^{10}(k^3+6k^2+4k+3)=256$

4. 다음의 《조건》에 따라 《출력형태》와 같이 문서를 작성하시오. (110점)

《조건》　　(1) 그리기 도구를 이용하여 작성하고, 모든 도형(글맵시, 지정된 그림 포함)을 《출력형태》와 같이
　　　　　　　작성하시오.
　　　　　(2) 도형의 면색은 지시사항이 없으면 색 없음을 제외하고 서로 다르게 임의로 지정하시오.

《출력형태》

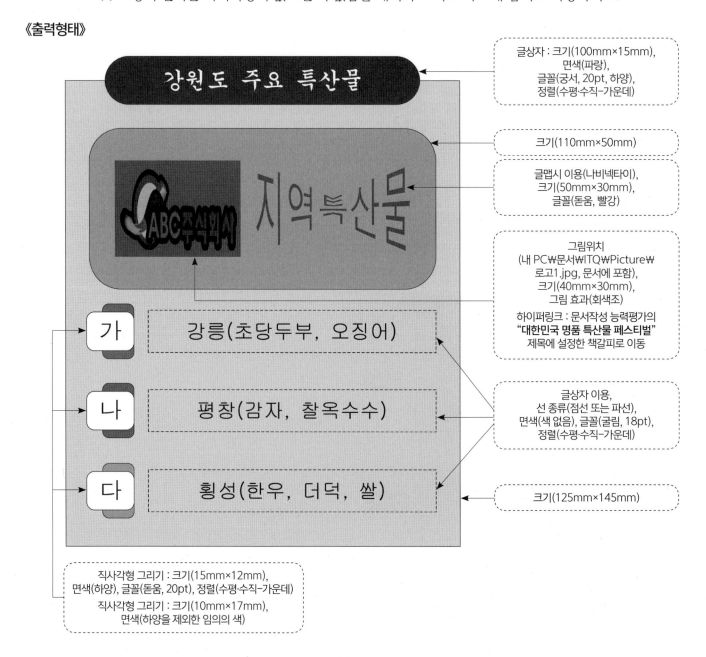

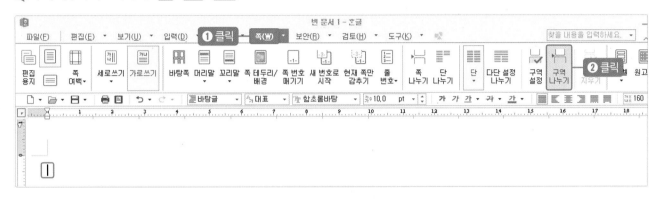

02 구역 나누기 및 문제 번호 입력하기

○ 각 항목은 지정된 페이지에 출력형태와 같이 정확히 작성하시기 바라며, 그렇지 않을 경우에 해당 항목은 0점 처리됩니다.
 ※ 페이지 구분 : 1페이지 – 기능평가 I (문제번호 표시 : 1. 2.),
  2페이지 – 기능평가 II (문제번호 표시 : 3. 4.),
  3페이지 – 문서작성 능력평가

❶ 하나의 문서를 3개의 구역으로 나누기 위해 1페이지에 커서를 놓고 [쪽] 탭-[구역 나누기(📑)]를 클릭합니다.

❷ 커서가 2페이지로 이동하면 같은 방법으로 한 번 더 [쪽] 탭-[구역 나누기(📑)]를 클릭합니다.

➕ 구역 나누기 바로 가기 키 : Alt + Shift + Enter

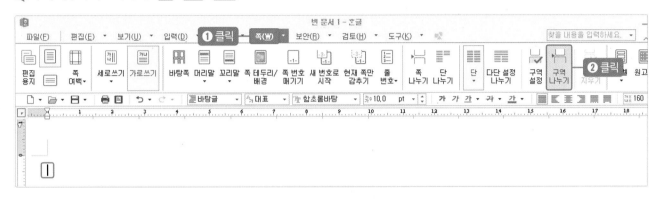

❸ 구역 나누기가 완료되면 총 3개의 페이지가 생성되며, 상태 표시줄에 각각의 페이지마다 **1/3 구역, 2/3 구역, 3/3 구역**으로 표시됩니다.

➕ · 문서를 나누는 기능에는 '쪽 나누기'와 '구역 나누기'가 있는데, 구역 나누기로 작업하면 문서에 공통으로 적용되는 머리말/꼬리말, 쪽 번호 등을 구역별로 따로 지정할 수 있습니다.
 · 시험에서는 3페이지에만 '머리말'과 '쪽 번호'를 지정하는 문제가 출제되기 때문에 '구역 나누기'로 작업합니다.

시험꿀팁

[보기] 탭-[문단 부호]를 체크(✓)하면 줄 바꿈 기호(↵)가 표시되어 문서를 보다 편리하게 작성할 수 있습니다.

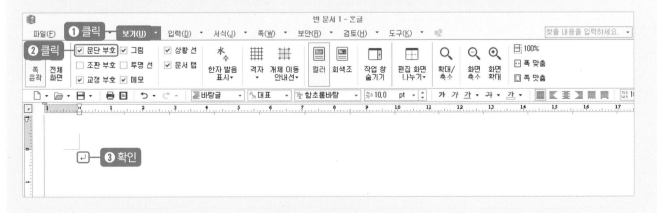

1. 다음의 《조건》에 따라 스타일 기능을 적용하여 《출력형태》와 같이 작성하시오. (50점)

《조건》
(1) 스타일 이름 – festival
(2) 문단 모양 – 첫 줄 들여쓰기 : 15pt, 문단 아래 간격 : 10pt
(3) 글자 모양 – 글꼴 : 한글(굴림)/영문(돋움), 크기 : 10pt, 장평 : 95%, 자간 : -5%

《출력형태》

    The 2021 Korea brand-name goods festival will be held for four days from September 30, 2021, the festival that brings together the taste, style and food of specialty products representing Korea.

    대한민국을 대표하는 명품 특산물의 맛과 멋 그리고 먹거리가 함께 어우러지는 축제의 장인 2021 대한민국 명품 특산물 페스티벌이 2021년 9월 30일부터 4일간 개최된다.

2. 다음의 《조건》에 따라 《출력형태》와 같이 표와 차트를 작성하시오. (100점)

《표 조건》
(1) 표 전체(표, 캡션) – 돋움, 10pt
(2) 정렬 – 문자 : 가운데 정렬, 숫자 : 오른쪽 정렬
(3) 셀 배경(면색) : 노랑
(4) 한글의 계산 기능을 이용하여 빈칸에 합계를 구하고, 캡션 기능 사용할 것
(5) 선 모양은 《출력형태》와 동일하게 처리할 것

《출력형태》

대한민국 명품 특산물 페스티벌 참관객 현황(단위 : 명)

구분	2015년	2016년	2017년	2018년	합계
20대	6,850	7,084	7,120	7,423	
30대	8,105	8,215	8,880	8,908	
40대	7,005	7,154	7,290	7,361	
50대	6,323	6,108	6,505	6,782	✕

《차트 조건》
(1) 차트 데이터는 표 내용에서 연도별 20대, 30대, 40대의 값만 이용할 것
(2) 종류 – <묶은 세로 막대형>으로 작업할 것
(3) 제목 – 【궁서, 진하게, 12pt, 배경 – 선 모양(한 줄로), 그림자(2pt)】
(4) 제목 이외의 전체 글꼴 – 궁서, 보통, 10pt
(5) 축제목과 범례는 《출력형태》와 동일하게 처리할 것

《출력형태》

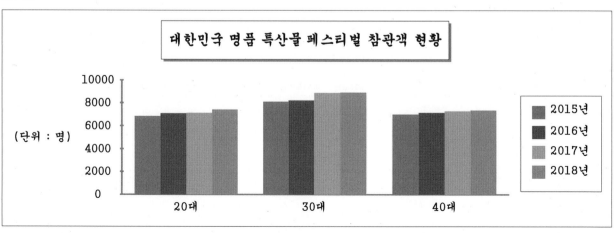

❹ 문제 번호를 입력하기 위해 1페이지 첫 번째 줄을 클릭합니다. 이어서, 1.을 입력한 후 Enter 를 5번 누릅니다.

➕ · Ctrl + Page Up , Ctrl + Page Down : 첫 페이지와 끝 페이지로 이동
　 · Alt + Page Up , Alt + Page Down : 이전 페이지와 다음 페이지로 이동

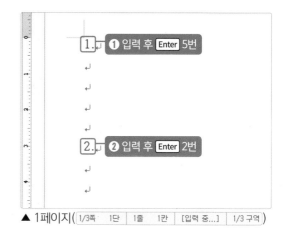

❺ 일정한 공간이 띄어지면 문제 번호 2.를 입력하고 Enter 를 2번 누릅니다.

➕ · 문제 번호를 미리 입력해 두면 답안을 좀 더 편하게 작성할 수 있습니다.
　 · 문제와 문제 사이에 정해진 간격은 없지만 실제 출제된 문제의 답안 파일을 분석하여 정리한 것이므로 반복적으로 연습하여 익숙하게 만듭니다.

▲ 1페이지 (1/3쪽 | 1단 | 1줄 | 1칸 | [입력 중...] | 1/3 구역)

❻ 커서를 2페이지에 놓고 같은 방법으로 문제 번호 3.을 입력한 후 Enter 를 5번 누릅니다. 일정한 공간이 띄어지면 문제 번호 4.를 입력하고 Enter 를 2번 누릅니다.

➕ 3페이지는 문제 번호를 입력하지 않고 비워둡니다.

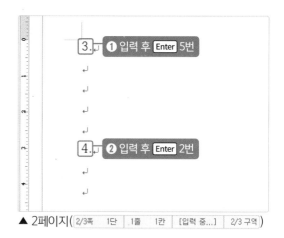

▲ 2페이지 (2/3쪽 | 1단 | 1줄 | 1칸 | [입력 중...] | 2/3 구역)

❼ 기본 환경 설정 작업이 끝나면 Ctrl + Page Up 을 눌러 첫 페이지로 이동합니다.

03 답안 파일 저장하기

○ 파일명은 본인의 "수험번호-성명"으로 입력하여 답안폴더(내 PC\문서\ITQ)에 하나의 파일로 저장해야 하며, 답안 문서 파일명이 "수험번호-성명"과 일치하지 않거나, 답안파일을 전송하지 않아 미제출로 처리될 경우 실격 처리합니다 (예:12345678-홍길동.hwp).

❶ 문서 작성을 위한 기본 환경 설정이 완료되면 서식 도구 상자에서 **저장하기**(💾)를 클릭하거나, 메뉴의 **[파일]-[저장하기]**를 클릭합니다.

➕ 저장하기 바로 가기 키 : Alt + S

정보기술자격(ITQ) 최신기출문제

과 목	코 드	문제유형	시험시간	수험번호	성 명
아래한글	1111	B	60분		

수험자 유의사항

◎ 수험자는 문제지를 받는 즉시 문제지와 수험표상의 시험과목(프로그램)이 동일한지 반드시 확인하여야 합니다.

◎ 파일명은 본인의 "수험번호-성명"으로 입력하여 답안폴더(내 PC\문서\ITQ)에 하나의 파일로 저장해야 하며, 답안문서 파일명이 "수험번호-성명"과 일치하지 않거나, 답안파일을 전송하지 않아 미제출로 처리될 경우 실격 처리합니다 (예:12345678-홍길동.hwp).

◎ 답안 작성을 마치면 파일을 저장하고, '답안 전송' 버튼을 선택하여 감독위원 PC로 답안을 전송하십시오. 수험생 정보와 저장한 파일명이 다를 경우 전송되지 않으므로 주의하시기 바랍니다.

◎ 답안 작성 중에도 주기적으로 저장하고, '답안 전송'하여야 문제 발생을 줄일 수 있습니다. 작업한 내용을 저장하지 않고 전송할 경우 이전에 저장된 내용이 전송되오니 이점 유의하시기 바랍니다.

◎ 답안문서는 지정된 경로 외의 다른 보조기억장치에 저장하는 경우, 지정된 시험 시간 외에 작성된 파일을 활용할 경우, 기타 통신수단(이메일, 메신저, 네트워크 등)을 이용하여 타인에게 전달 또는 외부 반출하는 경우는 부정 처리합니다.

◎ 시험 중 부주의 또는 고의로 시스템을 파손한 경우는 수험자가 변상해야 하며, <수험자 유의사항>에 기재된 방법대로 이행 하지 않아 생기는 불이익은 수험생 당사자의 책임임을 알려 드립니다.

◎ 문제의 조건은 한컴오피스 2020 버전으로 설정되어 있으며 한컴오피스 NEO는 【 】에 표기되어 있습니다. 이와 관련하여 작성한 답안의 출력형태가 문제지와 다를 수 있습니다.

◎ 시험을 완료한 수험자는 답안파일이 전송되었는지 확인한 후 감독위원의 지시에 따라 문제지를 제출하고 퇴실합니다.

답안 작성요령

◎ 온라인 답안 작성 절차
　　수험자 등록 ⇒ 시험 시작 ⇒ 답안파일 저장 ⇒ 답안 전송 ⇒ 시험 종료

◎ 공통 부문
　　• 글꼴에 대한 기본설정은 함초롬바탕, 10포인트, 검정, 줄간격 160%, 양쪽정렬로 합니다.
　　• 색상은 조건의 색을 적용하고 색의 구분이 안 될 경우에는 RGB 값을 적용하십시오.
　　　(빨강 255,0,0 / 파랑 0,0,255 / 노랑 255,255,0).
　　• 각 문항에 주어진 《조건》에 따라 작성하고 언급하지 않은 조건은 《출력형태》와 같이 작성합니다.
　　• 용지여백은 왼쪽·오른쪽 11mm, 위쪽·아래쪽·머리말·꼬리말 10mm, 제본 0mm로 합니다.
　　• 그림 삽입 문제의 경우 「내 PC\문서\ITQ\Picture」 폴더에서 지정된 파일을 선택하여 삽입하십시오.
　　• 삽입한 그림은 반드시 문서에 포함하여 저장해야 합니다(미포함 시 감점 처리).
　　• 각 항목은 지정된 페이지에 출력형태와 같이 정확히 작성하시기 바라며, 그렇지 않을 경우에 해당 항목은 0점 처리됩니다.
　　　※ 페이지구분 : 1페이지 - 기능평가 I (문제번호 표시 : 1. 2.),
　　　　　　　　　　 2페이지 - 기능평가 II (문제번호 표시 : 3. 4.),
　　　　　　　　　　 3페이지 - 문서작성 능력평가

◎ 기능평가
　　• 문제와 《조건》은 입력하지 않으며 문제번호와 답(《출력형태》)만 작성합니다.
　　• 4번 문제는 묶기를 했을 경우 0점 처리됩니다.

◎ 문서작성 능력평가
　　• A4 용지(210mm×297mm) 1매 크기, 세로 서식 문서로 작성합니다.
　　• ⌐ ⌐ 표시는 문서작성에 대한 지시사항이므로 작성하지 않습니다.

❷ [다른 이름으로 저장하기] 대화상자가 나타나면 [내 PC]-[문서]-[ITQ] 폴더를 선택하여 경로를 지정하고 '파일 이름' 입력 칸에 **수험번호-성명** 형식으로 입력한 후 <저장>을 클릭합니다.

➕ 자신의 '수험번호'와 '이름'을 정확하게 입력하도록 합니다.

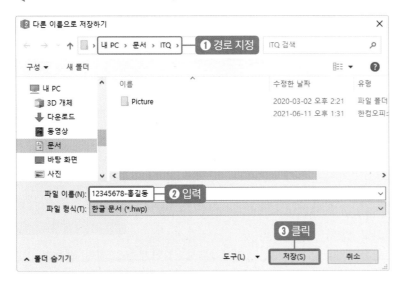

❸ 파일이 저장되면 제목 표시줄에 표시된 파일 이름(**12345678-홍길동**)과 저장 경로([**내 PC**]-[**문서**]-[**ITQ**])를 확인합니다.

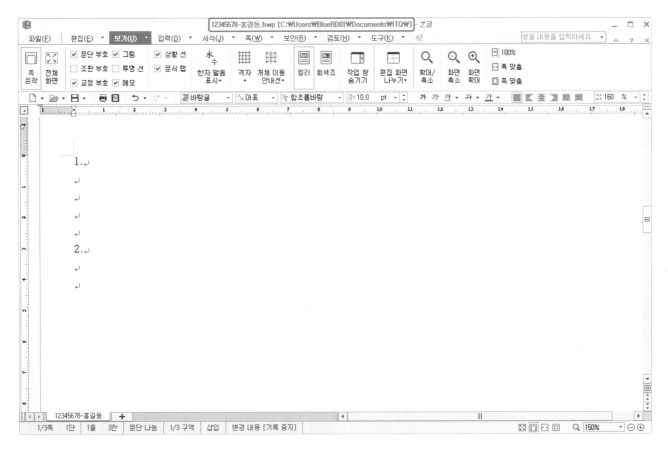

글꼴 : 돋움, 18pt, 진하게, 가운데 정렬
책갈피 이름 : 인터넷윤리
덧말 넣기

머리말 기능
굴림, 10pt, 오른쪽 정렬 → 디지털 리터러시

디지털 시민역량
건전한 인터넷 이용문화 조성

문단 첫 글자 장식 기능
글꼴 : 궁서, 면색 : 노랑

그림위치(내 PC₩문서₩ITQ₩Picture₩그림4.jpg, 문서에 포함)
자르기 기능 이용, 크기(40mm×35mm), 바깥 여백 왼쪽 : 2mm

국민의 삶이 디지털화되면서 인터넷과 스마트폰 이용이 일상화되었고, 생활양식과 세대 간 소통방식이 변화하였으나 동의 없는 개인신상정보 공개, 허위사실 유포, 무분별한 퍼나르기, 악성 댓글 등 사이버폭력이 심각한 사회문제로 자리 잡았다. 2018년 방송통신위원회와 한국지능정보사회진흥원이 실시한 사이버폭력 실태조사 결과에 따르면, 사이버폭력을 한 번이라도 경험한 가해 및 피해 경험률이 청소년은 전년 대비 4.7% 증가하였으며 성인은 13.3%로 큰 증가폭을 보였다. 이는 청소년뿐 아니라 성인들에게도 인터넷윤리 교육 및 캠페인을 확대해야 한다는 현실을 시사하고 있다.

이에 방송통신위원회와 한국지능정보사회진흥원은 유아 및 청소년, 성인, 학부모, 취약계층을 위한 맞춤형 인터넷윤리 교육을 추진(推進)하고 있다. 사이버폭력 예방의 단편적 교육뿐 아니라 정보 판별, 콘텐츠 분별, 올바른 개인방송 제작의 필요성 등 새로운 역기능(逆機能)을 예방하기 위한 교육프로그램을 개발하여 보급하고 있다. 또한 아름다운 인터넷 세상, 한국인터넷드림단㉮ 등 인터넷윤리의 브랜드화로 국민의 인터넷윤리 인식을 제고하고 호감도를 향상시키고 있다.

각주

♥ **주요국의 디지털시민교육 현황**

글꼴 : 굴림, 18pt, 하양
음영색 : 빨강

  A. 미국
    ① 목표 : 안전하고 현명한 윤리적 온라인 활동 촉진
    ② 주요 내용 : 뉴스 및 미디어 리터러시, 개인정보 및 보안 등
  B. 싱가포르
    ① 목표 : 안전하고 책임감 있는 온라인 활동 함양
    ② 주요 내용 : 온라인 정체성, 안전한 온라인 관계, 긍정적 참여 등

문단 번호 기능 사용
1수준 : 20pt, 오른쪽정렬,
2수준 : 30pt, 오른쪽정렬
줄 간격 : 180%

표 전체 글꼴 : 돋움, 10pt, 가운데 정렬
셀 배경(그러데이션) : 유형(왼쪽 대각선),
시작색(하양), 끝색(노랑)

♥ <u>인터넷윤리 교육 과정별 운영 현황</u>

글꼴 : 굴림, 18pt, 밑줄, 강조점

교육명	대상	주요 내용
바른인터넷유아학교	유아	유아 대상 인형극 공연 및 디지털 교구 활용 교육
한국인터넷드림단		방과 후 동아리활동 지원, 인터넷윤리 및 건전한 인터넷문화 조성 교육
전문강사 순회강연	초중고 학생	전문강사 파견을 통한 건강한 인터넷 이용의식 함양 교육
예술체험형 공연 교육		사이버폭력 사례를 바탕으로 한 찾아가는 뮤지컬 교육
인터넷윤리교육	학부모, 성인	올바른 부모 자녀 간 소통 및 윤리의식 함양 교육

글꼴 : 궁서, 24pt, 진하게
장평 105%, 오른쪽 정렬 → **한국지능정보사회진흥원**

각주 구분선 : 5cm

㉮ 인터넷윤리 관련 소양 함양, 올바른 인터넷 이용문화 확산이 주요활동임

쪽 번호 매기기
5로 시작 → E

아래 《조건》에 맞추어 문서 작성을 위한 기본 환경을 설정해 보세요.

소스파일: 없음
완성파일: 12345678-이가현.hwp

《조건》

○ 파일명은 본인의 "수험번호-성명"으로 입력하여 답안폴더(내 PC\문서\ITQ)에 하나의 파일로 저장해야 하며, 답안 문서 파일명이 "수험번호-성명"과 일치하지 않거나, 답안파일을 전송하지 않아 미제출로 처리될 경우 실격 처리합니다(예:12345678-홍길동.hwp).

○ 글꼴에 대한 기본설정은 함초롬바탕, 10포인트, 검정, 줄간격 160%, 양쪽정렬로 합니다.

○ 용지 여백은 왼쪽·오른쪽 11mm, 위쪽·아래쪽·머리말·꼬리말 10mm, 제본 0mm로 합니다.

○ 각 항목은 지정된 페이지에 출력형태와 같이 정확히 작성하시기 바라며, 그렇지 않을 경우에 해당 항목은 0점 처리됩니다.

※ 페이지 구분 : 1페이지 – 기능평가 I (문제번호 표시 : 1. 2.),

2페이지 – 기능평가 II (문제번호 표시 : 3. 4.),

3페이지 – 문서작성 능력평가

3. 다음 (1), (2)의 수식을 수식 편집기로 각각 입력하시오. (40점)

《출력형태》

$$(1)\ g = \frac{GM}{R^2} = \frac{6.67 \times 10^{-11} \times 6.0 \times 10^{24}}{(6.4 \times 10^7)^2}$$

$$(2)\ G = 2\int_{\frac{a}{2}}^{a} \frac{b\sqrt{a^2 - x^2}}{a}\, dx$$

4. 다음의《조건》에 따라《출력형태》와 같이 문서를 작성하시오. (110점)

《조건》　　(1) 그리기 도구를 이용하여 작성하고, 모든 도형(글맵시, 지정된 그림 포함)을《출력형태》와 같이
　　　　　　　작성하시오.
　　　　　 (2) 도형의 면색은 지시사항이 없으면 색 없음을 제외하고 서로 다르게 임의로 지정하시오.

《출력형태》

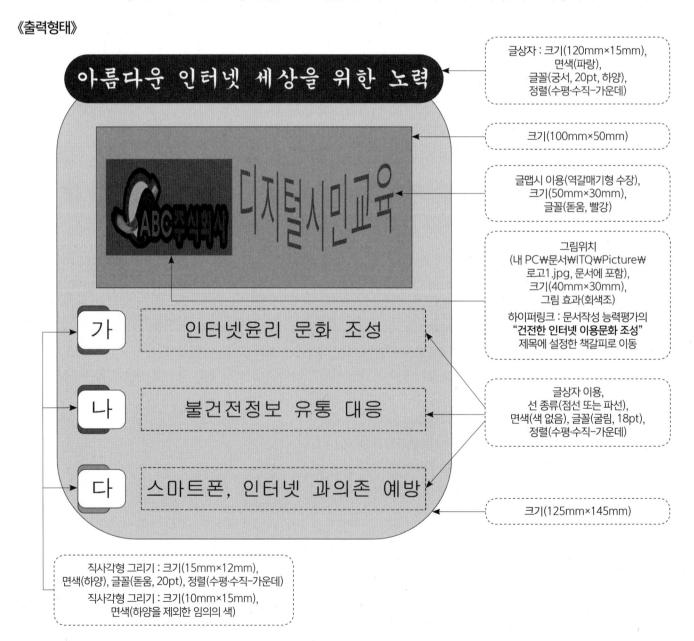

글상자 : 크기(120mm×15mm),
면색(파랑),
글꼴(궁서, 20pt, 하양),
정렬(수평·수직-가운데)

크기(100mm×50mm)

글맵시 이용(역갈매기형 수장),
크기(50mm×30mm),
글꼴(돋움, 빨강)

그림위치
(내 PC₩문서₩ITQ₩Picture₩
로고1.jpg, 문서에 포함),
크기(40mm×30mm),
그림 효과(회색조)

하이퍼링크 : 문서작성 능력평가의
"건전한 인터넷 이용문화 조성"
제목에 설정한 책갈피로 이동

글상자 이용,
선 종류(점선 또는 파선),
면색(색 없음), 글꼴(굴림, 18pt),
정렬(수평·수직-가운데)

크기(125mm×145mm)

직사각형 그리기 : 크기(15mm×12mm),
면색(하양), 글꼴(돋움, 20pt), 정렬(수평·수직-가운데)
직사각형 그리기 : 크기(10mm×15mm),
면색(하양을 제외한 임의의 색)

《출력형태》

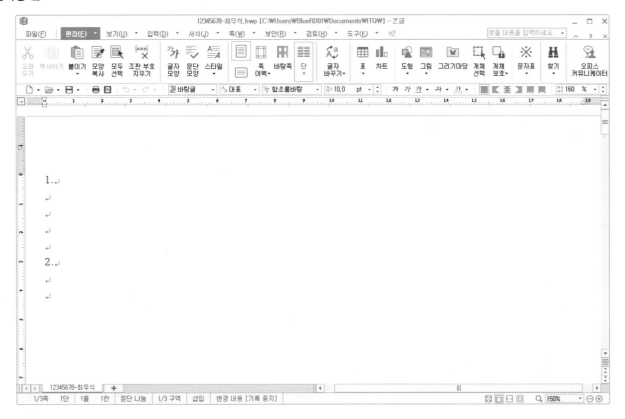

《조건》

○ 파일명은 본인의 "수험번호-성명"으로 입력하여 답안폴더(내 PC₩문서₩ITQ)에 하나의 파일로 저장해야 하며, 답안 문서 파일명이 "수험번호-성명"과 일치하지 않거나, 답안파일을 전송하지 않아 미제출로 처리될 경우 실격 처리합니다(예:12345678-홍길동.hwp).

○ 글꼴에 대한 기본설정은 함초롬바탕, 10포인트, 검정, 줄간격 160%, 양쪽정렬로 합니다.

○ 용지 여백은 왼쪽·오른쪽 11mm, 위쪽·아래쪽·머리말·꼬리말 10mm, 제본 0mm로 합니다.

○ 각 항목은 지정된 페이지에 출력형태와 같이 정확히 작성하시기 바라며, 그렇지 않을 경우에 해당 항목은 0점 처리됩니다.

　※ 페이지 구분 : 1페이지 - 기능평가 I (문제번호 표시 : 1. 2.),

　　　　　　　　 2페이지 - 기능평가 II (문제번호 표시 : 3. 4.),

　　　　　　　　 3페이지 - 문서작성 능력평가

1. 다음의《조건》에 따라 스타일 기능을 적용하여《출력형태》와 같이 작성하시오. (50점)

《조건》
(1) 스타일 이름 – internet
(2) 문단 모양 – 첫 줄 들여쓰기 : 15pt, 문단 아래 간격 : 10pt
(3) 글자 모양 – 글꼴 : 한글(굴림)/영문(돋움), 크기 : 10pt, 장평 : 95%, 자간 : –5%

《출력형태》

Internet and smartphones have been positioned as communication tools and core means of living between people but side effects are also caused by the lack of awareness of the correct usage culture.

인터넷과 스마트폰이 사람 간 소통 도구이자 핵심 생활 수단으로 자리매김하였으나 올바른 이용 문화에 대한 인식 부족으로 부작용 역시 발생하고 있다.

2. 다음의《조건》에 따라《출력형태》와 같이 표와 차트를 작성하시오. (100점)

《표 조건》
(1) 표 전체(표, 캡션) – 돋움, 10pt
(2) 정렬 – 문자 : 가운데 정렬, 숫자 : 오른쪽 정렬
(3) 셀 배경(면색) : 노랑
(4) 한글의 계산 기능을 이용하여 빈칸에 합계를 구하고, 캡션 기능 사용할 것
(5) 선 모양은《출력형태》와 동일하게 처리할 것

《출력형태》

사이버범죄 발생 현황(단위 : 건)

구분	2016년	2017년	2018년	2019년	합계
사이버명예훼손	14,908	13,348	15,926	16,633	
사이버도박	9,538	5,130	3,012	5,346	
사이버음란물	3,777	2,646	3,833	2,690	
사이버스토킹	56	59	60	25	✕

《차트 조건》
(1) 차트 데이터는 표 내용에서 연도별 사이버명예훼손, 사이버도박, 사이버음란물의 값만 이용할 것
(2) 종류 – <묶은 세로 막대형>으로 작업할 것
(3) 제목 –【궁서, 진하게, 12pt, 배경 – 선 모양(한 줄로), 그림자(2pt)】
(4) 제목 이외의 전체 글꼴 – 궁서, 보통, 10pt
(5) 축제목과 범례는《출력형태》와 동일하게 처리할 것

《출력형태》

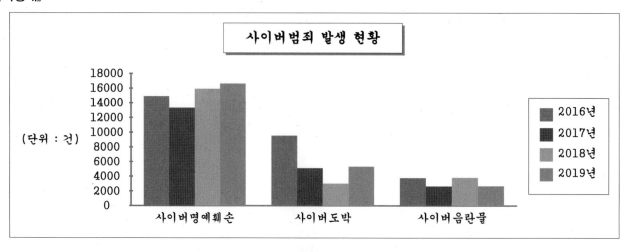

3 아래 《조건》에 맞추어 문서 작성을 위한 기본 환경을 설정해 보세요.

소스파일: 없음
완성파일: 12345678-김재환.hwp

《출력형태》

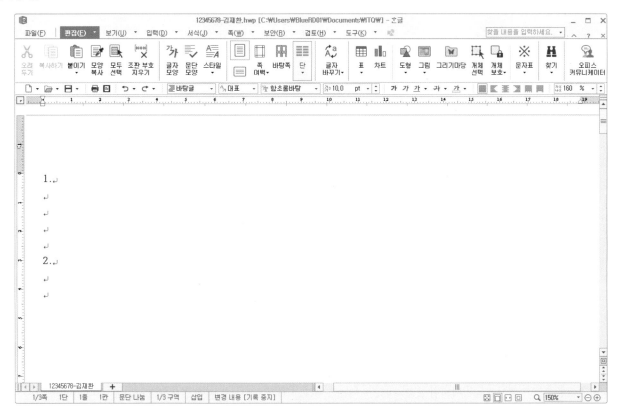

《조건》

○ 파일명은 본인의 "수험번호-성명"으로 입력하여 답안폴더(내 PC\문서\ITQ)에 하나의 파일로 저장해야 하며, 답안 문서 파일명이 "수험번호-성명"과 일치하지 않거나, 답안파일을 전송하지 않아 미제출로 처리될 경우 실격 처리합니다(예:12345678-홍길동.hwp).

○ 글꼴에 대한 기본설정은 함초롬바탕, 10포인트, 검정, 줄간격 160%, 양쪽정렬로 합니다.

○ 용지 여백은 왼쪽·오른쪽 11mm, 위쪽·아래쪽·머리말·꼬리말 10mm, 제본 0mm로 합니다.

○ 각 항목은 지정된 페이지에 출력형태와 같이 정확히 작성하시기 바라며, 그렇지 않을 경우에 해당 항목은 0점 처리됩니다.

　※ 페이지 구분 : 1페이지 - 기능평가 I (문제번호 표시 : 1. 2.),
　　　　　　　　 2페이지 - 기능평가 II (문제번호 표시 : 3. 4.),
　　　　　　　　 3페이지 - 문서작성 능력평가

정보기술자격(ITQ) 최신기출문제

과 목	코 드	문제유형	시험시간	수험번호	성 명
아래한글	1111	A	60분		

수험자 유의사항

◎ 수험자는 문제지를 받는 즉시 문제지와 **수험표상의 시험과목(프로그램)이 동일한지** 반드시 확인하여야 합니다.

◎ 파일명은 본인의 "수험번호-성명"으로 입력하여 답안폴더(내 PC₩문서₩ITQ)에 하나의 파일로 저장해야 하며, 답안문서 파일명이 "수험번호-성명"과 일치하지 않거나, 답안파일을 전송하지 않아 미제출로 처리될 경우 실격 처리합니다 (예:12345678-홍길동.hwp).

◎ 답안 작성을 마치면 파일을 저장하고, '답안 전송' 버튼을 선택하여 감독위원 PC로 답안을 전송하십시오. 수험생 정보와 저장한 파일명이 다를 경우 전송되지 않으므로 주의하시기 바랍니다.

◎ 답안 작성 중에도 **주기적으로 저장하고, '답안 전송'**하여야 문제 발생을 줄일 수 있습니다. 작업한 내용을 저장하지 않고 전송할 경우 이전에 저장된 내용이 전송되오니 이점 유의하시기 바랍니다.

◎ 답안문서는 지정된 경로 외의 다른 보조기억장치에 저장하는 경우, 지정된 시험 시간 외에 작성된 파일을 활용할 경우, 기타 통신수단(이메일, 메신저, 네트워크 등)을 이용하여 타인에게 전달 또는 외부 반출하는 경우는 부정 처리합니다.

◎ 시험 중 부주의 또는 고의로 시스템을 파손한 경우는 수험자가 변상해야 하며, <수험자 유의사항>에 기재된 방법대로 이행하지 않아 생기는 불이익은 수험생 당사자의 책임임을 알려 드립니다.

◎ 문제의 조건은 한컴오피스 2020 버전으로 설정되어 있으며 한컴오피스 NEO는 【 】에 표기되어 있습니다. 이와 관련하여 작성한 답안의 출력형태가 문제지와 다를 수 있습니다.

◎ 시험을 완료한 수험자는 답안파일이 전송되었는지 확인한 후 감독위원의 지시에 따라 문제지를 제출하고 퇴실합니다.

답안 작성요령

◎ 온라인 답안 작성 절차
  수험자 등록 ⇒ 시험 시작 ⇒ 답안파일 저장 ⇒ 답안 전송 ⇒ 시험 종료
◎ 공통 부문
  · 글꼴에 대한 기본설정은 함초롬바탕, 10포인트, 검정, 줄간격 160%, 양쪽정렬로 합니다.
  · 색상은 조건의 색을 적용하고 색의 구분이 안 될 경우에는 RGB 값을 적용하십시오.
    (빨강 255,0,0 / 파랑 0,0,255 / 노랑 255,255,0).
  · 각 문항에 주어진 《조건》에 따라 작성하고 언급하지 않은 조건은 《출력형태》와 같이 작성합니다.
  · 용지여백은 왼쪽·오른쪽 11mm, 위쪽·아래쪽·머리말·꼬리말 10mm, 제본 0mm로 합니다.
  · 그림 삽입 문제의 경우 「내 PC₩문서₩ITQ₩Picture」 폴더에서 지정된 파일을 선택하여 삽입하십시오.
  · 삽입한 그림은 반드시 문서에 포함하여 저장해야 합니다(미포함 시 감점 처리).
  · 각 항목은 지정된 페이지에 출력형태와 같이 정확히 작성하시기 바라며, 그렇지 않을 경우에 해당 항목은 0점 처리됩니다.
    ※ 페이지구분 : 1페이지 – 기능평가 I (문제번호 표시 : 1. 2.),
                  2페이지 – 기능평가 II (문제번호 표시 : 3. 4.),
                  3페이지 – 문서작성 능력평가
◎ 기능평가
  · 문제와 《조건》은 입력하지 않으며 문제번호와 답(《출력형태》)만 작성합니다.
  · 4번 문제는 묶기를 했을 경우 0점 처리됩니다.
◎ 문서작성 능력평가
  · A4 용지(210mm×297mm) 1매 크기, 세로 서식 문서로 작성합니다.
  · [_____] 표시는 문서작성에 대한 지시사항이므로 작성하지 않습니다.

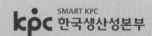

아래 《조건》에 맞추어 문서 작성을 위한 기본 환경을 설정해 보세요.

소스파일: 없음
완성파일: 12345678-민승현.hwp

《출력형태》

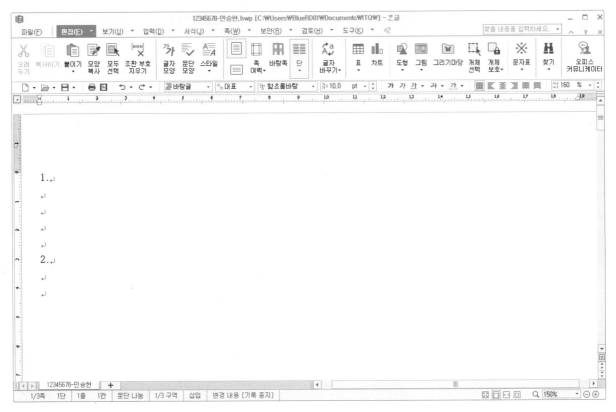

《조건》

○ 파일명은 본인의 "수험번호-성명"으로 입력하여 답안폴더(내 PC\문서\ITQ)에 하나의 파일로 저장해야 하며, 답안 문서 파일명이 "수험번호-성명"과 일치하지 않거나, 답안파일을 전송하지 않아 미제출로 처리될 경우 실격 처리합니다(예:12345678-홍길동.hwp).

○ 글꼴에 대한 기본설정은 함초롬바탕, 10포인트, 검정, 줄간격 160%, 양쪽정렬로 합니다.

○ 용지 여백은 왼쪽·오른쪽 11mm, 위쪽·아래쪽·머리말·꼬리말 10mm, 제본 0mm로 합니다.

○ 각 항목은 지정된 페이지에 출력형태와 같이 정확히 작성하시기 바라며, 그렇지 않을 경우에 해당 항목은 0전 처리됩니다.

※ 페이지 구분 : 1페이지 – 기능평가 I (문제번호 표시 : 1. 2.),

2페이지 – 기능평가 II (문제번호 표시 : 3. 4.),

3페이지 – 문서작성 능력평가

글꼴 : 궁서, 18pt, 진하게, 가운데 정렬
책갈피 이름 : 저작권
덧말 넣기

머리말 기능
굴림, 10pt, 오른쪽 정렬 → 저작권 보호

문단 첫 글자 장식 기능
글꼴 : 돋움, 면색 : 노랑

저작권 보호
올바른 문화 향유와 저작권

그림위치(내 PC₩문서₩ITQ₩Picture₩그림4.jpg, 문서에 포함)
자르기 기능 이용, 크기(40mm×30mm), 바깥 여백 왼쪽 : 2mm

인터넷의 기능과 정보 사회의 발전(發展)을 보장하기 위해서 다양한 정보를 연결해 주는 링크는 자유롭게 설정될 수 있어야 한다. 링크의 자유는 특히 표현의 자유나 정보의 자유와 같은 헌법상 기본권을 보장하는 데 중요한 역할을 하고 있기 때문이다. 하지만 타인의 권리, 특히 타인의 저작권을 침해하면서까지 링크의 자유가 무한정 보장될 수는 없을 것이다. 저작권이란 소설이나 시, 음악, 미술 등과 같은 저작물을 창작한 사람이 자신의 창작물을 복제, 공연, 전시, 방송 또는 전송하는 등 법이 정하고 있는 일정한 방식으로 스스로 이용하거나 다른 사람이 그러한 방식으로 이용하는 것을 허락할 수 있는 권리를 말한다. 저작권은 저작자ⒶⒶ가 경제적 부담 없이 창작 활동에 전념할 수 있도록 동기를 부여함으로써 결과적으로 우리나라의 문화와 관련 산업의 발전을 도모하며 나아가 인류 문화유산의 축적에 기여할 수 있다.

각주

문화의 발전을 위해서는 다양한 문학과 예술 작품이 창작(創作)되고 사회 일반에 의해 폭넓게 재창작되어야 한다. 이를 위해 문화체육관광부는 저작권에 대한 국민적 인식을 정립하고 저작권 침해를 방지하고자 매월 26일을 저작권 보호의 날로 지정하여 홍보와 계도를 계속하고 있다.

♥ ## 저작권의 종류와 개념

글꼴 : 궁서, 18pt, 하양
음영색 : 파랑

표 전체 글꼴 : 돋움, 10pt, 가운데 정렬
셀 배경(그러데이션) : 유형(왼쪽 대각선),
시작색(하양), 끝색(노랑)

  A. 저작인격권
    1. 공표권 : 자신의 저작물을 공중에게 공표 여부를 결정할 권리
    2. 성명표시권 : 저작물에 자신의 이름을 표시할 권리
  B. 저작재산권
    1. 복제권 : 사진, 복사 등의 방법으로 고정 또는 유형물로 다시 제작
    2. 공중송신 : 전송, 방송, 디지털음성송신 등

문단 번호 기능 사용
1수준 : 20pt, 오른쪽정렬,
2수준 : 30pt, 오른쪽정렬
줄 간격 : 180%

♥ ## 지식재산권 보호 관련 업무

글꼴 : 궁서, 18pt, 기울임, 강조점

권리	소관부처	주요 업무	세부 추진사항
산업재산권	특허청	특허, 상표 및 디자인 등 국내외 보호활동	특허심판 및 위조 상품 단속
저작권	문화체육관광부	국내외 저작권 보호활동	저작권 침해 단속, ICOP 운영
단속 및 수사 집행	검찰청, 경찰청	지식재산권 침해물품의 불법복제 및 유통 단속	수사 인력의 전문성 강화
	무역위원회	지식재산권 침해 등 불공정무역행위 조사	원산지표시 위반 등 조사

글꼴 : 굴림, 24pt, 진하게
장평 105%, 오른쪽 정렬 → # 한국저작권위원회

각주 구분선 : 5cm

Ⓐ 생각이나 감정을 창작적인 것으로 표현한 저작물을 만든 사람

쪽 번호 매기기
5로 시작 → 마

5 아래 《조건》에 맞추어 문서 작성을 위한 기본 환경을 설정해 보세요.

소스파일: 없음
완성파일: 12345678-이지은.hwp

《출력형태》

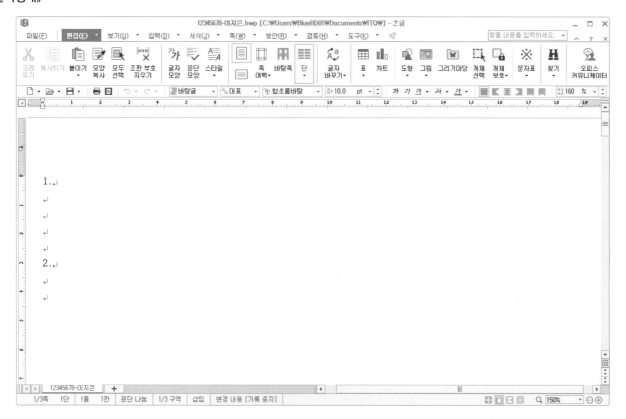

《조건》

○ 파일명은 본인의 "수험번호-성명"으로 입력하여 답안폴더(내 PC\문서\ITQ)에 하나의 파일로 저장해야 하며, 답안 문서 파일명이 "수험번호-성명"과 일치하지 않거나, 답안파일을 전송하지 않아 미제출로 처리될 경우 실격 처리합니다(예:12345678-홍길동.hwp).

○ 글꼴에 대한 기본설정은 함초롬바탕, 10포인트, 검정, 줄간격 160%, 양쪽정렬로 합니다.

○ 용지 여백은 왼쪽·오른쪽 11mm, 위쪽·아래쪽·머리말·꼬리말 10mm, 제본 0mm로 합니다.

○ 각 항목은 지정된 페이지에 출력형태와 같이 정확히 작성하시기 바라며, 그렇지 않을 경우에 해당 항목은 0점 처리됩니다.

  ※ 페이지 구분 : 1페이지 – 기능평가 I (문제번호 표시 : 1. 2.),
                2페이지 – 기능평가 II (문제번호 표시 : 3. 4.),
                3페이지 – 문서작성 능력평가

3. 다음 (1), (2)의 수식을 수식 편집기로 각각 입력하시오. (40점)

《출력형태》

(1) $\dfrac{a^4}{T^2} - 1 = \dfrac{G}{4\pi^2}(M+m)$

(2) $\dfrac{b}{\sqrt{a^2+b^2}} = \dfrac{2\tan\theta}{1+\tan^2\theta}$

4. 다음의 《조건》에 따라 《출력형태》와 같이 문서를 작성하시오. (110점)

《조건》 (1) 그리기 도구를 이용하여 작성하고, 모든 도형(글맵시, 지정된 그림 포함)을 《출력형태》와 같이 작성하시오.

(2) 도형의 면색은 지시사항이 없으면 색 없음을 제외하고 서로 다르게 임의로 지정하시오.

《출력형태》

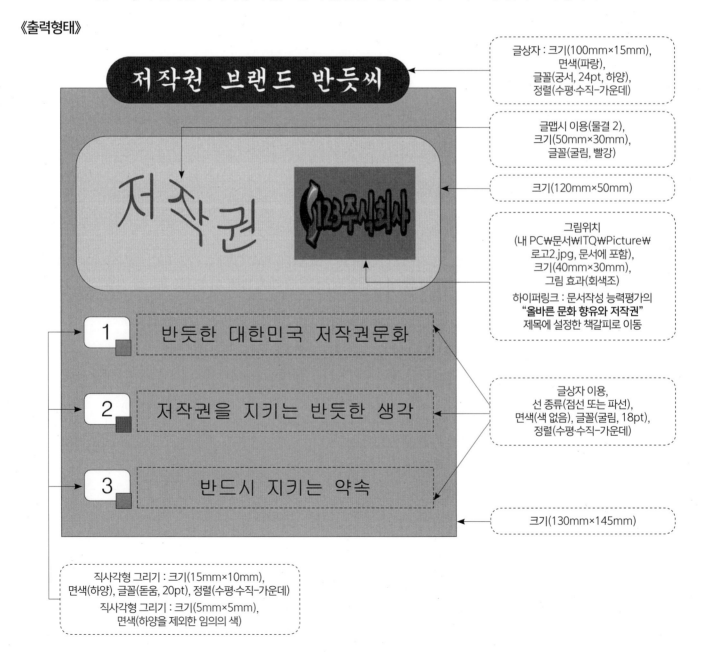

- 글상자 : 크기(100mm×15mm), 면색(파랑), 글꼴(궁서, 24pt, 하양), 정렬(수평·수직-가운데)
- 글맵시 이용(물결 2), 크기(50mm×30mm), 글꼴(굴림, 빨강)
- 크기(120mm×50mm)
- 그림위치 (내 PC₩문서₩ITQ₩Picture₩ 로고2.jpg, 문서에 포함), 크기(40mm×30mm), 그림 효과(회색조)
- 하이퍼링크 : 문서작성 능력평가의 **"올바른 문화 향유와 저작권"** 제목에 설정한 책갈피로 이동
- 글상자 이용, 선 종류(점선 또는 파선), 면색(색 없음), 글꼴(굴림, 18pt), 정렬(수평·수직-가운데)
- 크기(130mm×145mm)
- 직사각형 그리기 : 크기(15mm×10mm), 면색(하양), 글꼴(돋움, 20pt), 정렬(수평·수직-가운데)
- 직사각형 그리기 : 크기(5mm×5mm), 면색(하양을 제외한 임의의 색)

도형 내 텍스트:
- 저작권 브랜드 반듯씨
- 저작권
- 123주식회사
- 1 반듯한 대한민국 저작권문화
- 2 저작권을 지키는 반듯한 생각
- 3 반드시 지키는 약속

6 아래《조건》에 맞추어 문서 작성을 위한 기본 환경을 설정해 보세요.

소스파일: 없음
완성파일: 12345678-김방탄.hwp

《출력형태》

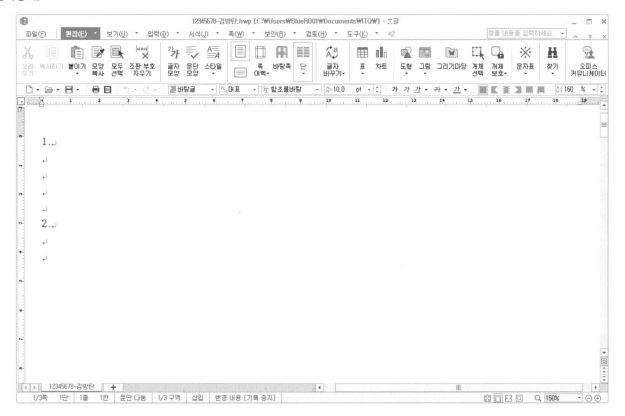

《조건》

○ 파일명은 본인의 "수험번호-성명"으로 입력하여 답안폴더(내 PC\문서\ITQ)에 하나의 파일로 저장해야 하며, 답안 문서 파일명이 "수험번호-성명"과 일치하지 않거나, 답안파일을 전송하지 않아 미제출로 처리될 경우 실격 처리합니다(예:12345678-홍길동.hwp).

○ 글꼴에 대한 기본설정은 함초롬바탕, 10포인트, 검정, 줄간격 160%, 양쪽정렬로 합니다.

○ 용지 여백은 왼쪽·오른쪽 11mm, 위쪽·아래쪽·머리말·꼬리말 10mm, 제본 0mm로 합니다.

○ 각 항목은 지정된 페이지에 출력형태와 같이 정확히 작성하시기 바라며, 그렇지 않을 경우에 해당 항목은 0점 처리됩니다.

　※ 페이지 구분 : 1페이지 – 기능평가 I (문제번호 표시 : 1. 2.),
　　　　　　　　　 2페이지 – 기능평가 II (문제번호 표시 : 3. 4.),
　　　　　　　　　 3페이지 – 문서작성 능력평가

1. 다음의 《조건》에 따라 스타일 기능을 적용하여 《출력형태》와 같이 작성하시오. (50점)

《조건》
    (1) 스타일 이름 – copyright
    (2) 문단 모양 – 왼쪽 여백 : 15pt, 문단 아래 간격 : 10pt
    (3) 글자 모양 – 글꼴 : 한글(굴림)/영문(돋움), 크기 : 10pt, 장평 : 95%, 자간 : 5%

《출력형태》

The Copyright Act enacted in 1957 was composed of five chapters and provides that the purpose of the Act is to protect an author of an academic or artistic work and promote the national culture.

저작권 제도는 출판검열에 맞서 표현의 자유를 확보하는 역할을 수행해 온 측면이 있다. 그러한 점에서 언론 및 출판의 자유와 저작권은 상호 보완적 관계에 있다.

2. 다음의 《조건》에 따라 《출력형태》와 같이 표와 차트를 작성하시오. (100점)

《표 조건》
    (1) 표 전체(표, 캡션) – 돋움, 10pt
    (2) 정렬 – 문자 : 가운데 정렬, 숫자 : 오른쪽 정렬
    (3) 셀 배경(면색) : 노랑
    (4) 한글의 계산 기능을 이용하여 빈칸에 평균(소수점 두 자리)을 구하고, 캡션 기능 사용할 것
    (5) 선 모양은 《출력형태》와 동일하게 처리할 것

《출력형태》

저작물 종류별 등록 건수(단위 : 건)

구분	2015년	2016년	2017년	2018년	2019년
사진	335	508	1,114	1,123	1,238
도형	472	450	484	466	704
2차적 저작물	714	799	492	623	1,353
평균					

《차트 조건》
    (1) 차트 데이터는 표 내용에서 구분별 2015년, 2016년, 2017년, 2018년의 값만 이용할 것
    (2) 종류 – <묶은 세로 막대형>으로 작업할 것
    (3) 제목 –【굴림, 진하게, 12pt, 배경 – 선 모양(한 줄로), 그림자(2pt)】
    (4) 제목 이외의 전체 글꼴 – 굴림, 보통, 10pt
    (5) 축제목과 범례는 《출력형태》와 동일하게 처리할 것

《출력형태》

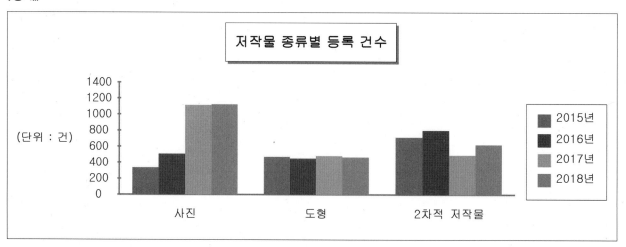

[기능평가 I] 스타일 지정
(50점/150점)

· 스타일을 지정할 내용을 오탈자 없이 입력합니다.
· 조건에 맞추어 새로운 스타일을 추가합니다.
· 입력한 내용에 스타일을 지정합니다.

출제 유형 미리보기   소스파일: 02차시(문제).hwp   완성파일: 02차시(완성).hwp

1. 다음의 《조건》에 따라 스타일 기능을 적용하여 《출력형태》와 같이 작성하시오.(50점)

《조건》

(1) 스타일 이름 – job
(2) 문단 모양 – 왼쪽 여백 : 15pt, 문단 아래 간격 : 10pt
(3) 글자 모양 – 글꼴 : 한글(굴림)/영문(돋움), 크기 : 10pt, 장평 : 95%, 자간 : 5%

《출력형태》

> 1.↵
>
> The criteria for elementary school students to choose a job were my favorite, and the preference for a job that they could do well, apart from their parents desired job, became clear.↵
>
> 초등학생들이 직업을 선택하는 기준은 내가 좋아하는 것이 최우선이었으며, 부모의 희망 직업과는 별개로 자신이 잘 할 수 있는 직업에 대한 선호 현상이 뚜렷해졌다.↵

⭐ **과정 미리보기** 내용 입력 ➜ 스타일 추가 ➜ 문단 모양 지정 ➜ '한글'→'영문' 글자 모양 지정 ➜ 스타일 적용

정보기술자격(ITQ) 최신기출문제

과 목	코 드	문제유형	시험시간	수험번호	성 명
아래한글	1111	C	60분		

수험자 유의사항

◎ 수험자는 문제지를 받는 즉시 문제지와 **수험표상의 시험과목(프로그램)이 동일한지 반드시 확인**하여야 합니다.

◎ 파일명은 본인의 "수험번호-성명"으로 입력하여 답안폴더(내 PC₩문서₩ITQ)에 하나의 파일로 저장해야 하며, 답안문서 파일명이 "수험번호-성명"과 일치하지 않거나, 답안파일을 전송하지 않아 미제출로 처리될 경우 실격 처리합니다 (예:12345678-홍길동.hwp).

◎ 답안 작성을 마치면 파일을 저장하고, '답안 전송' 버튼을 선택하여 감독위원 PC로 답안을 전송하십시오. 수험생 정보와 저장한 파일명이 다를 경우 전송되지 않으므로 주의하시기 바랍니다.

◎ 답안 작성 중에도 **주기적으로 저장하고, '답안 전송'**하여야 문제 발생을 줄일 수 있습니다. 작업한 내용을 저장하지 않고 전송할 경우 이전에 저장된 내용이 전송되오니 이점 유의하시기 바랍니다.

◎ 답안문서는 지정된 경로 외의 다른 보조기억장치에 저장하는 경우, 지정된 시험 시간 외에 작성된 파일을 활용할 경우, 기타 통신수단(이메일, 메신저, 네트워크 등)을 이용하여 타인에게 전달 또는 외부 반출하는 경우는 부정 처리합니다.

◎ 시험 중 부주의 또는 고의로 시스템을 파손한 경우는 수험자가 변상해야 하며, <수험자 유의사항>에 기재된 방법대로 이행하지 않아 생기는 불이익은 수험생 당사자의 책임임을 알려 드립니다.

◎ 문제의 조건은 한컴오피스 2020 버전으로 설정되어 있으며 한컴오피스 NEO는 【 】에 표기되어 있습니다. 이와 관련하여 작성한 답안의 출력형태가 문제지와 다를 수 있습니다.

◎ 시험을 완료한 수험자는 답안파일이 전송되었는지 확인한 후 감독위원의 지시에 따라 문제지를 제출하고 퇴실합니다.

답안 작성요령

◎ 온라인 답안 작성 절차

　수험자 등록 ⇒ 시험 시작 ⇒ 답안파일 저장 ⇒ 답안 전송 ⇒ 시험 종료

◎ 공통 부문

· 글꼴에 대한 기본설정은 함초롬바탕, 10포인트, 검정, 줄간격 160%, 양쪽정렬로 합니다.

· 색상은 조건의 색을 적용하고 색의 구분이 안 될 경우에는 RGB 값을 적용하십시오. (빨강 255,0,0 / 파랑 0,0,255 / 노랑 255,255,0).

· 각 문항에 주어진 《조건》에 따라 작성하고 언급하지 않은 조건은 《출력형태》와 같이 작성합니다.

· 용지여백은 왼쪽·오른쪽 11mm, 위쪽·아래쪽·머리말·꼬리말 10mm, 제본 0mm로 합니다.

· 그림 삽입 문제의 경우 「내 PC₩문서₩ITQ₩Picture」 폴더에서 지정된 파일을 선택하여 삽입하십시오.

· 삽입한 그림은 반드시 문서에 포함하여 저장해야 합니다(미포함 시 감점 처리).

· 각 항목은 지정된 페이지에 출력형태와 같이 정확히 작성하시기 바라며, 그렇지 않을 경우에 해당 항목은 0점 처리됩니다.

　※ 페이지구분 : 1페이지 - 기능평가 I (문제번호 표시 : 1. 2.),

　　　　　　　　 2페이지 - 기능평가 II (문제번호 표시 : 3. 4.),

　　　　　　　　 3페이지 - 문서작성 능력평가

◎ 기능평가

· 문제와 《조건》은 입력하지 않으며 문제번호와 답(《출력형태》)만 작성합니다.

· 4번 문제는 묶기를 했을 경우 0점 처리됩니다.

◎ 문서작성 능력평가

· A4 용지(210mm×297mm) 1매 크기, 세로 서식 문서로 작성합니다.

· 　　　　　 표시는 문서작성에 대한 지시사항이므로 작성하지 않습니다.

01 내용 입력하기

❶ 02차시(문제).hwp 파일을 실행한 후 1페이지의 문제 번호(1.) 다음 줄을 클릭하여 커서를 위치시킵니다.

❷ 《출력형태》를 참고하여 내용을 오타 없이 정확하게 입력합니다.

➕ [한/영]을 이용하여 한글과 영문을 전환할 수 있습니다.

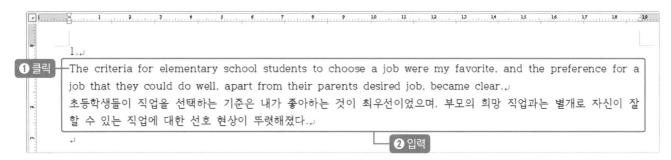

시험꿀팁

《출력형태》를 보면 영문과 한글 사이에 한 줄이 띄어져 있는 것처럼 보이지만 이는 스타일 설정 시 문단 아래 간격에 여백을 지정하는 것이므로 내용을 입력하는 과정에서는 위쪽 결과 이미지처럼 입력합니다.

02 스타일 추가하고 적용하기

• 스타일 이름 – job
• 문단 모양 – 왼쪽 여백 : 15pt, 문단 아래 간격 : 10pt
• 글자 모양 – 글꼴 : 한글(굴림)/영문(돋움), 크기 : 10pt, 장평 : 95%, 자간 : 5%

❶ 입력한 내용 전체를 블록으로 지정한 후 [서식] 탭-[스타일 추가하기(🅰➕)]를 클릭합니다.

➕ 문제 번호(1.)까지 블록을 지정하지 않도록 주의합니다.

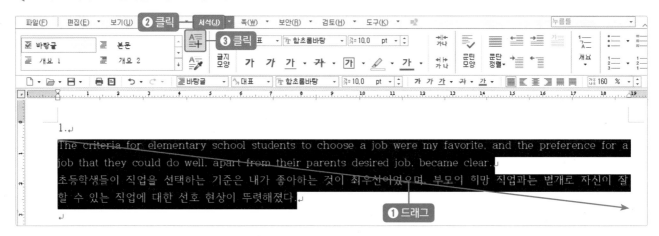

글꼴 : 궁서, 18pt, 진하게, 가운데 정렬
책갈피 이름 : 자율주행
덧말 넣기

머리말 기능
굴림, 10pt, 오른쪽 정렬 → 자율주행

도로위의 혁신
스스로 운전하는 자율주행차

문단 첫 글자 장식 기능
글꼴 : 돋움, 면색 : 노랑

각주

그림위치(내 PC₩문서₩ITQ₩Picture₩그림4.jpg, 문서에 포함)
자르기 기능 이용, 크기(40mm×40mm), 바깥 여백 왼쪽 : 2mm

자 율주행 자동차란 운전자의 개입 없이 주변 환경을 인식하고, 주행 상황을 판단하여 차량을 제어(制御)함으로써 스스로 주어진 목적지까지 주행하는 자동차를 말한다. 최근에는 이러한 자율주행 자동차가 교통사고Ⓐ를 줄이고, 교통 효율성을 높이며, 연료를 절감하고, 운전을 대신 해줌으로써 편의를 증대시킬 수 있는 미래의 개인 교통수단으로 주목(注目)받고 있다.

자율주행 자동차 기술로는 운전자 보조 기술, 자동주행 기술, 무인자동차 또는 자율주행 기술이 있다. 운전자 보조 기술은 종방향 또는 횡방향 중 한 가지에 대해서 운전자에게 경고하거나 제어를 도와주는 기술을 말한다. 자동주행 기술은 종횡 방향 모두에 대해 제어를 도와주는 기술을 말한다. 단, 항상 운전자가 주변 상황을 계속 모니터링하고 있다가 언제든지 개입할 수 있다는 가정을 가지고 있다. 자동주행과 자율주행의 차이는 운전자가 항상 개입을 할 수 있도록 준비해야 하는지 아닌지에 따라 구별한다. 자율주행 차량의 경우 운전자가 신문을 보거나 잠을 자도 상관없이 차량이 자율로 주행하는 개념이다.

★ **자율주행 프로세스**

글꼴 : 궁서, 18pt, 하양
음영색 : 파랑

　A. 인지
　　ⓐ 각종 센서를 이용하여 차선 및 차량에 관한 정보 인지
　　ⓑ 경로 선택, 차량 간 통신을 통해 주변 도로 및 상황 정보 획득
　B. 판단 및 제어
　　ⓐ 주행상황 판단 및 주행전략 결정, 주행경로 생성
　　ⓑ 목표 조향각/토크, 목표 가감속

문단 번호 기능 사용
1수준 : 20pt, 오른쪽정렬,
2수준 : 30pt, 오른쪽정렬
줄 간격 : 180%

표 전체 글꼴 : 돋움, 10pt, 가운데 정렬
셀 배경(그러데이션) : 유형(왼쪽 대각선),
시작색(하양), 끝색(노랑)

★ *자율주행 진행 단계*

글꼴 : 궁서, 18pt, 기울임, 강조점

단계	특징	내용	모니터링
1단계	운전자 지원	조향 또는 가속 및 감속 중 하나를 수행	운전자
2단계	부분 자동화	조향 또는 가속 및 감속 모두 수행하는 주행보조 기술	
3단계	조건부 자동화	차량 제어와 주행환경을 인식하지만 운전자가 적절하게 제어	자율주행 시스템
4단계	고도 자동화	모든 측면을 시스템이 수행하지만 전적으로 제어하는 것은 아님	

글꼴 : 굴림, 24pt, 진하게
장평 105%, 오른쪽 정렬

→ **한국전자통신연구원**

각주 구분선 : 5cm

Ⓐ 94%에 이르는 대부분의 교통사고는 운전자의 부주의로 인해 발생

쪽 번호 매기기
5로 시작 → E

❷ [스타일 추가하기] 대화상자가 나타나면 **스타일 이름(job)**을 입력하고 <문단 모양>을 클릭합니다.

시험꿀팁
스타일 이름은 항상 영문으로 출제되고 있습니다. 오타 없이 입력하도록 합니다.

❸ [문단 모양] 대화상자가 나타나면 [기본] 탭에서 '여백- **왼쪽(15)**'과 '간격- **문단 아래(10)**'를 입력한 후 <설정>을 클릭합니다.

❹ 다시 [스타일 추가하기] 대화상자로 돌아오면 <글자 모양>을 클릭합니다.

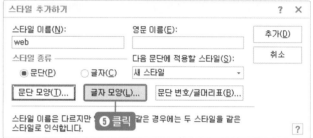

시험꿀팁
문단 모양을 지정할 때는 '왼쪽 여백'을 지정하거나, '첫 줄 들여쓰기'를 지정하는 문제가 번갈아가며 출제되고 있습니다. <조건>을 확인하여 실수하지 않도록 주의합니다.

❺ [글자 모양] 대화상자가 나타나면 [기본] 탭에서 **기준 크기(10pt), 장평(95%), 자간(5%)**의 값을 먼저 입력한 후 **언어(한글)**와 **글꼴(굴림)**을 지정합니다.

❻ 이어서, **언어(영문)**와 **글꼴(돋움)**만 다시 지정한 후 <설정>을 클릭합니다.

➕ 한글과 영문의 '기준 크기, 장평, 자간'은 값이 동일하게 출제되므로 해당 값을 먼저 적용한 후 언어(한글, 영문)별로 글꼴을 따로 지정하는 것이 편리합니다.

시험꿀팁
• 스타일 적용 시 '한글'과 '영문'의 글꼴을 구분하여 지정하는 문제가 고정적으로 출제되고 있습니다.
• 글꼴은 '돋움, 굴림, 궁서'가 주로 출제되고 있습니다.

3. 다음 (1), (2)의 수식을 수식 편집기로 각각 입력하시오. (40점)

《출력형태》

(1) $m = \dfrac{\Delta P}{K_a} = \dfrac{\Delta t_b}{K_b} = \dfrac{\Delta t_f}{K_f}$
                                                      (2) $h = \sqrt{k^2 - r^2}, M = \dfrac{1}{3}\pi r^2 h$

4. 다음의 《조건》에 따라 《출력형태》와 같이 문서를 작성하시오. (110점)

《조건》   (1) 그리기 도구를 이용하여 작성하고, 모든 도형(글맵시, 지정된 그림 포함)을 《출력형태》와 같이 작성하시오.

                (2) 도형의 면색은 지시사항이 없으면 색 없음을 제외하고 서로 다르게 임의로 지정하시오.

《출력형태》

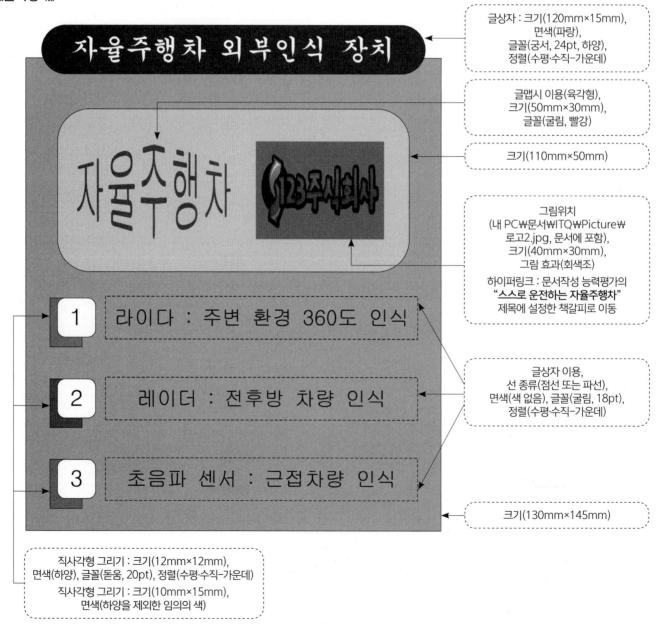

글상자 : 크기(120mm×15mm), 면색(파랑), 글꼴(궁서, 24pt, 하양), 정렬(수평·수직-가운데)

글맵시 이용(육각형), 크기(50mm×30mm), 글꼴(굴림, 빨강)

크기(110mm×50mm)

그림위치(내 PC₩문서₩ITQ₩Picture₩ 로고2.jpg, 문서에 포함), 크기(40mm×30mm), 그림 효과(회색조)

하이퍼링크 : 문서작성 능력평가의 **"스스로 운전하는 자율주행차"** 제목에 설정한 책갈피로 이동

글상자 이용, 선 종류(점선 또는 파선), 면색(색 없음), 글꼴(굴림, 18pt), 정렬(수평·수직-가운데)

크기(130mm×145mm)

직사각형 그리기 : 크기(12mm×12mm), 면색(하양), 글꼴(돋움, 20pt), 정렬(수평·수직-가운데)

직사각형 그리기 : 크기(10mm×15mm), 면색(하양을 제외한 임의의 색)

❼ [스타일 추가하기] 대화상자로 돌아오면 <추가>를 클릭합니다. [서식] 탭의 스타일 목록에 추가된 **job**을 클릭하여 블록으로 지정된 문장에 스타일을 적용시킵니다.

❽ [Esc]를 눌러 블록을 해제한 후《출력형태》와 같이 스타일이 적용된 것을 확인합니다. 이어서, 서식 도구 상자에서 [저장하기(💾)]를 클릭하거나 [Alt]+[S]를 눌러 파일을 저장합니다.

➕ 스타일이 적용되면 문서의 양 끝에 입력된 단어들이《출력형태》와 동일한지 확인합니다. 만약 다를 경우에는 입력된 내용 중 누락되거나 틀린 단어가 없는지 확인합니다.

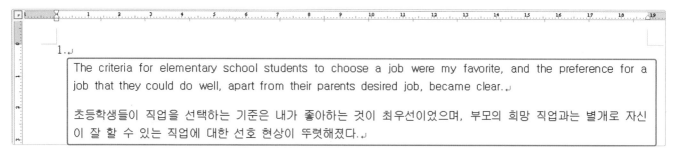

레벨업 📈 스타일 수정 및 삭제하기

❶ [F6]을 누르거나 [서식] 탭의 스타일 목록에서 [자세히(▾)]를 눌러 [스타일]을 클릭합니다.

❷ [스타일] 대화상자가 나타나면 '스타일 목록'에서 수정할 스타일 이름을 선택한 후 '스타일 편집하기(✏)' 아이콘을 클릭합니다. [스타일 편집하기] 대화상자에서 '스타일 이름, 문단 모양, 글자 모양' 등을 수정할 수 있습니다.

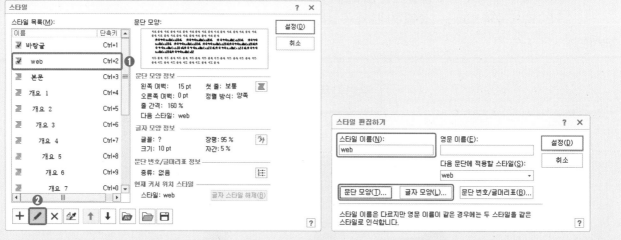

❸ '스타일 지우기(✕)' 아이콘을 클릭하면 선택된 스타일을 삭제할 수 있습니다. 만약, 삭제된 스타일이 적용된 문장이 있는 경우에는 대체할 스타일을 지정할 수 있도록 대화상자가 표시됩니다.

1. 다음의 《조건》에 따라 스타일 기능을 적용하여 《출력형태》와 같이 작성하시오. (50점)

《조건》
(1) 스타일 이름 – autonomous
(2) 문단 모양 – 왼쪽 여백 : 15pt, 문단 아래 간격 : 10pt
(3) 글자 모양 – 글꼴 : 한글(굴림)/영문(돋움), 크기 : 10pt, 장평 : 95%, 자간 : 5%

《출력형태》

Autonomous cars have control systems that are capable of analyzing sensory data to distinguish between different cars on the road, which is very useful in planning a path to the desired destination.

이미 실용화되고 있는 무인자동차로는 이스라엘 군에서 미리 설정된 경로를 순찰하는 무인차량과 해외 광산, 건설 현장 등에서 운용되고 있는 덤프트럭 등의 무인운행 시스템이 있다.

2. 다음의 《조건》에 따라 《출력형태》와 같이 표와 차트를 작성하시오. (100점)

《표 조건》
(1) 표 전체(표, 캡션) – 돋움, 10pt
(2) 정렬 – 문자 : 가운데 정렬, 숫자 : 오른쪽 정렬
(3) 셀 배경(면색) : 노랑
(4) 한글의 계산 기능을 이용하여 빈칸에 평균(소수점 두 자리)을 구하고, 캡션 기능 사용할 것
(5) 선 모양은 《출력형태》와 동일하게 처리할 것

《출력형태》

무인자동차 관련 상장사(단위 : 억 원, %)

종목	매출액	영업이익	순이익	주가수익비율	주가순자산비율
테크닉스	2,024	308	300	16.8	2.3
셀프드라이빙	1,967	232	234	8.9	2.1
일렉트로	2,208	229	126	15.3	1.2
평균					

《차트 조건》
(1) 차트 데이터는 표 내용에서 종목별 매출액, 영업이익, 순이익, 주가수익비율의 값만 이용할 것
(2) 종류 – <묶은 세로 막대형>으로 작업할 것
(3) 제목 – 【굴림, 진하게, 12pt, 배경 – 선 모양(한 줄로), 그림자(2pt)】
(4) 제목 이외의 전체 글꼴 – 굴림, 보통, 10pt
(5) 축제목과 범례는 《출력형태》와 동일하게 처리할 것

《출력형태》

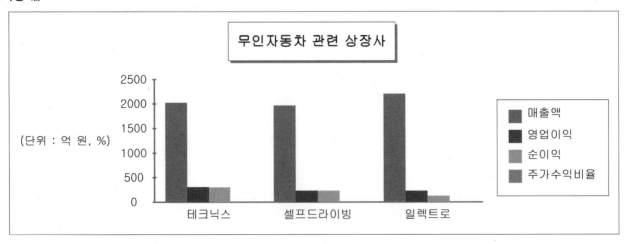

1 ▶ 다음의 《조건》에 따라 스타일 기능을 적용하여 《출력형태》와 같이 작성하시오.

소스파일: 02차시-01(문제).hwp
완성파일: 02차시-01(완성).hwp

《조건》

(1) 스타일 이름 – book

(2) 문단 모양 – 첫 줄 들여쓰기 : 10pt, 문단 아래 간격 : 10pt

(3) 글자 모양 – 글꼴 : 한글(굴림)/영문(돋움), 크기 : 10pt, 장평 : 95%, 자간 : –5%

《출력형태》

1.⏎

　　지난 10년간 초등학생들이 도서관에서 대출 받은 도서 목록을 살펴보면 시리즈로 구성된 그림책과 학습 만화가 전체 대출의 80%를 차지했다.⏎

•Looking at the list of books borrowed from libraries by elementary school students over the past decade, picture books and learning cartoons consisting of series accounted for 80% of all loans.⏎

└── 첫 줄 들여쓰기가 스타일로 지정된 것이기 때문에 앞쪽 공백은 무시하고 왼쪽에 붙여서 내용을 입력합니다.

2 ▶ 다음의 《조건》에 따라 스타일 기능을 적용하여 《출력형태》와 같이 작성하시오.

소스파일: 02차시-02(문제).hwp
완성파일: 02차시-02(완성).hwp

《조건》

(1) 스타일 이름 – coding

(2) 문단 모양 – 왼쪽 여백 : 10pt, 문단 아래 간격 : 10pt

(3) 글자 모양 – 글꼴 : 한글(궁서)/영문(돋움), 크기 : 10pt, 장평 : 95%, 자간 : 5%

《출력형태》

1.

　　코딩은 컴퓨터 언어인 C언어, 파이썬, 자바 등을 활용하여 컴퓨터가 이해할 수 있는 프로그램을 만들어내는 과정이다.

Coding is the process of creating programs that computers can understand by using computer languages such as C language, Python, and Java.

정보기술자격(ITQ) 최신기출문제

과 목	코 드	문제유형	시험시간	수험번호	성 명
아래한글	1111	B	60분		

수험자 유의사항

◎ 수험자는 문제지를 받는 즉시 문제지와 **수험표상의 시험과목(프로그램)이 동일한지 반드시 확인**하여야 합니다.

◎ 파일명은 본인의 "수험번호-성명"으로 입력하여 답안폴더(내 PC₩문서₩ITQ)에 하나의 파일로 저장해야 하며, 답안문서 파일명이 "수험번호-성명"과 일치하지 않거나, 답안파일을 전송하지 않아 미제출로 처리될 경우 실격 처리합니다 (예:12345678-홍길동.hwp).

◎ 답안 작성을 마치면 파일을 저장하고, '답안 전송' 버튼을 선택하여 감독위원 PC로 답안을 전송하십시오. 수험생 정보와 저장한 파일명이 다를 경우 전송되지 않으므로 주의하시기 바랍니다.

◎ 답안 작성 중에도 **주기적으로 저장하고, '답안 전송'**하여야 문제 발생을 줄일 수 있습니다. 작업한 내용을 저장하지 않고 전송할 경우 이전에 저장된 내용이 전송되오니 이점 유의하시기 바랍니다.

◎ 답안문서는 지정된 경로 외의 다른 보조기억장치에 저장하는 경우, 지정된 시험 시간 외에 작성된 파일을 활용할 경우, 기타 통신수단(이메일, 메신저, 네트워크 등)을 이용하여 타인에게 전달 또는 외부 반출하는 경우는 부정 처리합니다.

◎ 시험 중 부주의 또는 고의로 시스템을 파손한 경우는 수험자가 변상해야 하며, <수험자 유의사항>에 기재된 방법대로 이행하지 않아 생기는 불이익은 수험생 당사자의 책임임을 알려 드립니다.

◎ 문제의 조건은 한컴오피스 2020 버전으로 설정되어 있으며 한컴오피스 NEO는 【 】에 표기되어 있습니다. 이와 관련하여 작성한 답안의 출력형태가 문제지와 다를 수 있습니다.

◎ 시험을 완료한 수험자는 답안파일이 전송되었는지 확인한 후 감독위원의 지시에 따라 문제지를 제출하고 퇴실합니다.

답안 작성요령

◎ **온라인 답안 작성 절차**
  수험자 등록 ⇒ 시험 시작 ⇒ 답안파일 저장 ⇒ 답안 전송 ⇒ 시험 종료

◎ **공통 부문**
  • 글꼴에 대한 기본설정은 함초롬바탕, 10포인트, 검정, 줄간격 160%, 양쪽정렬로 합니다.
  • 색상은 조건의 색을 적용하고 색의 구분이 안 될 경우에는 RGB 값을 적용하십시오.
    (빨강 255,0,0 / 파랑 0,0,255 / 노랑 255,255,0).
  • 각 문항에 주어진 《조건》에 따라 작성하고 언급하지 않은 조건은 《출력형태》와 같이 작성합니다.
  • 용지여백은 왼쪽·오른쪽 11mm, 위쪽·아래쪽·머리말·꼬리말 10mm, 제본 0mm로 합니다.
  • 그림 삽입 문제의 경우 「내 PC₩문서₩ITQ₩Picture」 폴더에서 지정된 파일을 선택하여 삽입하십시오.
  • 삽입한 그림은 반드시 문서에 포함하여 저장해야 합니다(미포함 시 감점 처리).
  • 각 항목은 지정된 페이지에 출력형태와 같이 정확히 작성하시기 바라며, 그렇지 않을 경우에 해당 항목은 0점 처리됩니다.
    ※ 페이지구분 : 1페이지 – 기능평가 I (문제번호 표시 : 1. 2.),
             2페이지 – 기능평가 II (문제번호 표시 : 3. 4.),
             3페이지 – 문서작성 능력평가

◎ **기능평가**
  • 문제와 《조건》은 입력하지 않으며 문제번호와 답(《출력형태》)만 작성합니다.
  • 4번 문제는 묶기를 했을 경우 0점 처리됩니다.

◎ **문서작성 능력평가**
  • A4 용지(210mm×297mm) 1매 크기, 세로 서식 문서로 작성합니다.
  • :·······: 표시는 문서작성에 대한 지시사항이므로 작성하지 않습니다.

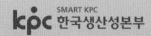

3 다음의 《조건》에 따라 스타일 기능을 적용하여 《출력형태》와 같이 작성하시오.

소스파일: 02차시-03(문제).hwp
완성파일: 02차시-03(완성).hwp

《조건》

(1) 스타일 이름 – virus

(2) 문단 모양 – 왼쪽 여백 : 10pt, 문단 아래 간격 : 10pt

(3) 글자 모양 – 글꼴 : 한글(굴림)/영문(궁서), 크기 : 10pt, 장평 : 105%, 자간 : −10%

《출력형태》

1.

여름에는 세균에 감염된 음식을 섭취하여 세균성 장염에 걸리는 경우가 많고, 환절기나 겨울에는 바이러스성 장염에 걸리는 경우가 많다.

In summer, you often get bacterial enteritis by eating food infected with bacteria, and in winter or during the change of seasons, you often get viral enteritis.

4 다음의 《조건》에 따라 스타일 기능을 적용하여 《출력형태》와 같이 작성하시오.

소스파일: 02차시-04(문제).hwp
완성파일: 02차시-04(완성).hwp

《조건》

(1) 스타일 이름 – ticket

(2) 문단 모양 – 첫 줄 들여쓰기 : 10pt, 문단 아래 간격 : 10pt

(3) 글자 모양 – 글꼴 : 한글(굴림)/영문(돋움), 크기 : 10pt, 장평 : 95%, 자간 : 5%

《출력형태》

1.

티켓 정가에 수백만 원까지 프리미엄을 붙여 티켓을 되파는 불법 거래를 차단하기 위해 불법 거래를 통한 티켓은 사전 통보 없이 취소합니다.

To block illegal transactions that sell tickets back at a premium of up to millions of won, tickets through illegal transactions are canceled without prior notice.

글꼴 : 궁서, 18pt, 진하게, 가운데 정렬
책갈피 이름 : 환경
덧말 넣기

머리말 기능
굴림, 10pt, 오른쪽 정렬 → 한국판 뉴딜 사업

그린뉴딜
탄소중립 사회를 향한 첫걸음

문단 첫 글자 장식 기능
글꼴 : 돋움, 면색 : 노랑

각주

그림위치(내 PC₩문서₩ITQ₩Picture₩그림4.jpg, 문서에 포함)
자르기 기능 이용, 크기(40mm×30mm), 바깥 여백 왼쪽 : 2mm

그린뉴딜 5대 주요사업 중 스마트 그린도시에서 탄소중립Ⓐ은 우리 사회가 지향해야 할 방향이다. 국가의 장기적 지향점으로서 앞으로 사회 변화상을 고려해 도전과 기회의 관점에서 바라볼 필요가 있다. 기업이나 개인이 발생시킨 이산화탄소 배출량만큼 이산화탄소 흡수량도 늘려 실질적인 이산화탄소 배출량을 제로로 만든다는 개념이다. 다시 말하면 대기 중으로 배출한 이산화탄소의 양을 상쇄할 정도의 이산화탄소를 다시 흡수하는 대책을 세움으로써 이산화탄소 총량을 중립(中立) 상태로 만든다는 뜻이다.

시행 방안으로는 첫째, 이산화탄소 배출량에 상응하는 만큼의 숲을 조성하여 산소를 공급하거나 화석연료를 대체할 수 있는 무공해에너지인 태양열, 풍력 에너지 등 재생에너지 분야에 투자하는 방법, 둘째, 이산화탄소 배출량에 상응하는 탄소배출권을 구매하는 방법 등이 있다. 탄소배출권이란 이산화탄소 배출량을 돈으로 환산하여 시장에서 거래할 수 있도록 한 것인데, 탄소배출권을 구매하기 위해 지불한 돈은 삼림(森林)을 조성하는 등 이산화탄소 흡수량을 늘리는 데에 사용된다. 각 나라에서는 지구온난화의 주범인 이산화탄소의 배출량을 조절하기 위해 탄소중립 운동을 활발히 시행하고 있다.

■ 국토생태계 녹색 복원

글꼴 : 궁서, 18pt, 하양
음영색 : 파랑

1. 왜 필요할까요?
   가. 도시지역 내 생태공간 확충을 통해 국토의 지속가능성을 확보
   나. 포스트 코로나에 대비하여 사람과 야생동물 간의 안전한 공존
2. 어떻게 하나요?
   가. 국립공원 16개소 및 도시훼손지 25개소 등 자연환경 복원
   나. 멸종 위기종 서식지 중심 복원 및 관리사업 추진

문단 번호 기능 사용
1수준 : 20pt, 오른쪽정렬,
2수준 : 30pt, 오른쪽정렬
줄 간격 : 180%

표 전체 글꼴 : 돋움, 10pt, 가운데 정렬
셀 배경(그러데이션) : 유형(왼쪽 대각선),
시작색(하양), 끝색(노랑)

■ 환경보건센터 운영 현황

글꼴 : 궁서, 18pt, 기울임, 강조점

센터명	전문 분야	유효기간	사업 내용	지역
서경대학교	환경보건 연구정보	2025. 08. 16.	환경보건 분야 연구정보 구축	서울
서울시립대학교	환경보건 전문인력 육성	2025. 07. 26.	환경독성/보건 분야 전문인력 육성	서울
인하대병원	환경보건 전문인력 육성	2025. 07. 26.	환경의학 분야 전문인력 육성	인천
순천향대구미병원	환경독성	2024. 12. 31.	화학물질과 건강영향	구미

글꼴 : 굴림, 24pt, 진하게
장평 105%, 오른쪽 정렬 → # 환경부 그린뉴딜

각주 구분선 : 5cm

Ⓐ 이산화탄소의 실질적인 배출량을 0으로 만든다는 개념

쪽 번호 매기기
5로 시작 → ⑤

5 다음의 《조건》에 따라 스타일 기능을 적용하여 《출력형태》와 같이 작성하시오.

소스파일: 02차시-05(문제).hwp
완성파일: 02차시-05(완성).hwp

《조건》

(1) 스타일 이름 – taegeukgi

(2) 문단 모양 – 왼쪽 여백 : 15pt, 문단 아래 간격 : 10pt

(3) 글자 모양 – 글꼴 : 한글(궁서)/영문(굴림), 크기 : 10pt, 장평 : 95%, 자간 : 5%

《출력형태》

> 1.
>
> Following the trend for modern states to adopt national flags, the decision to create a national flag for Korea emerged with the ratification of the Korea and United States Treaty of 1882.
>
> 1948년 8월 15일 대한민국 정부가 수립되면서 태극기의 제작법을 통일할 필요성이 커짐에 따라 정부는 1949년 10월 15일에 국기제작법고시를 확정 발표하였다.

6 다음의 《조건》에 따라 스타일 기능을 적용하여 《출력형태》와 같이 작성하시오.

소스파일: 02차시-06(문제).hwp
완성파일: 02차시-06(완성).hwp

《조건》

(1) 스타일 이름 – rock

(2) 문단 모양 – 왼쪽 여백 : 10pt, 문단 아래 간격 : 10pt

(3) 글자 모양 – 글꼴 : 한글(굴림)/영문(돋움), 크기 : 10pt, 장평 : 95%, 자간 : 5%

《출력형태》

> 1.
>
> Busan is a cultural city where an international rock festival is held annually. Every summer, one big event called Busan International Rock Festival takes place at Dadaepo beach.
>
> 부산국제록페스티벌의 셋째 날은 다양하고 풍요로움을 만끽할 만한 모던하고 컬러풀한 밴드들을 한자리에 모아 풍성한 록 음악 향연을 펼칠 예정이다.

3. 다음 (1), (2)의 수식을 수식 편집기로 각각 입력하시오. (40점)

《출력형태》

(1) $Y = \sqrt{\dfrac{gL}{2\pi}} = \dfrac{gT}{2\pi}$

(2) $\displaystyle\int_0^3 \dfrac{\sqrt{6t^2 - 18t + 12}}{5}\,dt = 11$

4. 다음의 《조건》에 따라 《출력형태》와 같이 문서를 작성하시오. (110점)

《조건》 (1) 그리기 도구를 이용하여 작성하고, 모든 도형(글맵시, 지정된 그림 포함)을 《출력형태》와 같이 작성하시오.

(2) 도형의 면색은 지시사항이 없으면 색 없음을 제외하고 서로 다르게 임의로 지정하시오.

《출력형태》

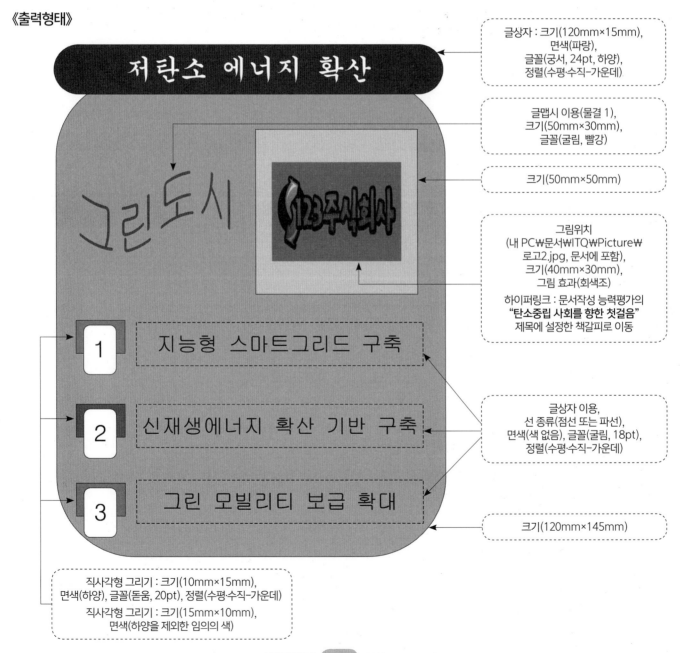

글상자 : 크기(120mm×15mm), 면색(파랑), 글꼴(궁서, 24pt, 하양), 정렬(수평·수직-가운데)

글맵시 이용(물결 1), 크기(50mm×30mm), 글꼴(굴림, 빨강)

크기(50mm×50mm)

그림위치(내 PC₩문서₩ITQ₩Picture₩ 로고2.jpg, 문서에 포함), 크기(40mm×30mm), 그림 효과(회색조)

하이퍼링크 : 문서작성 능력평가의 **"탄소중립 사회를 향한 첫걸음"** 제목에 설정한 책갈피로 이동

글상자 이용, 선 종류(점선 또는 파선), 면색(색 없음), 글꼴(굴림, 18pt), 정렬(수평·수직-가운데)

크기(120mm×145mm)

직사각형 그리기 : 크기(10mm×15mm), 면색(하양), 글꼴(돋움, 20pt), 정렬(수평·수직-가운데)

직사각형 그리기 : 크기(15mm×10mm), 면색(하양을 제외한 임의의 색)

[기능평가 I] 표 작성

(100점/150점)

└ 표+차트

- 줄 수와 칸 수를 지정하여 표를 삽입한 후 내용을 입력합니다.
- 블록 계산식을 이용하여 합계 및 평균 등을 계산합니다.
- 《표 조건》에 맞추어 표의 서식을 변경합니다.

출제 유형 미리보기

소스파일: 03차시(문제).hwp   완성파일: 03차시(완성).hwp

2. 다음의 《조건》에 따라 《출력형태》와 같이 표와 차트를 작성하시오.(100점)

《표 조건》

(1) 표 전체(표, 캡션) – 돋움, 10pt
(2) 정렬 – 문자 : 가운데 정렬, 숫자 : 오른쪽 정렬
(3) 셀 배경(면색) : 노랑
(4) 한글의 계산 기능을 이용하여 빈칸에 합계를 구하고, 캡션 기능 사용할 것
(5) 선 모양은 《출력형태》와 동일하게 처리할 것

《출력형태》

직업체험 현장학습 누적 인원(단위 : 명)

구분	1분기	2분기	3분기	4분기	합계
경찰관	20,000	35,000	23,800	12,800	
소방관	20,000	13,800	10,600	27,270	
의사	11,500	10,000	15,000	17,000	
요리사	23,600	27,800	24,500	29,800	

★ **과정 미리보기** 표 만들기 ➡ 데이터 입력 및 정렬 ➡ 블록 계산 ➡ 캡션 삽입 ➡ 셀 배경색 지정 ➡ 선 모양(테두리) 지정

1. 다음의《조건》에 따라 스타일 기능을 적용하여《출력형태》와 같이 작성하시오. (50점)

《조건》 (1) 스타일 이름 – green
(2) 문단 모양 – 왼쪽 여백 : 15pt, 문단 아래 간격 : 10pt
(3) 글자 모양 – 글꼴 : 한글(굴림)/영문(돋움), 크기 : 10pt, 장평 : 95%, 자간 : 5%

《출력형태》

In the OECD policy brief, Korean Green New Deal was showcased as an exemplary model for green recovery from Covid-19 that will ensure an accelerated transition toward a more sustainable economy.

스마트 그린도시는 도시화, 산업화로 훼손된 자연의 건강성을 회복하고, 코로나19나 아프리카돼지열병 등 야생 동물 매개 질병으로부터 안전한 생태환경으로 전환하기 위한 환경부 그린뉴딜 사업입니다.

2. 다음의《조건》에 따라《출력형태》와 같이 표와 차트를 작성하시오. (100점)

《표 조건》 (1) 표 전체(표, 캡션) – 돋움, 10pt
(2) 정렬 – 문자 : 가운데 정렬, 숫자 : 오른쪽 정렬
(3) 셀 배경(면색) : 노랑
(4) 한글의 계산 기능을 이용하여 빈칸에 합계를 구하고, 캡션 기능 사용할 것
(5) 선 모양은《출력형태》와 동일하게 처리할 것

《출력형태》

도시별 하루 생활 폐기물 현황(단위 : 톤)

구분	서울시	인천시	부산시	대전시	광주시
매립	799	252	260	381	158
소각	2,238	692	416	225	26
재활용	6,180	1,323	2,667	1,058	1,085
합계					

《차트 조건》 (1) 차트 데이터는 표 내용에서 구분별 서울시, 인천시, 부산시, 대전시의 값만 이용할 것
(2) 종류 – <묶은 가로 막대형>으로 작업할 것
(3) 제목 – 【굴림, 진하게, 12pt, 배경 – 선 모양(한 줄로), 그림자(2pt)】
(4) 제목 이외의 전체 글꼴 – 굴림, 보통, 10pt
(5) 축제목과 범례는《출력형태》와 동일하게 처리할 것

《출력형태》

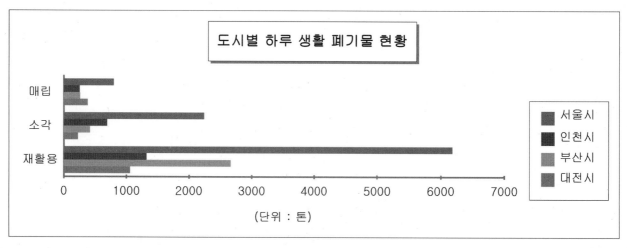

01 표를 만들어 데이터 입력 후 정렬하기

- 표 전체(표, 캡션) – 돋움, 10pt
- 정렬 – 문자 : 가운데 정렬, 숫자 : 오른쪽 정렬

❶ 03차시(문제).hwp 파일을 실행한 후 표를 만들기 위해 문제 번호(2.) 아랫줄에 커서를 놓고 [입력] 탭–[표(⊞)]를 선택합니다.

❷ [표 만들기] 대화상자가 나타나면 《출력형태》와 동일하게 **줄 수(5)와 칸 수(6)**를 입력하고 '**글자처럼 취급**'을 **체크**한 후 <만들기>를 클릭합니다.

➕ 표 만들기 바로 가기 키 : Ctrl + N, T

❸ 표가 삽입되면 셀 전체를 블록으로 지정한 후 Ctrl + ↓를 눌러 셀의 높이를 늘려줍니다.

➕ 셀의 높이를 조절하지 않아도 감점되지 않지만 《출력형태》와 비슷하게 작업하기 위해서 조금 늘려줍니다.

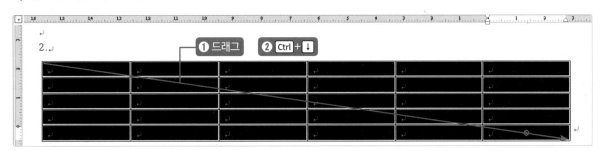

❹ 셀의 높이가 변경되면 서식 도구 상자에서 **글꼴(돋움)**과 **가운데 정렬(≡)**을 지정합니다.

➕ 글꼴을 변경할 때 '돋움'이 보이지 않을 경우에는 글꼴 선택 시 왼쪽 목록의 [모든 글꼴] 그룹에서 찾을 수 있습니다.

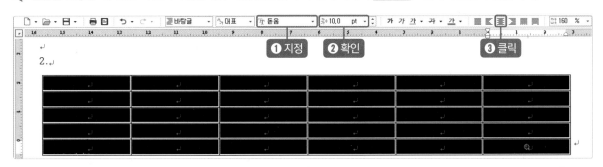

시험꿀팁
표 안의 글꼴은 '돋움, 굴림, 궁서'가 자주 출제되고 있습니다.

정보기술자격(ITQ) 최신기출문제

과 목	코 드	문제유형	시험시간	수험번호	성 명
아래한글	1111	A	60분		

수험자 유의사항

◎ 수험자는 문제지를 받는 즉시 문제지와 **수험표상의 시험과목(프로그램)이 동일한지 반드시 확인**하여야 합니다.

◎ 파일명은 본인의 "수험번호-성명"으로 입력하여 답안폴더(내 PC₩문서₩ITQ)에 하나의 파일로 저장해야 하며, 답안문서 파일명이 "수험번호-성명"과 일치하지 않거나, 답안파일을 전송하지 않아 미제출로 처리될 경우 실격 처리합니다 (예:12345678-홍길동.hwp).

◎ 답안 작성을 마치면 파일을 저장하고, '답안 전송' 버튼을 선택하여 감독위원 PC로 답안을 전송하십시오. 수험생 정보와 저장한 파일명이 다를 경우 전송되지 않으므로 주의하시기 바랍니다.

◎ 답안 작성 중에도 **주기적으로 저장하고, '답안 전송'**하여야 문제 발생을 줄일 수 있습니다. 작업한 내용을 저장하지 않고 전송할 경우 이전에 저장된 내용이 전송되오니 이점 유의하시기 바랍니다.

◎ 답안문서는 지정된 경로 외의 다른 보조기억장치에 저장하는 경우, 지정된 시험 시간 외에 작성된 파일을 활용할 경우, 기타 통신수단(이메일, 메신저, 네트워크 등)을 이용하여 타인에게 전달 또는 외부 반출하는 경우는 부정 처리합니다.

◎ 시험 중 부주의 또는 고의로 시스템을 파손한 경우는 수험자가 변상해야 하며, <수험자 유의사항>에 기재된 방법대로 이행하지 않아 생기는 불이익은 수험생 당사자의 책임임을 알려 드립니다.

◎ 문제의 조건은 한컴오피스 2020 버전으로 설정되어 있으며 한컴오피스 NEO는 【 】에 표기되어 있습니다. 이와 관련하여 작성한 답안의 출력형태가 문제지와 다를 수 있습니다.

◎ 시험을 완료한 수험자는 답안파일이 전송되었는지 확인한 후 감독위원의 지시에 따라 문제지를 제출하고 퇴실합니다.

답안 작성요령

◎ **온라인 답안 작성 절차**
　수험자 등록 ⇒ 시험 시작 ⇒ 답안파일 저장 ⇒ 답안 전송 ⇒ 시험 종료

◎ **공통 부문**
　• 글꼴에 대한 기본설정은 함초롬바탕, 10포인트, 검정, 줄간격 160%, 양쪽정렬로 합니다.
　• 색상은 조건의 색을 적용하고 색의 구분이 안 될 경우에는 RGB 값을 적용하십시오.
　　(빨강 255,0,0 / 파랑 0,0,255 / 노랑 255,255,0).
　• 각 문항에 주어진 《조건》에 따라 작성하고 언급하지 않은 조건은 《출력형태》와 같이 작성합니다.
　• 용지여백은 왼쪽·오른쪽 11mm, 위쪽·아래쪽·머리말·꼬리말 10mm, 제본 0mm로 합니다.
　• 그림 삽입 문제의 경우 「내 PC₩문서₩ITQ₩Picture」 폴더에서 지정된 파일을 선택하여 삽입하십시오.
　• 삽입한 그림은 반드시 문서에 포함하여 저장해야 합니다(미포함 시 감점 처리).
　• 각 항목은 지정된 페이지에 출력형태와 같이 정확히 작성하시기 바라며, 그렇지 않을 경우에 해당 항목은 0점 처리됩니다.
　　※ 페이지구분 : 1페이지 – 기능평가 I (문제번호 표시 : 1. 2.),
　　　　　　　　　　 2페이지 – 기능평가 II (문제번호 표시 : 3. 4.),
　　　　　　　　　　 3페이지 – 문서작성 능력평가

◎ **기능평가**
　• 문제와 《조건》은 입력하지 않으며 문제번호와 답(《출력형태》)만 작성합니다.
　• 4번 문제는 묶기를 했을 경우 0점 처리됩니다.

◎ **문서작성 능력평가**
　• A4 용지(210mm×297mm) 1매 크기, 세로 서식 문서로 작성합니다.
　• ▭▭▭▭▭ 표시는 문서작성에 대한 지시사항이므로 작성하지 않습니다.

kpc SMART KPC 한국생산성본부

❺ Esc를 눌러 블록을 해제합니다. 첫 번째 셀을 클릭한 후 《출력형태》를 참고하여 데이터를 입력합니다.

➕ ・셀 안에 숫자만 입력(20000)한 후 숫자 셀들을 블록으로 지정합니다. 이어서, 마우스 오른쪽 버튼을 눌러 [1,000 단위 구분 쉼표]-[자릿점 넣기] 메뉴를 이용하여 천 단위 구분 쉼표(,)를 넣을 수도 있습니다.
・셀 안에 내용을 입력한 후에는 방향키(↑, ↓, ←, →) 또는 Tab을 눌러 다음 셀로 이동합니다.

구분	1분기	2분기	3분기	4분기	합계
경찰관	20,000	35,000	23,800	12,800	
소방관	20,000	13,800	10,600	27,270	
의사	11,500	10,000	15,000	17,000	
요리사	23,600	27,800	24,500	29,800	

❻ 숫자가 입력된 셀을 오른쪽으로 정렬하기 위해 그림과 같이 블록으로 지정하고 서식 도구 상자에서 **오른쪽 정렬(▤)**을 클릭합니다. 정렬 설정이 완료되면 Esc를 눌러 블록을 해제한 후 결과를 확인합니다.

➕ '합계' 아래쪽 빈 셀은 블록 계산식을 활용하여 숫자가 입력되므로 미리 오른쪽 정렬로 설정합니다.

02 블록 계산식을 이용하여 합계를 구하고 캡션 입력하기

한글의 계산 기능을 이용하여 빈칸에 합계를 구하고, 캡션 기능 사용할 것

1. 블록 계산식으로 합계 구하기

❶ 경찰관, 소방관, 의사 데이터의 합계를 구하기 위해 아래 그림과 같이 셀을 블록으로 지정한 후 [표(▦)] 탭-[계산식(▦)]-[블록 합계]를 클릭합니다.

➕ ・블록 합계 결과값이 표시되어야 하는 빈 셀까지 모두 블록으로 지정해야 합니다.
・합계를 계산하기 위해 블록으로 지정된 셀 위에서 마우스 오른쪽 버튼을 클릭하여 [블록 계산식]-[블록 합계]를 선택해도 똑같은 결과가 나옵니다.

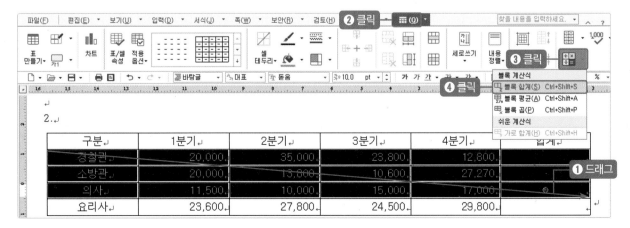

글꼴 : 굴림, 18pt, 진하게, 가운데 정렬
책갈피 이름 : 청계천
덧말 넣기

머리말 기능
돋움, 10pt, 오른쪽 정렬 → 청계천박물관

문단 첫 글자 장식 기능
글꼴 : 궁서, 면색 : 노랑

각주

문화가 흐르는 청계천
청계천박물관을 찾아서

그림위치(내 PC₩문서₩ITQ₩Picture₩그림4.jpg, 문서에 포함)
자르기 기능 이용, 크기(40mm×40mm), 바깥 여백 왼쪽 : 2mm

청계천박물관⊙은 청계천의 역사와 문화(文化)가 살아 숨 쉬는 문화 복합공간으로 2005년 9월 26일에 문을 열었습니다. 문화관 건물 정면의 긴 유리 튜브 형태는 청계천의 물길을 상징하며 지상 4층, 지하 2층의 1,728평 규모로 상설 전시실과 기획 전시실, 교육실과 강당 등을 갖추고 있습니다.

청계천의 역사적 여정이 주제별로 전시된 상설 전시실은 조선 시대부터 현재에 이르기까지 청계천의 역사를 다양한 관점에서 다루고 있으며, 위에서 아래로 흐르는 물의 속성을 따라 4층에서부터 1층으로 내려오며 관람하는 것이 특징입니다. 전시 내용은 '서울, 청계천', '개천시대', '청계천, 청계로', '청계천 복원 사업', '복원 후 10년' 등 크게 5개의 주제로 구성되어 지난 10년간 축적(蓄積)된 청계천 관련 자료들이 총망라되어 있으며, 기획 전시실은 청계천 문화와 관련하여 다양한 주제의 기획 전시와 흥미로운 문화 행사를 선보이면서 청계천의 문화 공간으로 자리 잡게 되었습니다. 또한 문화가 흐르는 청계천의 밤을 비롯하여 다양한 문화이벤트를 강당, 옥상, 청계천, 동대문역사문화공원 야외무대 등 다양한 공간을 활용하여 연극, 영화, 음악 등 매월 다채로운 프로그램을 선보이고 있습니다.

♥ **청계천 교육프로그램**

글꼴 : 궁서, 18pt, 하양
음영색 : 파랑

① 졸졸졸 개천, 콸콸콸 준천
　(ㄱ) 교육기간 : 3월 - 11월(격주 수)
　(ㄴ) 접수대상 : 초등학교 4 - 6학년 학급단체
② 씽씽 보드게임! 청계천 시간여행
　(ㄱ) 교육기간 : 11월 - 12월(매주 수, 목, 금)
　(ㄴ) 접수대상 : 초등학교 1 - 3학년 학급단체

문단 번호 기능 사용
1수준 : 20pt, 오른쪽정렬,
2수준 : 30pt, 오른쪽정렬
줄 간격 : 180%

표 전체 글꼴 : 굴림, 10pt, 가운데 정렬
셀 배경(그러데이션) : 유형【수평】,
시작색(하양), 끝색(노랑)

♥ *청계천아카데미 세부내용*

글꼴 : 궁서, 18pt, 기울임, 강조점

구분	일반 강좌	전문 강좌	현장 투어
프로그램	사업 안내 및 홍보 영상물 상영	비기술(사업조직, 사업홍보, 갈등관리)	청계광장-삼일교, 황학교-두물다리
		기술분야(하천복원, 도시계획)	
소요 시간	20분	각 60분	60분
대상	방문객	벤치마킹 목적의 국내외 전문가 및 단체	방문객
연락처	청계천박물관, 청계천아카데미		서울시 청계천 도보 관광

글꼴 : 돋움, 24pt, 진하게
장평 105%, 오른쪽 정렬 → **청계천박물관**

각주 구분선 : 5cm

⊙ 서울시 성동구 청계천로 530에 위치하며, 청계천 순환 2층 시티투어버스가 경유

쪽 번호 매기기
4로 시작 → ④

❷ Esc를 눌러 블록을 해제한 후 블록 합계가 계산된 것을 확인합니다.

구분↵	7월↵	8월↵	9월↵	10월↵	합계↵
경찰관↵	20,000↵	35,000↵	23,800↵	❶ Esc 12,800↵	91,600↵
소방관↵	20,000↵	13,800↵	10,600↵	27,270↵	71,670↵
의사↵	11,500↵	10,000↵	15,000↵	17,000↵	53,500↵
요리사↵	23,600↵	27,800↵	24,500↵	29,800↵	❷ 확인

레벨업 📈 블록 평균 계산식에서 소수점 자릿수 설정하기

소스파일: 블록 평균.hwp

한글 계산 기능은 [표] 탭-[계산식]-[블록 평균]을 이용하여 값의 평균을 구하는 문제도 출제되고 있습니다. 블록 평균을 계산할 때 기본 값인 소수점 두 자리로 지정하는 문제가 출제되지만, 소수점 자릿수를 수정해야 하는 경우도 발생할 수 있으니 《조건》에 제시된 내용을 확인하여 소수점 자릿수를 맞춥니다.

《표 조건》(4) 한글의 계산 기능을 이용하여 빈칸에 평균(소수점 한 자리)를 구하고, 캡션 기능 사용할 것

❶ **블록 평균.hwp** 파일을 불러와 경찰관, 소방관, 의사의 평균을 계산합니다.

❷ 블록 평균이 계산된 값(셀) 위에서 마우스 오른쪽 버튼을 클릭하여 [계산식 고치기]를 선택합니다.

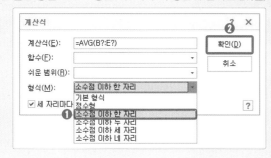

❸ [계산식] 대화상자가 나타나면 '형식'을 '소수점 이하 한 자리'로 지정한 후 <확인>을 클릭하여 소수점 자릿수가 변경된 것을 확인합니다.

❹ 같은 방법으로 '소방관'과 '의사'의 평균이 입력된 값(셀)에도 소수점 자릿수를 변경합니다.

계산식

계산식(E):	=AVG(B?:E?)
함수(F):	
쉬운 범위(R):	
형식(M):	소수점 이하 한 자리

❷ 확인(D) / 취소

☑ 세 자리마다
기본 형식
정수형
소수점 이하 한 자리 ❶
소수점 이하 두 자리
소수점 이하 세 자리
소수점 이하 네 자리

2.

구분	1분기	2분기	3분기	4분기	평균
경찰관	20,000	35,000	23,800	12,800	22,900.0
소방관	20,000	13,800	10,600	27,270	17,917.5
의사	11,500	10,000	15,000	17,000	13,375.0
요리사	23,600	27,800	24,500	29,800	

3. 다음 (1), (2)의 수식을 수식 편집기로 각각 입력하시오. (40점)

《출력형태》

그리스 대문자 (※기타 기호와 다름)

(1) $\dfrac{k_x}{2h} \times (-2mk_x) = -\dfrac{mk^2}{h}$

(2) $m = \dfrac{\Delta P}{K_a} = \dfrac{\Delta t_b}{K_b} = \dfrac{\Delta t_f}{K_f}$

4. 다음의 《조건》에 따라 《출력형태》와 같이 문서를 작성하시오. (110점)

《조건》   (1) 그리기 도구를 이용하여 작성하고, 모든 도형(글맵시, 지정된 그림 포함)을 《출력형태》와 같이 작성하시오.

(2) 도형의 면색은 지시사항이 없으면 색 없음을 제외하고 서로 다르게 임의로 지정하시오.

《출력형태》

글상자 : 크기(90mm×15mm), 면색(빨강), 글꼴(궁서, 24pt, 하양), 정렬(수평·수직-가운데)

크기(110mm×50mm)

글맵시 이용(역갈매기형 수장), 크기(50mm×30mm), 글꼴(돋움, 파랑)

그림위치 (내 PC₩문서₩ITQ₩Picture₩ 로고1.jpg, 문서에 포함), 크기(40mm×30mm), 그림 효과(회색조)

하이퍼링크 : 문서작성 능력평가의 **"청계천박물관을 찾아서"** 제목에 설정한 책갈피로 이동

글상자 이용, 선 종류(점선 또는 파선), 면색(색 없음), 글꼴(굴림, 18pt), 정렬(수평수직-가운데)

크기(120mm×145mm)

직사각형 그리기 : 크기(12mm×12mm), 면색(하양), 글꼴(궁서, 20pt), 정렬(수평·수직-가운데)
직사각형 그리기 : 크기(7mm×15mm), 면색(하양을 제외한 임의의 색)

2. 캡션 삽입하기　　–표 전체(표, 캡션) – 돋움, 10pt

❶ 캡션을 삽입하기 위해 표 안의 셀을 클릭한 후 [표(⊞)] 탭에서 [캡션(🖭)]의 목록 단추(▾)를 눌러 [위]를 선택합니다.

➕ 표 안의 셀 또는 표의 테두리를 클릭해야만 [표] 탭이 활성화됩니다.

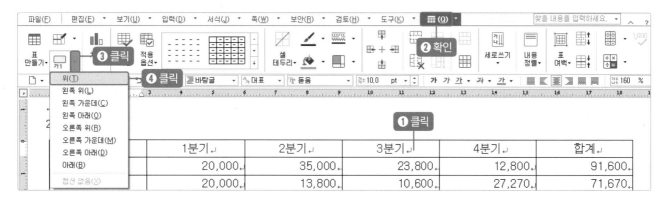

시험꿀팁
캡션을 표 '위'에 삽입하고 오른쪽으로 정렬하는 문제가 고정적으로 출제되고 있습니다.

❷ 표의 왼쪽 위에 **기본 캡션(표 1)**이 삽입된 것을 확인합니다. 해당 내용을 블록으로 지정한 후 《출력형태》를 참고하여 캡션 내용을 입력합니다.

구분	1분기	2분기
경찰관	20,000	35,
소방관	20,000	13,
의사	11,500	10,
요리사	23,600	27,

직업체험 현장학습 누적 인원(단위 : 명)

구분	1분기	2분기
경찰관	20,000	35,
소방관	20,000	13,
의사	11,500	10,
요리사	23,600	27,

❸ 캡션 내용을 블록으로 지정한 후 서식 도구 상자에서 **글꼴(돋움), 글자 크기(10pt), 오른쪽 정렬(▤)**을 지정합니다.

❹ Esc를 눌러 블록을 해제한 후 캡션이 《출력형태》와 같은지 확인합니다.

1. 다음의 《조건》에 따라 스타일 기능을 적용하여 《출력형태》와 같이 작성하시오. (50점)

《조건》　　(1) 스타일 이름 – museum

　　　　　　(2) 문단 모양 – 왼쪽 여백 : 15pt, 문단 아래 간격 : 10pt

　　　　　　(3) 글자 모양 – 글꼴 : 한글(돋움)/영문(굴림), 크기 : 10pt, 장평 : 95%, 자간 : 5%

《출력형태》

Located in Majang-dong, Seongdong-gu, the Museum is in a six-level building on land of 1,728 square meters, showing the past, present and future of the stream as well as the whole restoration process.

청계천박물관은 복원되기 이전의 청계천의 모습부터 복원 이후 도시 변화의 모습을 전시하고 있으며 청계천 문화와 관련된 다양한 주제의 전시가 열리고 시민들이 참여하는 문화 소통의 장이 되고 있다.

2. 다음의 《조건》에 따라 《출력형태》와 같이 표와 차트를 작성하시오. (100점)

《표 조건》　　(1) 표 전체(표, 캡션) – 돋움, 10pt

　　　　　　　(2) 정렬 – 문자 : 가운데 정렬, 숫자 : 오른쪽 정렬

　　　　　　　(3) 셀 배경(면색) : 노랑

　　　　　　　(4) 한글의 계산 기능을 이용하여 빈칸에 합계를 구하고, 캡션 기능 사용할 것

　　　　　　　(5) 선 모양은 《출력형태》와 동일하게 처리할 것

《출력형태》

청계천 유지관리비 내역(단위 : 십만 원)

구분	2015년	2016년	2017년	2018년	합계
시설 수리 및 점검	8,130	9,490	9,480	9,240	
위탁관리비	1,010	1,440	1,420	1,390	
전기료	6,920	6,890	6,940	6,870	
기타경비	3,210	2,170	2,650	2,340	

《차트 조건》　　(1) 차트 데이터는 표 내용에서 연도별 시설 수리 및 점검, 위탁관리비, 전기료의 값만 이용할 것

　　　　　　　　(2) 종류 – <묶은 세로 막대형>으로 작업할 것

　　　　　　　　(3) 제목 – 【굴림, 진하게, 12pt, 배경 – 선 모양(한 줄로), 그림자(2pt)】

　　　　　　　　(4) 제목 이외의 전체 글꼴 – 굴림, 보통, 10pt

　　　　　　　　(5) 축제목과 범례는 《출력형태》와 동일하게 처리할 것

《출력형태》

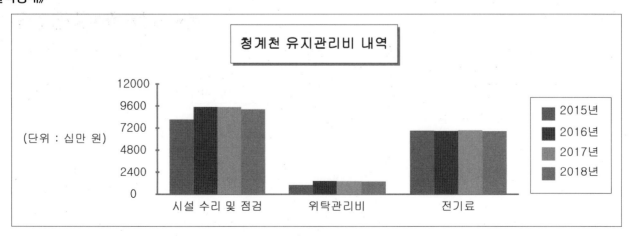

- 셀 배경(면색) : 노랑
- 선 모양은《출력형태》와 동일하게 처리할 것

1. 셀 배경색 지정하기

❶ 배경색을 적용하려는 셀을 블록으로 지정한 후 [표(▦)] 탭-[셀 배경 색(◈)]의 **목록 단추(▾)**를 클릭합니다. 이어서 **색상 테마(▶)**를 클릭하여 [오피스]를 선택합니다.

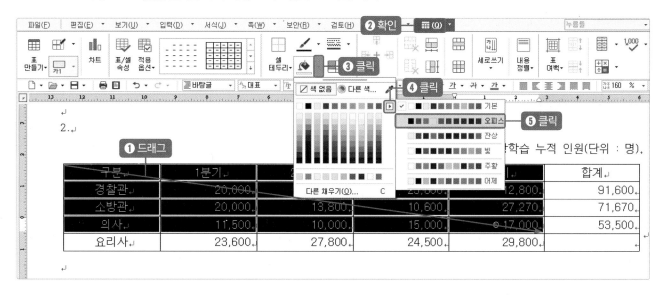

❷ 색상 팔레트가 오피스로 변경되면 **노랑**을 클릭합니다.

➕ 색상 위에 마우스 포인터를 위치시키면 색상 이름과 RGB 값이 표시됩니다.

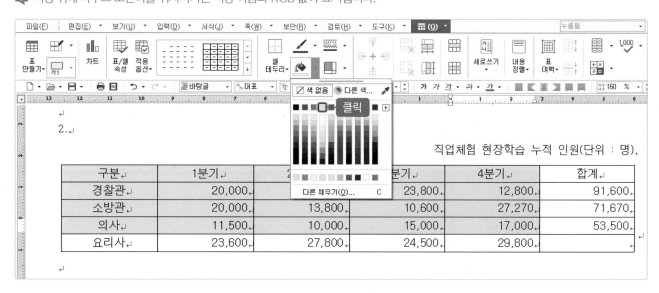

시험꿀팁

셀 배경색은 '노랑'으로 지정하는 문제가 고정적으로 출제되고 있습니다.

정보기술자격(ITQ) 최신기출문제

과 목	코 드	문제유형	시험시간	수험번호	성 명
아래한글	1111	C	60분		

수험자 유의사항

◎ 수험자는 문제지를 받는 즉시 문제지와 <u>수험표상의 시험과목(프로그램)이 동일한지 반드시 확인</u>하여야 합니다.

◎ 파일명은 본인의 "수험번호-성명"으로 입력하여 답안폴더(내 PC\문서\ITQ)에 하나의 파일로 저장해야 하며, 답안문서 파일명이 "수험번호-성명"과 일치하지 않거나, 답안파일을 전송하지 않아 미제출로 처리될 경우 실격 처리합니다 (예:12345678-홍길동.hwp).

◎ 답안 작성을 마치면 파일을 저장하고, '답안 전송' 버튼을 선택하여 감독위원 PC로 답안을 전송하십시오. 수험생 정보와 저장한 파일명이 다를 경우 전송되지 않으므로 주의하시기 바랍니다.

◎ 답안 작성 중에도 <u>주기적으로 저장하고, '답안 전송'</u>하여야 문제 발생을 줄일 수 있습니다. 작업한 내용을 저장하지 않고 전송할 경우 이전에 저장된 내용이 전송되오니 이점 유의하시기 바랍니다.

◎ 답안문서는 지정된 경로 외의 다른 보조기억장치에 저장하는 경우, 지정된 시험 시간 외에 작성된 파일을 활용할 경우, 기타 통신수단(이메일, 메신저, 네트워크 등)을 이용하여 타인에게 전달 또는 외부 반출하는 경우는 부정 처리합니다.

◎ 시험 중 부주의 또는 고의로 시스템을 파손한 경우는 수험자가 변상해야 하며, <수험자 유의사항>에 기재된 방법대로 이행하지 않아 생기는 불이익은 수험생 당사자의 책임임을 알려 드립니다.

◎ 문제의 조건은 한컴오피스 2020 버전으로 설정되어 있으며 한컴오피스 NEO는 【 】에 표기되어 있습니다. 이와 관련하여 작성한 답안의 출력형태가 문제지와 다를 수 있습니다.

◎ 시험을 완료한 수험자는 답안파일이 전송되었는지 확인한 후 감독위원의 지시에 따라 문제지를 제출하고 퇴실합니다.

답안 작성요령

◎ 온라인 답안 작성 절차
　수험자 등록 ⇒ 시험 시작 ⇒ 답안파일 저장 ⇒ 답안 전송 ⇒ 시험 종료

◎ 공통 부문
　• 글꼴에 대한 기본설정은 함초롬바탕, 10포인트, 검정, 줄간격 160%, 양쪽정렬로 합니다.
　• 색상은 조건의 색을 적용하고 색의 구분이 안 될 경우에는 RGB 값을 적용하십시오.
　　(빨강 255,0,0 / 파랑 0,0,255 / 노랑 255,255,0).
　• 각 문항에 주어진 《조건》에 따라 작성하고 언급하지 않은 조건은 《출력형태》와 같이 작성합니다.
　• 용지여백은 왼쪽·오른쪽 11mm, 위쪽·아래쪽·머리말·꼬리말 10mm, 제본 0mm로 합니다.
　• 그림 삽입 문제의 경우 「내 PC\문서\ITQ\Picture」 폴더에서 지정된 파일을 선택하여 삽입하십시오.
　• 삽입한 그림은 반드시 문서에 포함하여 저장해야 합니다(미포함 시 감점 처리).
　• 각 항목은 지정된 페이지에 출력형태와 같이 정확히 작성하시기 바라며, 그렇지 않을 경우에 해당 항목은 0점 처리됩니다.
　　※ 페이지구분 : 1페이지 – 기능평가 I (문제번호 표시 : 1. 2.),
　　　　　　　　　 2페이지 – 기능평가 II (문제번호 표시 : 3. 4.),
　　　　　　　　　 3페이지 – 문서작성 능력평가

◎ 기능평가
　• 문제와 《조건》은 입력하지 않으며 문제번호와 답(《출력형태》)만 작성합니다.
　• 4번 문제는 묶기를 했을 경우 0점 처리됩니다.

◎ 문서작성 능력평가
　• A4 용지(210mm×297mm) 1매 크기, 세로 서식 문서로 작성합니다.
　• ⌐￢￢￢￢￢¬ 표시는 문서작성에 대한 지시사항이므로 작성하지 않습니다.

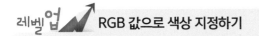

RGB 값으로 색상 지정하기

❶ RGB 값을 이용하여 색상을 지정하는 방법도 있습니다. 색상 팔레트에서 [다른 색...]을 클릭하여 [색] 대화상자가 나타나면 '빨강(R), 초록(G), 파랑(B)'의 값을 각각 입력한 후 <설정>을 클릭합니다.

❷ RGB 값은 문제지의 <답안 작성요령>에서 '공통 부분'에 해당 내용 있으니 참고하시기 바랍니다.
  – 빨강(255,0,0), 파랑(0,0,255), 노랑(255,255,0)

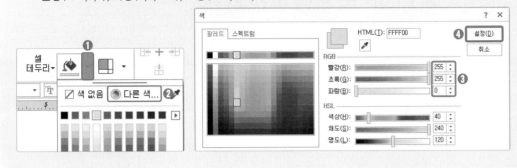

❸ Esc 를 눌러 블록을 해제한 후 셀 배경색이 노란색으로 변경된 것을 확인합니다.

직업체험 현장학습 누적 인원(단위 : 명)

구분	1분기	2분기	3분기	4분기	합계
경찰관	20,000	35,000	23,800	12,800	91,600
소방관	20,000	13,800	10,600	27,270	71,670
의사	11,500	10,000	15,000	17,000	53,500
요리사	23,600	27,800	24,500	29,800	

2. 선 모양(테두리) 지정하기   – 선 모양은 《출력형태》와 동일하게 처리할 것

❶ 표의 바깥쪽 테두리를 이중 실선으로 설정하기 위해 셀 전체를 블록으로 지정한 후 마우스 오른쪽 버튼을 클릭하여 [셀 테두리/배경]-[각 셀마다 적용]을 선택합니다.

➕ 셀 테두리/배경 바로 가기 키 : L

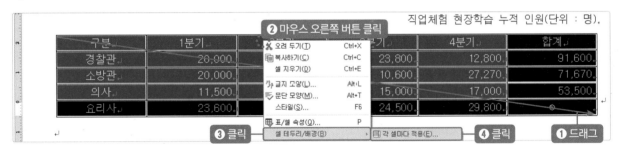

❷ [셀 테두리/배경] 대화상자가 나타나면 [테두리] 탭에서 이중 실선(━━━)과 바깥쪽(▦)을 차례로 선택한 후 <설정>을 클릭합니다.

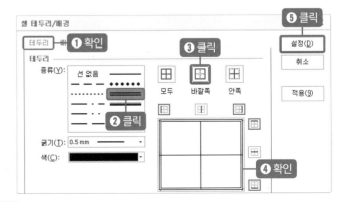

글꼴 : 굴림, 18pt, 진하게, 가운데 정렬
책갈피 이름 : 물류
덧말 넣기

머리말 기능
돋움, 10pt, 오른쪽 정렬 → 물류자동화 시스템

제11회 국제물류산업전
물류산업전시회

문단 첫 글자 장식 기능
글꼴 : 궁서, 면색 : 노랑

각주

그림위치(내 PC\문서\ITQ\Picture\그림4.jpg, 문서에 포함)
자르기 기능 이용, 크기(40mm×35mm), 바깥 여백 왼쪽 : 2mm

물류란 물적 유통(Physical Distribution)의 줄인 말로 생산자로부터 소비자로의 물건의 흐름을 가리킨다. 물류는 소유의 효용을 만족시켜주는 거래를 제외한 장소와 시간의 효용을 창출(創出)하는 부분으로 상품을 수송, 하역ⓖ, 보관, 포장하는 과정과 유통가공이나 수송 기초시설 등의 물자유통 과정 그리고 통신 기초시설과 정보망 등의 정보유통 개념을 모두 포함한다. 국내 물류산업은 IT, 전자상거래 등 첨단산업과 융합하여 유망 서비스업으로 진화를 거듭하고 있으며 최근에는 일반 택배와 같은 물류시장이 급성장하며 국민 생활에 대한 기여도가 날로 커지고 있다.

최신 물류기술을 선보이는 제11회 국제물류산업전은 300여개사 1,500부스 규모로 진행될 예정이며, 코로나19 장기화에 따라 전시부스 외에도 국내외 바이어를 대상으로 한 온라인 상담시스템을 구축하여 포스트 코로나에 대응할 계획이다. 국제물류산업전은 효과적인 물류 시스템, 물류합리화의 효율성 향상에 필요한 최신 정보를 제공하며 기업 물류비 절감의 핵심(核心), 물류자동화 시스템과 운송 시스템, 하드웨어와 소프트웨어 간의 최적화된 솔루션에 대한 올바른 길을 제시하고 있다.

◆ 제11회 국제물류산업전 개요

글꼴 : 궁서, 18pt, 하양
음영색 : 파랑

① 일시 및 장소
　(ㄱ) 일시 : 2021년 4월 13일 - 16일, 4일간
　(ㄴ) 장소 : 고양시 킨텍스 제1전시장
② 주최 및 후원
　(ㄱ) 주최 : 한국통합물류협회, 경연전람, 케이와이엑스포
　(ㄴ) 후원 : 건설기계협동조합, 한국식품콜드체인협회

문단 번호 기능 사용
1수준 : 20pt, 오른쪽정렬,
2수준 : 30pt, 오른쪽정렬
줄 간격 : 180%

표 전체 글꼴 : 굴림, 10pt, 가운데 정렬
셀 배경(그러데이션) : 유형【수평】,
시작색(하양), 끝색(노랑)

◆ 국제물류산업전 관련 주요 세미나

글꼴 : 궁서, 18pt, 기울임, 강조점

날짜	세미나명	주최/주관	장소
4월 13일	2021 춘계학술대회	한국물류과학기술학회	204호
	한국청년물류포럼 물류콘서트	한국청년물류포럼	208호
4월 14일	식품콜드체인 고도화를 위한 신기술 세미나	한국식품콜드체인협회	204호
	물류 구현 자동인식/머신비전 활용 전략 세미나	첨단, 자동인식비전	3층 그랜드볼룸
	포스트 코로나 시대의 물류 그리고 창업	인천창조경제혁신센터	208호

글꼴 : 돋움, 24pt, 진하게
장평 105%, 오른쪽 정렬

국제물류산업전운영위원회

각주 구분선 : 5cm

ⓖ 화물수송 과정에서 짐을 싣고 내리는 일체의 현장 처리 작업

쪽 번호 매기기
2로 시작 → ②

❸ [Esc]를 눌러 표의 바깥쪽 테두리가 이중 실선으로 변경된 것을 확인합니다.

❹ 같은 방법으로 1행 전체를 블록으로 지정한 후 [셀 테두리/배경] 대화상자의 [테두리] 탭에서 이중 실선(══)과 바깥쪽(⊞)을 차례로 선택한 후 <설정>을 클릭합니다.

➕ 셀 테두리/배경 바로 가기 키 : [L]

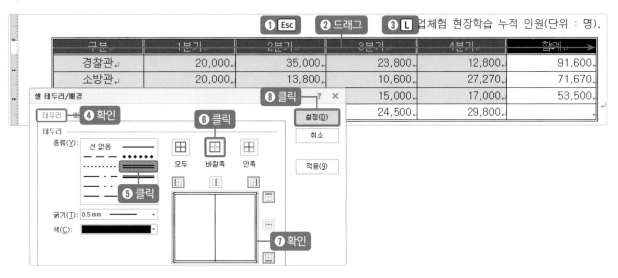

❺ 이번에는 1열 전체를 블록으로 지정한 후 [셀 테두리/배경] 대화상자의 [테두리] 탭에서 이중 실선(══)과 바깥쪽(⊞)을 차례로 선택한 후 <설정>을 클릭합니다.

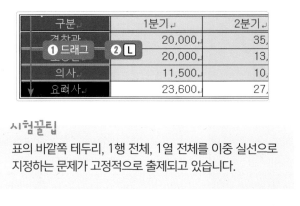

시험꿀팁
표의 바깥쪽 테두리, 1행 전체, 1열 전체를 이중 실선으로 지정하는 문제가 고정적으로 출제되고 있습니다.

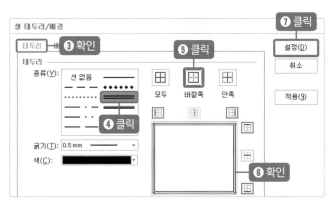

❻ 대각선을 지정하기 위해 빈 셀 위에서 마우스 오른쪽 버튼을 눌러 [셀 테두리/배경]-[각 셀마다 적용]을 선택합니다.

3. 다음 (1), (2)의 수식을 수식 편집기로 각각 입력하시오. (40점)

《출력형태》

(1) $L = \dfrac{m+M}{m} V = \dfrac{m+M}{m} \sqrt{2gh}$

(2) $Q = \dfrac{F}{h^2} = \dfrac{1}{3} \dfrac{N}{h^3} m \overline{g^2}$

4. 다음의 《조건》에 따라 《출력형태》와 같이 문서를 작성하시오. (110점)

《조건》　(1) 그리기 도구를 이용하여 작성하고, 모든 도형(글맵시, 지정된 그림 포함)을 《출력형태》와 같이 작성하시오.

(2) 도형의 면색은 지시사항이 없으면 색 없음을 제외하고 서로 다르게 임의로 지정하시오.

《출력형태》

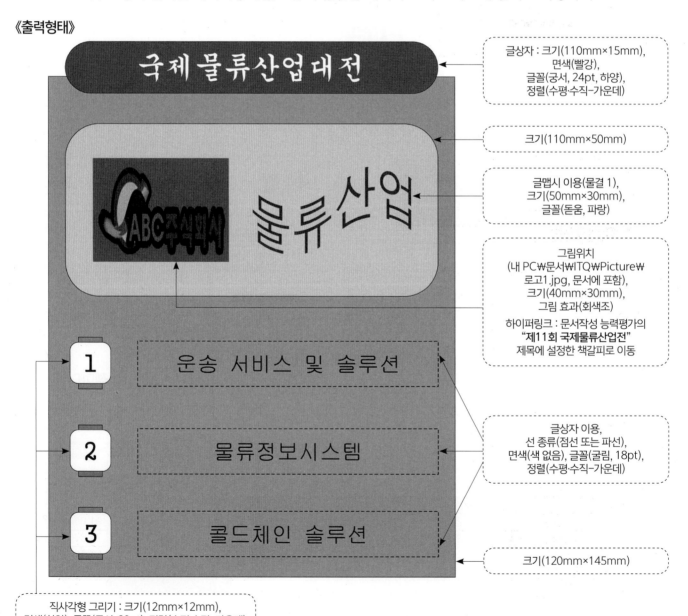

글상자 : 크기(110mm×15mm), 면색(빨강), 글꼴(궁서, 24pt, 하양), 정렬(수평·수직-가운데)

크기(110mm×50mm)

글맵시 이용(물결 1), 크기(50mm×30mm), 글꼴(돋움, 파랑)

그림위치
(내 PC₩문서₩ITQ₩Picture₩ 로고1.jpg, 문서에 포함), 크기(40mm×30mm), 그림 효과(회색조)
하이퍼링크 : 문서작성 능력평가의 **"제11회 국제물류산업전"** 제목에 설정한 책갈피로 이동

글상자 이용, 선 종류(점선 또는 파선), 면색(색 없음), 글꼴(굴림, 18pt), 정렬(수평·수직-가운데)

크기(120mm×145mm)

직사각형 그리기 : 크기(12mm×12mm), 면색(하양), 글꼴(궁서, 20pt), 정렬(수평·수직-가운데)
직사각형 그리기 : 크기(7mm×15mm), 면색(하양을 제외한 임의의 색)

❼ [셀 테두리/배경] 대화상자가 나타나면 **[대각선] 탭**에서 **실선(──)**과 **대각선(◲, ◱)**을 차례로 선택한 후 <설정>을 클릭합니다.

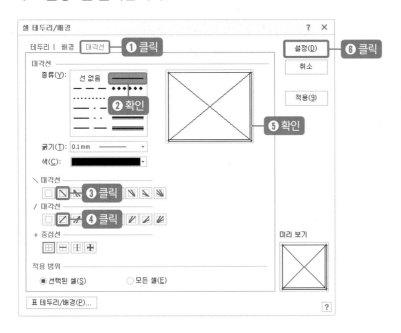

❽ 빈 셀에 대각선이 삽입된 것을 확인한 후 서식 도구 상자에서 **[저장하기(🖫)]**를 클릭하거나 `Alt`+`S`를 눌러 파일을 저장합니다.

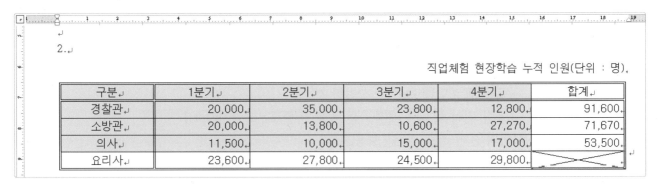

직업체험 현장학습 누적 인원(단위 : 명)

구분	1분기	2분기	3분기	4분기	합계
경찰관	20,000	35,000	23,800	12,800	91,600
소방관	20,000	13,800	10,600	27,270	71,670
의사	11,500	10,000	15,000	17,000	53,500
요리사	23,600	27,800	24,500	29,800	

1. 다음의《조건》에 따라 스타일 기능을 적용하여《출력형태》와 같이 작성하시오. (50점)

《조건》　　(1) 스타일 이름 – logistics
　　　　　(2) 문단 모양 – 왼쪽 여백 : 15pt, 문단 아래 간격 : 10pt
　　　　　(3) 글자 모양 – 글꼴 : 한글(돋움)/영문(굴림), 크기 : 10pt, 장평 : 95%, 자간 : 5%

《출력형태》

KOREA MAT 2021 is the only professional trade exhibition of logistics industry in KOREA exhibiting materials handling & logistics from software to hardware after packaging process.

제11회 국제물류산업전은 물류장비 및 물류자동화 시스템뿐만 아니라 물류산업의 중심인 운송서비스 분야까지 산업 전반을 아우르는 국내 유일의 물류산업 전문 전시회이다.

2. 다음의《조건》에 따라《출력형태》와 같이 표와 차트를 작성하시오. (100점)

《표 조건》　　(1) 표 전체(표, 캡션) – 돋움, 10pt
　　　　　　(2) 정렬 – 문자 : 가운데 정렬, 숫자 : 오른쪽 정렬
　　　　　　(3) 셀 배경(면색) : 노랑
　　　　　　(4) 한글의 계산 기능을 이용하여 빈칸에 합계를 구하고, 캡션 기능 사용할 것
　　　　　　(5) 선 모양은《출력형태》와 동일하게 처리할 것

《출력형태》

연도별 국제물류산업전 관람객 현황(단위 : 명)

구분	2016년	2017년	2018년	2019년	합계
1일차	12,200	12,800	11,300	13,200	
2일차	22,700	19,400	20,900	22,900	
3일차	16,800	13,900	14,800	17,800	
4일차	10,600	12,400	10,200	12,600	

《차트 조건》　　(1) 차트 데이터는 표 내용에서 연도별 1일차, 2일차, 3일차의 값만 이용할 것
　　　　　　　(2) 종류 – <묶은 세로 막대형>으로 작업할 것
　　　　　　　(3) 제목 –【굴림, 진하게, 12pt, 배경 – 선 모양(한 줄로), 그림자(2pt)】
　　　　　　　(4) 제목 이외의 전체 글꼴 – 굴림, 보통, 10pt
　　　　　　　(5) 축제목과 범례는《출력형태》와 동일하게 처리할 것

《출력형태》

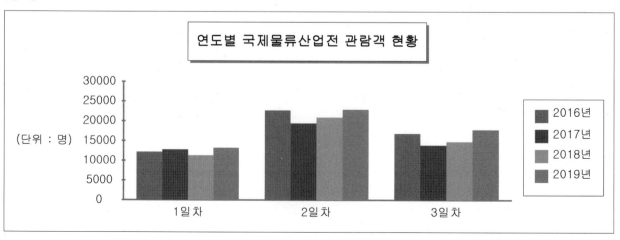

1 다음의 《조건》에 따라 《출력형태》와 같이 표를 작성하시오.

소스파일: 03차시-01(문제).hwp
완성파일: 03차시-01(완성).hwp

《표 조건》

(1) 표 전체(표, 캡션) – 돋움, 10pt

(2) 정렬 – 문자 : 가운데 정렬, 숫자 : 오른쪽 정렬

(3) 셀 배경(면색) : 노랑

(4) 한글의 계산 기능을 이용하여 빈칸에 평균(소수점 두 자리)을 구하고, 캡션 기능 사용할 것

(5) 선 모양은 《출력형태》와 동일하게 처리할 것

《출력형태》

2.

인기 대출 도서(단위 : 권)

구분	강아지 똥	내 친구 조이	재주 많은 손	무지개	평균
3학년	1,015	1,145	1,345	1,147	
4학년	1,415	1,334	1,231	1,143	
5학년	1,268	1,187	1,246	1,102	
6학년	1,417	1,562	1,132	1,342	✕

2 다음의 《조건》에 따라 《출력형태》와 같이 표를 작성하시오.

소스파일: 03차시-02(문제).hwp
완성파일: 03차시-02(완성).hwp

《표 조건》

(1) 표 전체(표, 캡션) – 궁서, 10pt

(2) 정렬 – 문자 : 가운데 정렬, 숫자 : 오른쪽 정렬

(3) 셀 배경(면색) : 노랑

(4) 한글의 계산 기능을 이용하여 빈칸에 평균(소수점 두 자리)을 구하고, 캡션 기능 사용할 것

(5) 선 모양은 《출력형태》와 동일하게 처리할 것

《출력형태》

2.

연도별 인기 프로그래밍 순위(단위 : %)

구분	파이썬	자바	C	자바스크립트	비주얼 베이직
2020	12.05	11.90	10.26	5.34	2.19
2021	12.01	11.50	10.88	6.32	2.12
2022	12.20	11.47	10.91	5.42	2.09
평균					✕

정보기술자격(ITQ) 최신기출문제

과 목	코 드	문제유형	시험시간	수험번호	성 명
아래한글	1111	B	60분		

수험자 유의사항

◎ 수험자는 문제지를 받는 즉시 문제지와 <u>수험표상의 시험과목(프로그램)이 동일한지 반드시 확인</u>하여야 합니다.

◎ 파일명은 본인의 "수험번호-성명"으로 입력하여 답안폴더(내 PC₩문서₩ITQ)에 하나의 파일로 저장해야 하며, 답안문서 파일명이 "수험번호-성명"과 일치하지 않거나, 답안파일을 전송하지 않아 미제출로 처리될 경우 실격 처리합니다 (예:12345678-홍길동.hwp).

◎ 답안 작성을 마치면 파일을 저장하고, '답안 전송' 버튼을 선택하여 감독위원 PC로 답안을 전송하십시오. 수험생 정보와 저장한 파일명이 다를 경우 전송되지 않으므로 주의하시기 바랍니다.

◎ 답안 작성 중에도 <u>주기적으로 저장하고, '답안 전송'</u>하여야 문제 발생을 줄일 수 있습니다. 작업한 내용을 저장하지 않고 전송할 경우 이전에 저장된 내용이 전송되오니 이점 유의하시기 바랍니다.

◎ 답안문서는 지정된 경로 외의 다른 보조기억장치에 저장하는 경우, 지정된 시험 시간 외에 작성된 파일을 활용할 경우, 기타 통신수단(이메일, 메신저, 네트워크 등)을 이용하여 타인에게 전달 또는 외부 반출하는 경우는 부정 처리합니다.

◎ 시험 중 부주의 또는 고의로 시스템을 파손한 경우는 수험자가 변상해야 하며, <수험자 유의사항>에 기재된 방법대로 이행하지 않아 생기는 불이익은 수험생 당사자의 책임임을 알려 드립니다.

◎ 문제의 조건은 한컴오피스 2020 버전으로 설정되어 있으며 한컴오피스 NEO는 【 】에 표기되어 있습니다. 이와 관련하여 작성한 답안의 출력형태가 문제지와 다를 수 있습니다.

◎ 시험을 완료한 수험자는 답안파일이 전송되었는지 확인한 후 감독위원의 지시에 따라 문제지를 제출하고 퇴실합니다.

답안 작성요령

◎ **온라인 답안 작성 절차**

수험자 등록 ⇒ 시험 시작 ⇒ 답안파일 저장 ⇒ 답안 전송 ⇒ 시험 종료

◎ **공통 부문**

· 글꼴에 대한 기본설정은 함초롬바탕, 10포인트, 검정, 줄간격 160%, 양쪽정렬로 합니다.

· 색상은 조건의 색을 적용하고 색의 구분이 안 될 경우에는 RGB 값을 적용하십시오.
  (빨강 255,0,0 / 파랑 0,0,255 / 노랑 255,255,0).

· 각 문항에 주어진 《조건》에 따라 작성하고 언급하지 않은 조건은 《출력형태》와 같이 작성합니다.

· 용지여백은 왼쪽·오른쪽 11mm, 위쪽·아래쪽·머리말·꼬리말 10mm, 제본 0mm로 합니다.

· 그림 삽입 문제의 경우 「내 PC₩문서₩ITQ₩Picture」 폴더에서 지정된 파일을 선택하여 삽입하십시오.

· 삽입한 그림은 반드시 문서에 포함하여 저장해야 합니다(미포함 시 감점 처리).

· 각 항목은 지정된 페이지에 출력형태와 같이 정확히 작성하시기 바라며, 그렇지 않을 경우에 해당 항목은 0점 처리됩니다.
  ※ 페이지구분 : 1페이지 – 기능평가 I (문제번호 표시 : 1. 2.),
             2페이지 – 기능평가 II (문제번호 표시 : 3. 4.),
             3페이지 – 문서작성 능력평가

◎ **기능평가**

· 문제와 《조건》은 입력하지 않으며 문제번호와 답(《출력형태》)만 작성합니다.

· 4번 문제는 묶기를 했을 경우 0점 처리됩니다.

◎ **문서작성 능력평가**

· A4 용지(210mm×297mm) 1매 크기, 세로 서식 문서로 작성합니다.

· ⌇⌇⌇⌇⌇ 표시는 문서작성에 대한 지시사항이므로 작성하지 않습니다.

3 다음의 《조건》에 따라 《출력형태》와 같이 표를 작성하시오.

소스파일: 03차시-03(문제).hwp
완성파일: 03차시-03(완성).hwp

《표 조건》

(1) 표 전체(표, 캡션) – 굴림, 10pt

(2) 정렬 – 문자 : 가운데 정렬, 숫자 : 오른쪽 정렬

(3) 셀 배경(면색) : 노랑

(4) 한글의 계산 기능을 이용하여 빈칸에 평균(소수점 한 자리)을 구하고, 캡션 기능 사용할 것

(5) 선 모양은 《출력형태》와 동일하게 처리할 것

《출력형태》

2.

2022년 식중독 감염 현황(단위 : %)

성별/연령별	황색포도상구균	살모넬라	장염비브리오균	노로바이러스	평균
남성	35	25	25	14	
여성	31	30	22	17	
19~29세	30	37	15	12	
13~18세	31	34	19	10	

4 다음의 《조건》에 따라 《출력형태》와 같이 표를 작성하시오.

소스파일: 03차시-04(문제).hwp
완성파일: 03차시-04(완성).hwp

《표 조건》

(1) 표 전체(표, 캡션) – 돋움, 10pt

(2) 정렬 – 문자 : 가운데 정렬, 숫자 : 오른쪽 정렬

(3) 셀 배경(면색) : 노랑

(4) 한글의 계산 기능을 이용하여 빈칸에 합계를 구하고, 캡션 기능 사용할 것

(5) 선 모양은 《출력형태》와 동일하게 처리할 것

《출력형태》

2.

B가수의 콘서트 날짜별 티켓 가격(단위 : 원)

구분	VVIP석	VIP석	S석	R석	합계
첫째날 공연	208,000	199,000	177,000	150,000	
둘째날 공연	185,000	198,000	153,000	120,000	
셋째날 공연	183,000	195,000	152,000	110,000	
마지막날 공연	210,000	200,000	191,000	170,500	

글꼴 : 굴림, 18pt, 진하게, 가운데 정렬
책갈피 이름 : 도제
덧말 넣기

머리말 기능
돋움, 10pt, 오른쪽 정렬 → 산학일체형 도제 학교

문단 첫 글자 장식 기능
글꼴 : 궁서, 면색 : 노랑

도제교육
일학습병행 산학일체형 도제학교

각주

그림위치(내 PC\문서\ITQ\Picture\그림4.jpg, 문서에 포함)
자르기 기능 이용, 크기(40mm×40mm), 바깥 여백 왼쪽 : 2mm

교육부와 고용노동부는 12월 전국 산학일체형 도제학교 관계자가 참석하는 전체 성과 워크숍을 실시한다. 이 워크숍은 고교학점제⊙ 시행 등 학교 여건 변화에 따른 도제학교의 발전방안을 모색(摸索)하고 학교 간 도제학교 운영 노하우를 공유하기 위해 열린다. 이번 워크숍은 한국직업능력개발원 도제교육지원센터에서 2021학년도 주요 사업계획을 소개하고 인적자원개발위원회가 기업 발굴 계획에 대해 안내한다.

또 노무법인 대표가 도제학교 경쟁력 강화를 위한 노동법 특강을 실시하고 우수 운영 학교 및 우수 교사에 대한 표창을 실시한다. 이어 분임별로 유관기관 지원방안과 신규기업 발굴 활성화 방안, 투명한 예산 집행에 대해 의견을 나누고, 도제교육 홍보 및 신입생 모집 등을 주제로 직업교육 발전방안을 논의한다. 산학일체형 도제학교는 독일과 스위스의 도제교육을 우리 현실에 맞게 직업교육 훈련의 현장성을 제고(提高)하기 위해 도입한 것으로 지난 2015년 전국의 특성화고를 대상으로 시작했다. 도제학교는 학교와 기업에서 1년 또는 2년 동안 NCS(국가직무능력표준)기반 공동 교육과정을 통해 기업별 맞춤형 도제교육을 실시하고, 기업에 필요한 전문기능인력을 양성하는 취업과 연계된 일학습 병행 직업교육 훈련 모델이다.

◆ 산학일체형 도제학교 현황과 방향

글꼴 : 궁서, 18pt, 하양
음영색 : 파랑

가. 산학일체형 도제학교 현황
　　㉠ 학습과 일의 병행에 대한 학생 만족도 증가
　　㉡ 코로나19의 영향으로 취업생 감소
나. 산학일체형 도제학교 운영 방향
　　㉠ 기업의 요구와 학생의 요구에 기반을 둔 교육과정 편성
　　㉡ 미래 산업사회 예측을 통한 미래형 교육 운영

문단 번호 기능 사용
1수준 : 20pt, 오른쪽정렬,
2수준 : 30pt, 오른쪽정렬
줄 간격 : 180%

표 전체 글꼴 : 굴림, 10pt, 가운데 정렬
셀 배경(그러데이션) : 유형【수평】,
시작색(하양), 끝색(노랑)

◆ 지역별 산학일체형 도제학교 현황

글꼴 : 궁서, 18pt, 기울임, 강조점

지역	주요 운영 학교	참여 분야	비고
서울	용산공업고, 성동공업고	절삭 가공	총 33개 과정
경기	부천공업고, 경기자동차과학고, 평촌경영고	금형, 자동차정비, 회계	지역사회 연계형
전남	목포공업고, 영암전자과학고	용접, 전자응용개발	산업계주도형 과정
경북	경주공고, 금호공고	절삭 가공	공동실습소형
기타 지역 현황		인천, 대전, 세종 등 전기공사, 화학물질, 바이오 분야	

글꼴 : 돋움, 24pt, 진하게
장평 105%, 오른쪽 정렬
도제학교운영협의회

각주 구분선 : 5cm

⊙ 목표한 성취 수준에 도달했을 때 과목을 이수하는 제도

쪽 번호 매기기
5로 시작 → ⑤

5 다음의 《조건》에 따라 《출력형태》와 같이 표를 작성하시오.

소스파일: 03차시-05(문제).hwp
완성파일: 03차시-05(완성).hwp

《표 조건》

(1) 표 전체(표, 캡션) - 굴림, 10pt

(2) 정렬 - 문자 : 가운데 정렬, 숫자 : 오른쪽 정렬

(3) 셀 배경(면색) : 노랑

(4) 한글의 계산 기능을 이용하여 빈칸에 합계를 구하고, 캡션 기능 사용할 것

(5) 선 모양은 《출력형태》와 동일하게 처리할 것

《출력형태》

2.

국경일 태극기 게양 현황(단위 : %)

구분	2020년	2021년	2022년	2023년	합계
경기도	83.7	84.6	64.9	67.9	
경상도	82.9	85.7	72.9	71.8	
충청도	83.3	75.2	80.6	72.5	
전라도	74.9	70.5	69.7	74.1	✕

6 다음의 《조건》에 따라 《출력형태》와 같이 표를 작성하시오.

소스파일: 03차시-06(문제).hwp
완성파일: 03차시-06(완성).hwp

《표 조건》

(1) 표 전체(표, 캡션) - 돋움, 10pt

(2) 정렬 - 문자 : 가운데 정렬, 숫자 : 오른쪽 정렬

(3) 셀 배경(면색) : 노랑

(4) 한글의 계산 기능을 이용하여 빈칸에 합계를 구하고, 캡션 기능 사용할 것

(5) 선 모양은 《출력형태》와 동일하게 처리할 것

《출력형태》

2.

록페스티벌 공연팀 현황(단위 : 회)

구분	범프오브치킨	파웰영밴드	오사카모노레일	트랜퀼리티	합계
2021년	19	22	18	22	
2020년	28	13	17	21	
2019년	18	15	20	15	
2018년	18	16	18	18	✕

3. 다음 (1), (2)의 수식을 수식 편집기로 각각 입력하시오. (40점)

《출력형태》

(1) $\dfrac{t_A}{t_B} = \sqrt{\dfrac{d_B}{d_A}} = \sqrt{\dfrac{M_B}{M_A}}$

(2) $\dfrac{a^4}{T^2} - 1 = \dfrac{G}{4\pi^2}(M+m)$

4. 다음의 《조건》에 따라 《출력형태》와 같이 문서를 작성하시오. (110점)

《조건》　(1) 그리기 도구를 이용하여 작성하고, 모든 도형(글맵시, 지정된 그림 포함)을 《출력형태》와 같이 작성하시오.

　　　　(2) 도형의 면색은 지시사항이 없으면 색 없음을 제외하고 서로 다르게 임의로 지정하시오.

《출력형태》

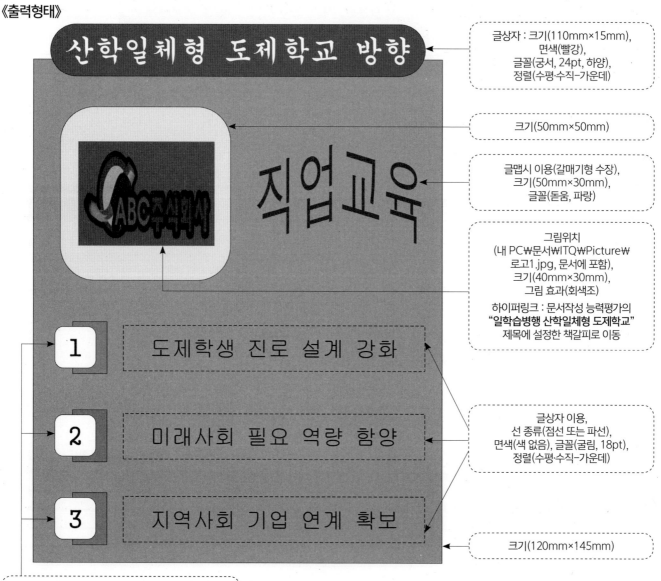

글상자 : 크기(110mm×15mm),
면색(빨강),
글꼴(궁서, 24pt, 하양),
정렬(수평·수직-가운데)

크기(50mm×50mm)

글맵시 이용(갈매기형 수장),
크기(50mm×30mm),
글꼴(돋움, 파랑)

그림위치
(내 PC₩문서₩ITQ₩Picture₩
로고1.jpg, 문서에 포함),
크기(40mm×30mm),
그림 효과(회색조)

하이퍼링크 : 문서작성 능력평가의
"일학습병행 산학일체형 도제학교"
제목에 설정한 책갈피로 이동

글상자 이용,
선 종류(점선 또는 파선),
면색(색 없음), 글꼴(굴림, 18pt),
정렬(수평·수직-가운데)

크기(120mm×145mm)

직사각형 그리기 : 크기(12mm×12mm),
면색(하양), 글꼴(궁서, 20pt), 정렬(수평·수직-가운데)
직사각형 그리기 : 크기(10mm×15mm),
면색(하양을 제외한 임의의 색)

[기능평가 I]
(100점/150점)
└ 표+차트

차트 작성

• 표의 데이터를 활용하여 차트를 만듭니다.
• 차트 마법사를 이용하여 《출력형태》와 동일하게 차트를 수정합니다.
• 《차트 조건》에 맞추어 차트의 구성 요소 및 글꼴 서식을 편집합니다.

출제 유형 미리보기

소스파일: 04차시(문제).hwp   완성파일: 04차시(완성).hwp

2. 다음의 《조건》에 따라 《출력형태》와 같이 표와 차트를 작성하시오.(100점)

《차트 조건》

(1) 차트 데이터는 표 내용에서 분기별 경찰관, 소방관, 의사의 값만 이용할 것
(2) 종류 – <묶은 세로 막대형>으로 작업할 것
(3) 제목 – 굴림, 진하게, 12pt, 속성 – 채우기(하양), 테두리, 그림자(대각선 오른쪽 아래)
    【굴림, 진하게, 12pt, 배경 – 선 모양(한 줄로), 그림자2pt)】
    ※ 기출문제의 조건은 한컴오피스 2020 버전으로 설정되어 있기 때문에 NEO(2016) 버전 수험자는 괄호(【 】)안의 조건을 참고하여 작업합니다.
(4) 제목 이외의 전체 글꼴 – 굴림, 보통, 10pt
(5) 축제목과 범례는 《출력형태》와 동일하게 처리할 것

《출력형태》

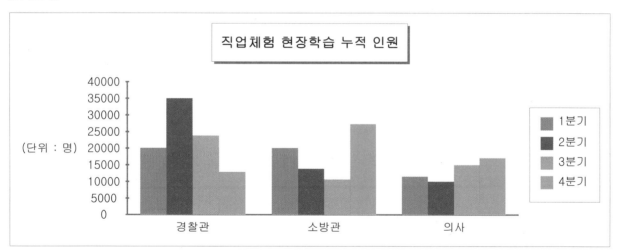

※ 실제 출제되는 기출문제의 차트 모양은 한컴 오피스 2020 버전으로 작성되었기 때문에 NEO(2016) 버전과는 모양이 약간 다릅니다.(P51 참고)

⭐ **과정 미리보기** 표 블록 지정 ➡ 차트 삽입 ➡ 차트 마법사 ➡ 차트 편집(제목, 범례, 축 제목, 축 이름표 등)

1. 다음의《조건》에 따라 스타일 기능을 적용하여《출력형태》와 같이 작성하시오. (50점)

《조건》   (1) 스타일 이름 – apprentice
(2) 문단 모양 – 왼쪽 여백 : 15pt, 문단 아래 간격 : 10pt
(3) 글자 모양 – 글꼴 : 한글(돋움)/영문(굴림), 크기 : 10pt, 장평 : 95%, 자간 : 5%

《출력형태》

An apprentice is a program in which someone learns a trade by working under a certified expert. The course provides students with a good base for securing apprenticeships in all of industries.

도제는 인증된 전문가의 도움을 받아 훈련을 통해 배우는 프로그램 또는 직위이다. 이 과정은 산업에서는 견습생을 확보하고 학생에게는 장인으로 성장할 수 있는 좋은 기반을 제공한다.

2. 다음의《조건》에 따라《출력형태》와 같이 표와 차트를 작성하시오. (100점)

《표 조건》   (1) 표 전체(표, 캡션) – 돋움, 10pt
(2) 정렬 – 문자 : 가운데 정렬, 숫자 : 오른쪽 정렬
(3) 셀 배경(면색) : 노랑
(4) 한글의 계산 기능을 이용하여 빈칸에 합계를 구하고, 캡션 기능 사용할 것
(5) 선 모양은《출력형태》와 동일하게 처리할 것

《출력형태》

산학일체형 도제학교 참여 학생 현황(단위 : 명)

구분	서울	대전	부산	기타	합계
2014년	968	204	298	2,184	
2016년	2,007	873	977	1,721	
2018년	4,963	2,639	3,308	2,916	
2020년	8,926	4,320	5,347	3,301	

《차트 조건》   (1) 차트 데이터는 표 내용에서 지역별 2014년, 2016년, 2018년의 값만 이용할 것
(2) 종류 – <묶은 세로 막대형>으로 작업할 것
(3) 제목 –【굴림, 진하게, 12pt, 배경 – 선 모양(한 줄로), 그림자(2pt)】
(4) 제목 이외의 전체 글꼴 – 굴림, 보통, 10pt
(5) 축제목과 범례는《출력형태》와 동일하게 처리할 것

《출력형태》

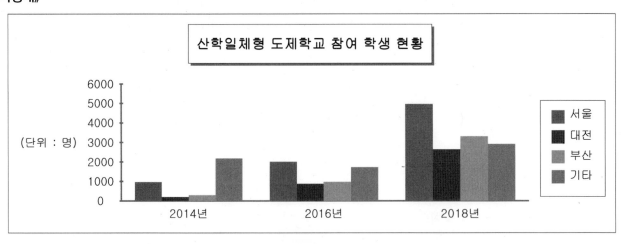

01 표 데이터를 이용하여 차트 만들기

차트 데이터는 표 내용에서 분기별 경찰관, 소방관, 의사의 값만 이용할 것

❶ **04차시(문제).hwp** 파일을 실행한 후 차트 데이터로 사용될 셀을 다음과 같이 블록으로 지정합니다. 이어서, [표(⊞)] 탭-[차트(⬛)]를 클릭합니다.

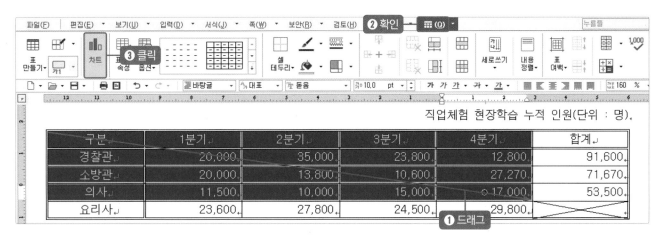

시험꿀팁

표에서 셀 배경색이 노란색으로 지정된 부분을 블록으로 지정하여 차트를 작성하도록 문제가 출제되고 있습니다.

❷ 표 위쪽에 차트가 만들어지면 차트가 선택된 상태에서 [차트(⬛)] 탭-[글자처럼 취급]을 클릭한 후 차트가 표 아래쪽으로 이동된 것을 확인합니다.

💬 기본 차트가 만들어지는 위치(표 위 또는 아래)는 컴퓨터 환경에 따라 다를 수 있습니다.

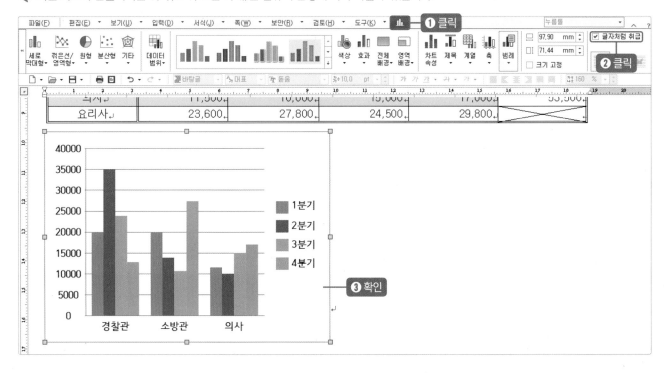

정보기술자격(ITQ) 최신기출문제

과 목	코 드	문제유형	시험시간	수험번호	성 명
아래한글	1111	A	60분		

수험자 유의사항

◎ 수험자는 문제지를 받는 즉시 문제지와 <u>수험표상의 시험과목(프로그램)이 동일한지 반드시</u> 확인하여야 합니다.

◎ 파일명은 본인의 "수험번호-성명"으로 입력하여 답안폴더(내 PC\문서\ITQ)에 하나의 파일로 저장해야 하며, 답안문서 파일명이 "수험번호-성명"과 일치하지 않거나, 답안파일을 전송하지 않아 미제출로 처리될 경우 실격 처리합니다 (예:12345678-홍길동.hwp).

◎ 답안 작성을 마치면 파일을 저장하고, '답안 전송' 버튼을 선택하여 감독위원 PC로 답안을 전송하십시오. 수험생 정보와 저장한 파일명이 다를 경우 전송되지 않으므로 주의하시기 바랍니다.

◎ 답안 작성 중에도 <u>주기적으로 저장하고, '답안 전송'</u>하여야 문제 발생을 줄일 수 있습니다. 작업한 내용을 저장하지 않고 전송할 경우 이전에 저장된 내용이 전송되오니 이점 유의하시기 바랍니다.

◎ 답안문서는 지정된 경로 외의 다른 보조기억장치에 저장하는 경우, 지정된 시험 시간 외에 작성된 파일을 활용할 경우, 기타 통신수단(이메일, 메신저, 네트워크 등)을 이용하여 타인에게 전달 또는 외부 반출하는 경우는 부정 처리합니다.

◎ 시험 중 부주의 또는 고의로 시스템을 파손한 경우는 수험자가 변상해야 하며, <수험자 유의사항>에 기재된 방법대로 이행하지 않아 생기는 불이익은 수험생 당사자의 책임임을 알려 드립니다.

◎ 문제의 조건은 한컴오피스 2020 버전으로 설정되어 있으며 한컴오피스 NEO는 【 】에 표기되어 있습니다. 이와 관련하여 작성한 답안의 출력형태가 문제지와 다를 수 있습니다.

◎ 시험을 완료한 수험자는 답안파일이 전송되었는지 확인한 후 감독위원의 지시에 따라 문제지를 제출하고 퇴실합니다.

답안 작성요령

◎ 온라인 답안 작성 절차

　수험자 등록 ⇒ 시험 시작 ⇒ 답안파일 저장 ⇒ 답안 전송 ⇒ 시험 종료

◎ 공통 부문

　• 글꼴에 대한 기본설정은 함초롬바탕, 10포인트, 검정, 줄간격 160%, 양쪽정렬로 합니다.

　• 색상은 조건의 색을 적용하고 색의 구분이 안 될 경우에는 RGB 값을 적용하십시오.
　　(빨강 255,0,0 / 파랑 0,0,255 / 노랑 255,255,0).

　• 각 문항에 주어진 《조건》에 따라 작성하고 언급하지 않은 조건은 《출력형태》와 같이 작성합니다.

　• 용지여백은 왼쪽·오른쪽 11mm, 위쪽·아래쪽·머리말·꼬리말 10mm, 제본 0mm로 합니다.

　• 그림 삽입 문제의 경우 「내 PC\문서\ITQ\Picture」 폴더에서 지정된 파일을 선택하여 삽입하십시오.

　• 삽입한 그림은 반드시 문서에 포함하여 저장해야 합니다(미포함 시 감점 처리).

　• 각 항목은 지정된 페이지에 출력형태와 같이 정확히 작성하시기 바라며, 그렇지 않을 경우에 해당 항목은 0점 처리됩니다.

　　※ 페이지구분 : 1페이지 – 기능평가 I (문제번호 표시 : 1. 2.),
　　　　　　　　　　 2페이지 – 기능평가 II (문제번호 표시 : 3. 4.),
　　　　　　　　　　 3페이지 – 문서작성 능력평가

◎ 기능평가

　• 문제와 《조건》은 입력하지 않으며 문제번호와 답(《출력형태》)만 작성합니다.

　• 4번 문제는 묶기를 했을 경우 0점 처리됩니다.

◎ 문서작성 능력평가

　• A4 용지(210mm×297mm) 1매 크기, 세로 서식 문서로 작성합니다.

　• [_____] 표시는 문서작성에 대한 지시사항이므로 작성하지 않습니다.

❸ 차트의 오른쪽 조절점(□)을 그림과 같이 드래그하여 가로 크기를 조절합니다.

➕ 차트의 가로 크기는 《출력형태》를 참고합니다. 보통 표의 가로 길이와 동일하게 출제되고 있습니다.

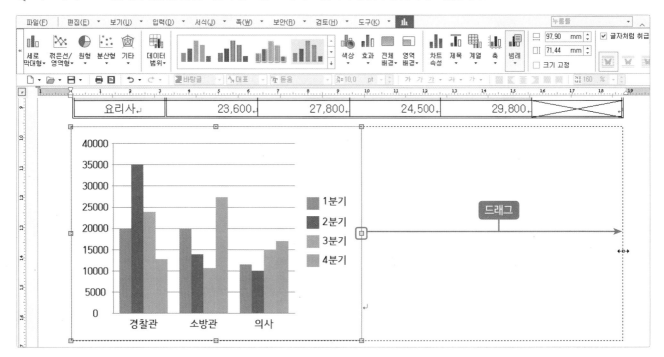

02 차트 마법사를 이용하여 차트 수정하기

- 종류 – <묶은 세로 막대형>으로 작업할 것
- 축제목과 범례는 《출력형태》와 동일하게 처리할 것

❶ 차트를 더블 클릭하여 편집 상태로 전환한 후 차트 위에서 마우스 오른쪽 버튼을 클릭하여 **[차트 마법사]**를 선택합니다.

➕ 차트 편집 상태에서는 조절점이 차트 뒤쪽(▯)으로 숨겨져 보입니다.

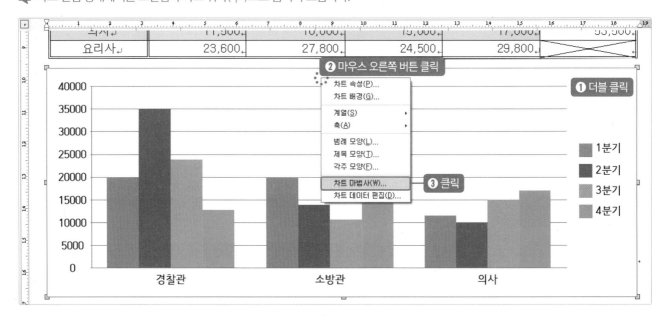

4
최신
기출문제

—

❷ [차트 마법사 – 3단계 중 1단계] 대화상자가 나타나면 [표준 종류] 탭의 '차트 종류 선택'에서 **세로 막대형**을, '차트 모양 선택'에서 **묶은 세로 막대형**을 선택한 후 <다음>을 클릭합니다.

> **시험꿀팁**
>
> 차트의 종류는 '세로 막대형-묶은 세로 막대형'이 주로 출제되고 있습니다.

❸ [차트 마법사 – 3단계 중 2단계] 대화상자에서 방향을 **열**로 선택하고 <다음>을 클릭합니다.

➕ 행/열을 번갈아 클릭하여 《출력형태》와 동일한 차트 모양으로 지정합니다.

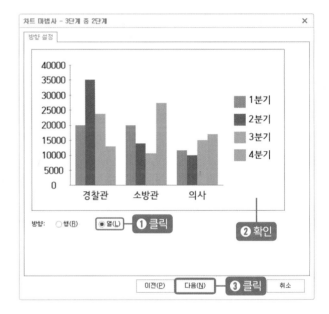

❹ [차트 마법사 – 마지막 단계] 대화상자의 [제목] 탭에서 **차트 제목(직업체험 현장학습 누적 인원)**과 **Y(값) 축((단위 : 명))**을 입력합니다.

➕ 차트 제목과 축 제목은 《출력형태》를 참고하여 입력합니다.

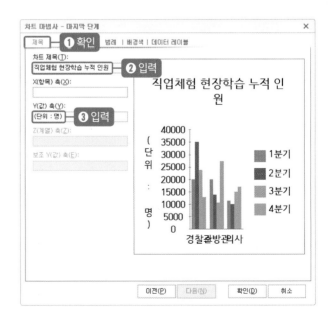

MEMO

❺ 이어서, [범례] 탭을 클릭하여 범례의 **위치(오른쪽)**
를 설정한 후 <확인>을 클릭합니다.

➕ 범례의 위치는 별도 지시사항이 없으므로 《출력형태》를 참고하
여 동일하게 배치합니다.

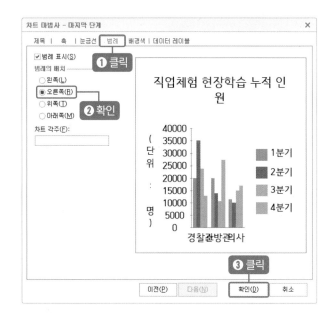

❻ 차트 마법사를 이용하여 수정된 차트를 확인합니다.

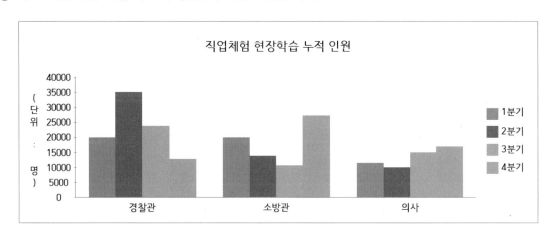

레벨업 📈 **차트의 구성 요소**

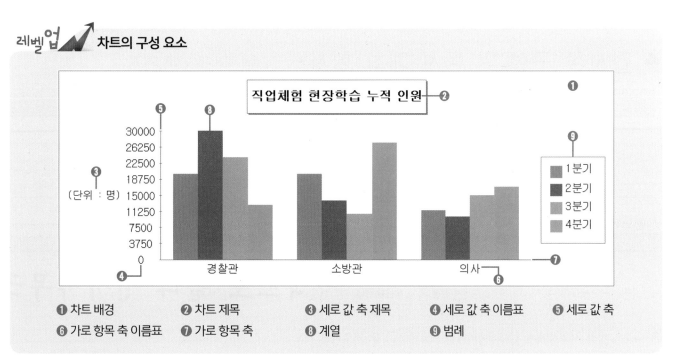

❶ 차트 배경   ❷ 차트 제목   ❸ 세로 값 축 제목   ❹ 세로 값 축 이름표   ❺ 세로 값 축

❻ 가로 항목 축 이름표   ❼ 가로 항목 축   ❽ 계열   ❾ 범례

태양광 전문 전시회
세계 태양에너지 엑스포

최근 유럽의 재정악화와 경기불황으로 인한 FIT 정책(발전차액지원제도) 축소로 전 세계 태양광 산업은 유럽에서 아시아로 그 시장이 확대되고 있다. 아시아는 최근 중국과 일본을 비롯해 동남아시아의 태양광 발전 산업 지원을 위한 FIT 및 RPSⒶ 정책(政策) 강화로 그 어느 때보다 세계의 관심이 집중되고 있다. 아시아 태양광 산업의 허브이자 아시아 태양광 시장진출의 게이트웨이로 충실한 역할을 수행해 온 세계 태양에너지 엑스포가 새롭게 변신해서 국제적인 태양광 전문 전시회로 도약하고 있다.

태양광 산업의 발전과 온실가스 감축, 미세먼지 저감을 위한 솔루션을 제시하는 세계 태양에너지 엑스포는 아시아 최대 규모의 태양광 전문 전시회로 전 세계 국제전시회 인증기관인 국제전시연합회와 산업통상자원부의 우수 전시회 국제 인증 획득으로 해외 출품기업체와 해외 바이어 참관객 수에서 국제 전시회로서의 자격과 요건을 확보해가고 있다. 올해로 10회째 열리는 2018 세계 태양에너지 엑스포에서는 출품기업과 참관객에게 태양광 관련 최신 기술 정보와 시장 정보, 시공(施工) 및 설계 관련 다양한 기술 노하우를 무료로 전수받을 수 있는 국제 PV 월드 포럼이 동시에 개최된다.

♣ 세계 태양에너지 엑스포 개요

　가. 일시 및 장소
　　① 일시 : 6월 14일(목) - 16일(토) 10:00 - 17:00
　　② 장소 : 킨텍스 제1전시장
　나. 주관 및 후원
　　① 주관 : 녹색에너지연구원, 한국태양에너지학회 등
　　② 후원 : 산업통상자원부, 한국에너지기술평가원 등

♣ 전시장 구성 및 동시 개최 행사

	전시장 구성	동시 개최 행사
상담관	해외 바이어 수출 및 구매	국제 PV 월드 포럼
	태양광 사업 금융지원	글로벌 태양광 시장 동향 및 수출 전략 세미나
	태양광 발전소 건설운영 및 투자	아시아 태양광 산업 품질인증 및 테스트기술 컨퍼런스
홍보관	지자체 태양광 기업	한국 태양광 산업 지원 정책 및 발전 사업 설명회
	솔라 리빙관, 에너지 저장 시스템	해외 바이어 초청 수출 및 구매 상담회

엑스포 솔라 전시사무국

Ⓐ 대규모 발전 사업자에게 신재생에너지를 이용한 발전을 의무화한 제도

마

03 차트 편집하기

- 제목 – 굴림, 진하게, 12pt, 배경 – 선 모양(한 줄로), 그림자(2pt)
- 제목 이외의 전체 글꼴 – 굴림, 보통, 10pt

1. 차트 제목 및 범례 편집하기

❶ 차트를 더블 클릭하여 편집 상태로 전환한 후 차트 제목을 다시 더블 클릭합니다.

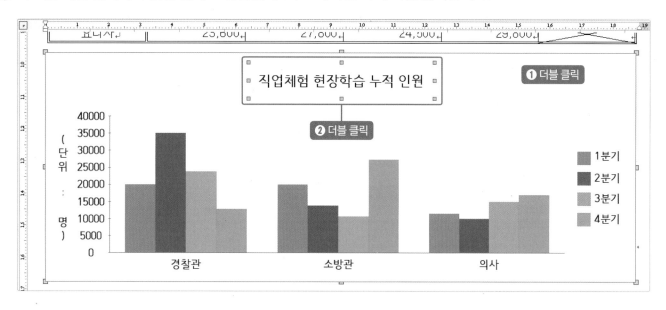

❷ [제목 모양] 대화상자가 나타나면 [배경] 탭에서 선 모양의 **종류(한 줄로)**를 지정하고, 기타의 **그림자**를 클릭하여 **체크**한 후 **위치(2pt)**를 입력합니다.

❸ 이어서, [글자] 탭을 선택하여 글꼴 설정에서 **글꼴(굴림)**, **크기(12pt)**, **속성(진하게)**을 지정한 후 <설정> 을 클릭합니다.

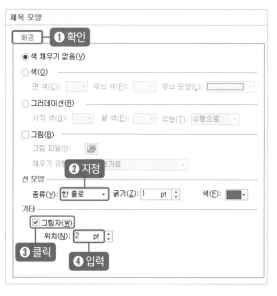
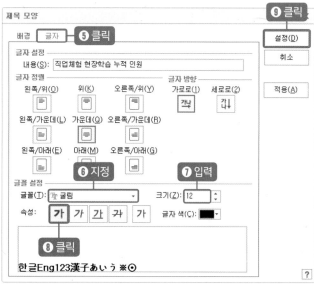

3. 다음 (1), (2)의 수식을 수식 편집기로 각각 입력하시오. (40점)

《출력형태》

(1) $\int_0^3 \dfrac{\sqrt{6t^2 - 18t + 12}}{5}\, dt = 11$

(2) $\dfrac{h_1}{h_2} = (\sqrt{a})^{M_2 - M_1} \fallingdotseq 2.5^{M_2 - M_1}$

4. 다음의 《조건》에 따라 《출력형태》와 같이 문서를 작성하시오. (110점)

《조건》　(1) 그리기 도구를 이용하여 작성하고, 모든 도형(글맵시, 지정된 그림 포함)을 《출력형태》와 같이 작성하시오.

　　　　(2) 도형의 면색은 지시사항이 없으면 색 없음을 제외하고 서로 다르게 임의로 지정하시오.

《출력형태》

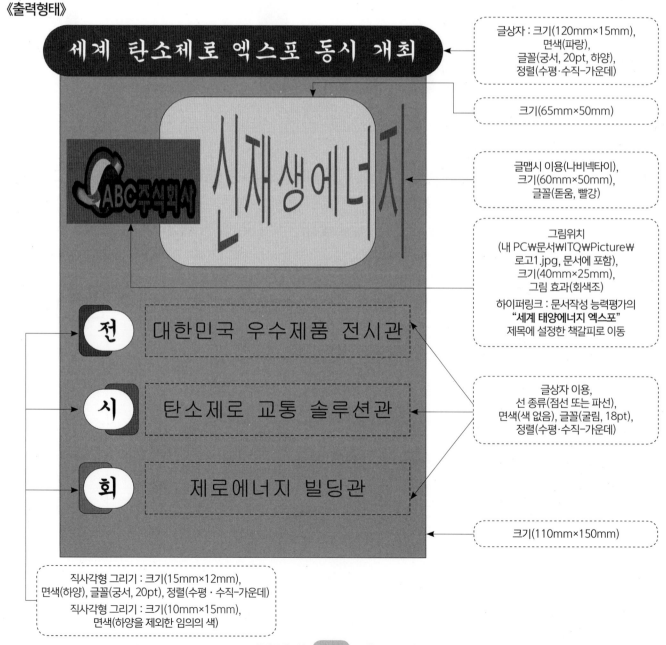

글상자 : 크기(120mm×15mm), 면색(파랑), 글꼴(궁서, 20pt, 하양), 정렬(수평·수직-가운데)

크기(65mm×50mm)

글맵시 이용(나비넥타이), 크기(60mm×50mm), 글꼴(돋움, 빨강)

그림위치
(내 PC₩문서₩ITQ₩Picture₩로고1.jpg, 문서에 포함), 크기(40mm×25mm), 그림 효과(회색조)

하이퍼링크 : 문서작성 능력평가의 "세계 태양에너지 엑스포" 제목에 설정한 책갈피로 이동

글상자 이용, 선 종류(점선 또는 파선), 면색(색 없음), 글꼴(굴림, 18pt), 정렬(수평·수직-가운데)

크기(110mm×150mm)

직사각형 그리기 : 크기(15mm×12mm), 면색(하양), 글꼴(궁서, 20pt), 정렬(수평·수직-가운데)
직사각형 그리기 : 크기(10mm×15mm), 면색(하양을 제외한 임의의 색)

차트 제목이 두 줄로 표시되는 이유는 입력된 내용의 길이에 비해 텍스트 상자의 가로 너비가 좁기 때문입니다. 이러한 경우에는 차트를 더블 클릭하여 편집 상태로 만든 다음 제목을 클릭한 후 오른쪽 조절점을 드래그하여 《출력형태》와 비슷하게 맞춰줍니다.

❹ 차트 제목이 변경된 것을 확인한 후 범례를 편집하기 위해 차트 편집 상태에서 범례를 더블 클릭합니다.

➕ 차트 편집 상태가 해제되었을 경우 차트를 더블 클릭한 후 범례를 작업합니다.

❺ [범례 모양] 대화상자가 나타나면 [배경] 탭에서 선 모양의 **종류(한 줄로)**를 지정합니다.

❻ 이어서, [글자] 탭을 선택하여 글꼴 설정에서 **글꼴(굴림), 크기(10pt), 속성(보통 모양)**을 지정한 후 <설정>을 클릭합니다.

➕ 《출력형태》를 확인해 보면 범례에도 테두리가 지정되어 있으므로 별도의 조건이 없더라도 테두리를 지정합니다.

1. 다음의 《조건》에 따라 스타일 기능을 적용하여 《출력형태》와 같이 작성하시오. (50점)

《조건》　(1) 스타일 이름 – exhibition
　　　　　(2) 문단 모양 – 왼쪽 여백 : 15pt, 문단 아래 간격 : 10pt
　　　　　(3) 글자 모양 – 글꼴 : 한글(돋움)/영문(궁서), 크기 : 10pt, 장평 : 95%, 자간 : 5%

《출력형태》

As the only Korean photovoltaic exhibition representing Asia, the EXPO Solar 2018/PV Korea is to be held in KINTEX from June 14(Thu) to 16(Sat), 2018.

아시아를 대표하는 대한민국 유일의 태양광 전문 전시회인 2018 세계 태양에너지 엑스포가 2018년 6월 14일 (목)부터 16일(토)까지 3일간의 일정으로 킨텍스에서 개최된다.

2. 다음의 《조건》에 따라 《출력형태》와 같이 표와 차트를 작성하시오. (100점)

《표 조건》　(1) 표 전체(표, 캡션) – 굴림, 10pt
　　　　　　(2) 정렬 – 문자 : 가운데 정렬, 숫자 : 오른쪽 정렬
　　　　　　(3) 셀 배경(면색) : 노랑
　　　　　　(4) 한글의 계산 기능을 이용하여 빈칸에 평균(소수점 두 자리)을 구하고, 캡션 기능 사용할 것
　　　　　　(5) 선 모양은 《출력형태》와 동일하게 처리할 것

《출력형태》

직종별 참관객 현황(단위 : 명)

직종	1일차	2일차	3일차	4일차	평균
마케팅/영업	1,421	1,587	1,698	1,681	
엔지니어링 관리	1,389	1,403	1,512	1,524	
연구 및 개발	932	1,096	1,258	1,326	
구매 관리	816	978	1,032	1,207	

《차트 조건》　(1) 차트 데이터는 표 내용에서 일차별 마케팅/영업, 엔지니어링 관리, 연구 및 개발의 값만 이용할 것
　　　　　　　(2) 종류 – <묶은 세로 막대형>으로 작업할 것
　　　　　　　(3) 제목 – 【돋움, 진하게, 12pt, 배경 – 선 모양(한 줄로), 그림자(2pt)】
　　　　　　　(4) 제목 이외의 전체 글꼴 – 돋움, 보통, 10pt
　　　　　　　(5) 축제목과 범례는 《출력형태》와 동일하게 처리할 것

《출력형태》

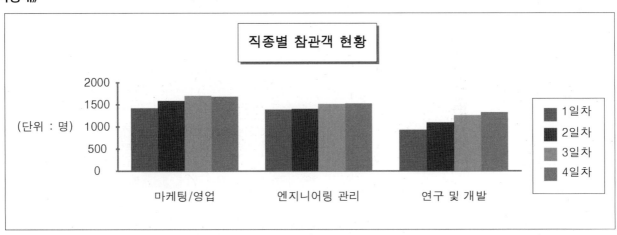

❼ 범례가 변경된 것을 확인합니다.

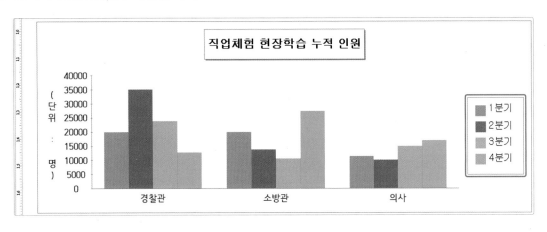

2. 축 제목 및 축 이름표 편집하기   – 제목 이외의 전체 글꼴 – 굴림, 보통, 10pt

❶ 세로 값 축 제목을 편집하기 위해 차트 편집 상태에서 **세로 값 축 제목**을 더블 클릭합니다.

❷ [축 제목 모양] 대화상자가 나타나면 [글자] 탭에서 **글자 방향(가로로)**을 선택하고, 글꼴 설정에서 **글꼴 (굴림), 크기(10pt), 속성(보통 모양)**을 지정한 후 <설정>을 클릭합니다.

➕ 《출력형태》를 참고하여 '글자 방향'을 가로 또는 세로로 지정합니다.

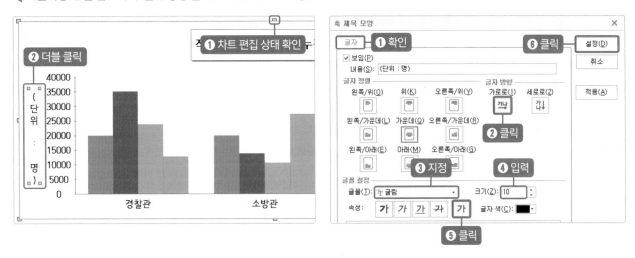

❸ 가로 항목 축 이름표를 편집하기 위해 차트 편집 상태에서 **가로 항목 축 이름표**를 더블 클릭합니다.

❹ [축 이름표 모양] 대화상자가 나타나면 [글지] 탭의 글꼴 설정에서 **글꼴(굴림), 크기(10pt), 속성(보통 모양)**을 지정한 후 <설정>을 클릭합니다.

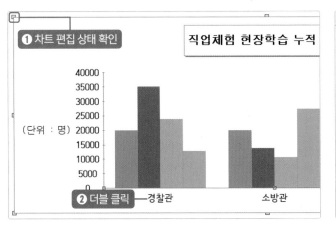
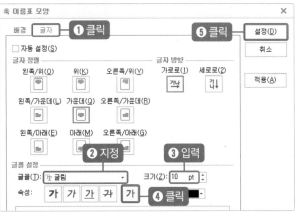

정보기술자격(ITQ) 실전모의고사

과 목	코 드	문제유형	시험시간	수험번호	성 명
아래한글	1111	A	60분		

수험자 유의사항

◎ 수험자는 문제지를 받는 즉시 문제지와 <u>수험표상의 시험과목(프로그램)이 동일한지 반드시 확인</u>하여야 합니다.

◎ 파일명은 본인의 "수험번호-성명"으로 입력하여 답안폴더(내 PC₩문서₩ITQ)에 하나의 파일로 저장해야 하며, 답안문서 파일명이 "수험번호-성명"과 일치하지 않거나, 답안파일을 전송하지 않아 미제출로 처리될 경우 실격 처리합니다 (예:12345678-홍길동.hwp).

◎ 답안 작성을 마치면 파일을 저장하고, '답안 전송' 버튼을 선택하여 감독위원 PC로 답안을 전송하십시오. 수험생 정보와 저장한 파일명이 다를 경우 전송되지 않으므로 주의하시기 바랍니다.

◎ 답안 작성 중에도 <u>주기적으로 저장하고, '답안 전송'</u>하여야 문제 발생을 줄일 수 있습니다. 작업한 내용을 저장하지 않고 전송할 경우 이전에 저장된 내용이 전송되오니 이점 유의하시기 바랍니다.

◎ 답안문서는 지정된 경로 외의 다른 보조기억장치에 저장하는 경우, 지정된 시험 시간 외에 작성된 파일을 활용할 경우, 기타 통신수단(이메일, 메신저, 네트워크 등)을 이용하여 타인에게 전달 또는 외부 반출하는 경우는 부정 처리합니다.

◎ 시험 중 부주의 또는 고의로 시스템을 파손한 경우는 수험자가 변상해야 하며, <수험자 유의사항>에 기재된 방법대로 이행하지 않아 생기는 불이익은 수험생 당사자의 책임임을 알려 드립니다.

◎ 문제의 조건은 한컴오피스 2020 버전으로 설정되어 있으며 한컴오피스 NEO는 【 】에 표기되어 있습니다. 이와 관련하여 작성한 답안의 출력형태가 문제지와 다를 수 있습니다.

◎ 시험을 완료한 수험자는 답안파일이 전송되었는지 확인한 후 감독위원의 지시에 따라 문제지를 제출하고 퇴실합니다.

답안 작성요령

◎ **온라인 답안 작성 절차**
  수험자 등록 ⇒ 시험 시작 ⇒ 답안파일 저장 ⇒ 답안 전송 ⇒ 시험 종료

◎ **공통 부문**
  • 글꼴에 대한 기본설정은 함초롬바탕, 10포인트, 검정, 줄간격 160%, 양쪽정렬로 합니다.
  • 색상은 조건의 색을 적용하고 색의 구분이 안 될 경우에는 RGB 값을 적용하십시오.
    (빨강 255,0,0 / 파랑 0,0,255 / 노랑 255,255,0).
  • 각 문항에 주어진 《조건》에 따라 작성하고 언급하지 않은 조건은 《출력형태》와 같이 작성합니다.
  • 용지여백은 왼쪽 · 오른쪽 11mm, 위쪽·아래쪽·머리말·꼬리말 10mm, 제본 0mm로 합니다.
  • 그림 삽입 문제의 경우 「내 PC₩문서₩ITQ₩Picture」 폴더에서 지정된 파일을 선택하여 삽입하십시오.
  • 삽입한 그림은 반드시 문서에 포함하여 저장해야 합니다(미포함 시 감점 처리).
  • 각 항목은 지정된 페이지에 출력형태와 같이 정확히 작성하시기 바라며, 그렇지 않을 경우에 해당 항목은 0점 처리됩니다.
    ※ 페이지구분 : 1페이지 – 기능평가 I (문제번호 표시 : 1. 2.),
                   2페이지 – 기능평가 II (문제번호 표시 : 3. 4.),
                   3페이지 – 문서작성 능력평가

◎ **기능평가**
  • 문제와 《조건》은 입력하지 않으며 문제번호와 답(《출력형태》)만 작성합니다.
  • 4번 문제는 묶기를 했을 경우 0점 처리됩니다.

◎ **문서작성 능력평가**
  • A4 용지(210mm×297mm) 1매 크기, 세로 서식 문서로 작성합니다.
  • ⌐ ˙˙˙˙˙˙ ¬ 표시는 문서작성에 대한 지시사항이므로 작성하지 않습니다.

❺ 세로 값 축 이름표를 편집하기 위해 차트 편집 상태에서 **세로 값 축 이름표**를 더블 클릭합니다.

❻ [축 이름표 모양] 대화상자가 나타나면 [**글자**] 탭의 글꼴 설정에서 **글꼴(굴림), 크기(10pt), 속성(보통 모양)**을 지정한 후 <설정>을 클릭합니다.

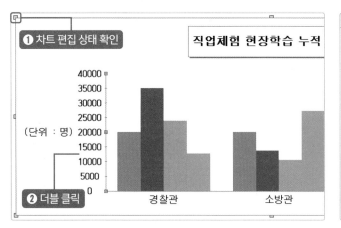

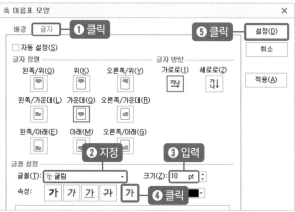

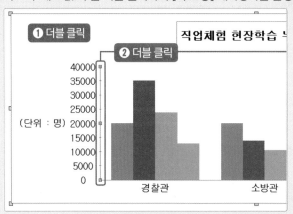

레벨업 차트 눈금 조절하기

소스파일: 차트 눈금.hwp

차트 작성 시 축의 눈금이 《출력형태》와 다르게 표시될 수 있습니다. 이런 경우에는 축 비례 값을 지정하여 눈금을 변경합니다.

❶ **차트 눈금.hwp** 파일을 불러옵니다.

❷ 차트의 '세로 값 축'을 더블 클릭하여 [축 모양] 대화상자를 활성화시킵니다.

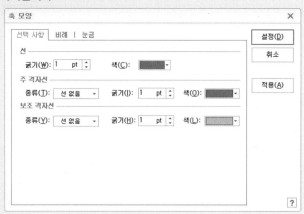

❸ [비례] 탭에서 '자동으로 꾸밈' 항목을 클릭하여 체크를 해제합니다.

❹ 《출력형태》를 참고하여 최솟값, 최댓값, 큰 눈금선에 값을 입력합니다.

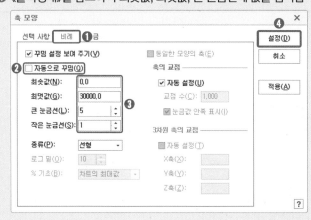

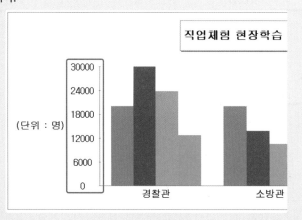

글꼴 : 돋움, 18pt, 진하게, 가운데 정렬
책갈피 이름 : 친환경
덧말 넣기

머리말 기능
굴림, 10pt, 오른쪽 정렬 → 친환경 자동차

차 살까 고민하세요?
친환경 자동차 구매가이드

문단 첫 글자 장식 기능
글꼴 : 궁서, 면색 : 노랑

그림위치(내 PC\문서\ITQ\Picture\그림4.jpg, 문서에 포함)
자르기 기능 이용, 크기(40mm×40mm), 바깥 여백 왼쪽 : 2mm

친환경자동차란 일반 내연기관 차량에 비해 에너지 소비효율이 높고 대기오염 물질과 온실가스 배출이 적어 환경(環境) 친화적인 저공해 또는 무공해 자동차이다. 친환경 자동차의 종류로는 전기차, 수소연료전지차, 플러그인 하이브리드차, 하이브리드차가 있으며 전기차와 수소차는 무공해 차량(車輛)이다.

각주

자동차에서 배출되는 오염물질로 인한 기후변화 및 대기오염 문제가 심각해지면서 세계 각국은 온실가스 배출 억제를 위해 자동차 분야 규제를 강화하고 있고, 우리나라에서도 수도권 미세먼지의 30% 이상이 자동차에서 발생하는 등 자동차로 인한 오염물질은 국민 건강을 위협하고 있다. 또한, 자동차에서 직접 배출되는 1차 오염물질에는 질소산화물[A], 일산화탄소, 탄화수소, 입자상 고형물질 등이 있고, 이 1차 오염물질이 화학반응에 의해 2차 오염물질인 미세먼지와 오존을 생성한다. 이런 자동차 오염물질은 각종 호흡기 질환과 눈 건강 악화를 일으키고 암을 유발하는 등 우리 건강에 심각한 영향을 끼친다. 자동차로 인한 대기오염 및 기후변화문제를 적극적으로 해결하고 미래세대에 깨끗한 환경을 물려주기 위해서는 오염물질 배출이 없거나 현저히 적은 친환경자동차로 적극 전환해 나가야 한다.

♥ **친환경 자동차별 장점과 단점**

글꼴 : 굴림, 18pt, 하양
음영색 : 빨강

A. 플러그인 하이브리드차

　Ⓐ 장점 : 단거리 주행 시 전기로만 주행 가능

　Ⓑ 단점 : 전기, 수소차보다 환경개선 효과적음

B. 하이브리드차

　Ⓐ 장점 : 내연기관차보다 높은 연비

　Ⓑ 단점 : 플러그인 하이브리드차보다 비용절감 효과적음

문단 번호 기능 사용
1수준 : 20pt, 오른쪽정렬,
2수준 : 30pt, 오른쪽정렬
줄 간격 : 180%

♥ **친환경 자동차 특징 비교**

글꼴 : 굴림, 18pt, 밑줄, 강조점

표 전체 글꼴 : 돋움, 10pt, 가운데 정렬
셀 배경(그러데이션) : 유형【수평】,
시작색(하양), 끝색(노랑)

구분	전기차	수소차	플러그인 하이브리드차	하이브리드차
배터리(kWh)	10 - 90	0.9 - 1.8	4 - 18	0.9 - 1.8
에너지원	전기	수소	전기 + 화석연료	
이용여건	장거리 출퇴근	충전소 인근 지역	장거리 출장 또는 주말 장거리 여행이 잦은 사람	
동력원	모터		엔진 + 모터	
특이사항	무공해차량, 전기 또는 수소 충전 필요		엔진과 모터를 조합한 최적운행으로 연비 향상	

글꼴 : 궁서, 24pt, 진하게
장평 120%, 오른쪽 정렬 → **환경부**

각주 구분선 : 5cm

[A] 질소산화물 중 이산화질소는 수도권 지역의 대기오염물질에서 68%를 차지

쪽 번호 매기기
4로 시작 → ④

❼ 차트가 완성되면 표의 오른쪽 끝을 클릭하여 커서를 위치시킨 후 Enter 를 두 번 눌러 표와 차트 사이의 간격을 띄어줍니다. 이어서, 《출력형태》와 비교하여 틀린 부분이 없는지 확인합니다.

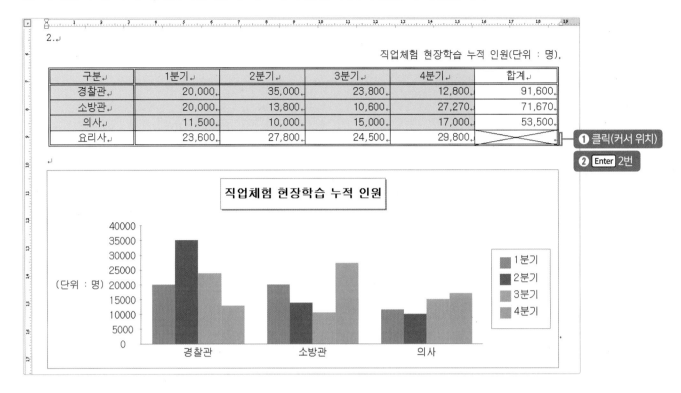

❽ 작업이 완료되면 서식 도구 상자에서 [저장하기(🖫)]를 클릭하거나 Alt + S 를 눌러 파일을 저장합니다.

레벨업 📈 **기출문제 차트 모양 확인**

❶ 실제 출제되는 기출문제의 차트 모양은 한컴 오피스 2020 버전으로 작성되었기 때문에 '세로 값 축, 가로 항목 축, 제목' 등의 모양이 NEO(2016) 버전과 다릅니다.

❷ NEO(2016) 버전에서 차트 작성시 기출문제와 모양이 다르더라도 올바르게 차트를 작성했다면 감점되지 않습니다.

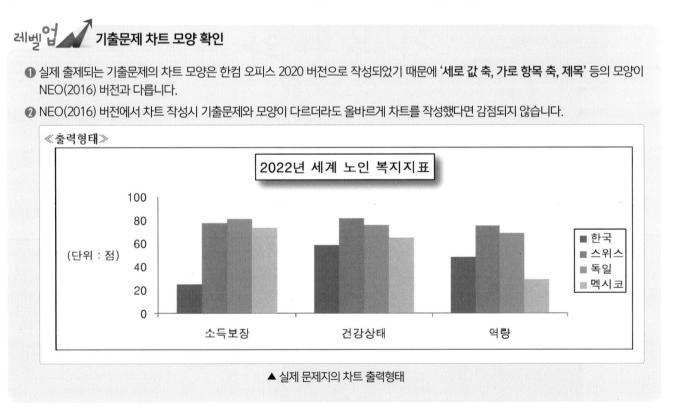

▲ 실제 문제지의 차트 출력형태

3. 다음 (1), (2)의 수식을 수식 편집기로 각각 입력하시오. (40점)

《출력형태》

(1) $\triangle W = \dfrac{1}{2}m(f_x)^2 + \dfrac{1}{2}m(f_y)^2$

(2) $a_n - b_n = n^2 \dfrac{h^2}{4\pi^2 Kme^2}$

4. 다음의 《조건》에 따라 《출력형태》와 같이 문서를 작성하시오. (110점)

《조건》   (1) 그리기 도구를 이용하여 작성하고, 모든 도형(글맵시, 지정된 그림 포함)을 《출력형태》와 같이
                 작성하시오.
      (2) 도형의 면색은 지시사항이 없으면 색 없음을 제외하고 서로 다르게 임의로 지정하시오.

《출력형태》

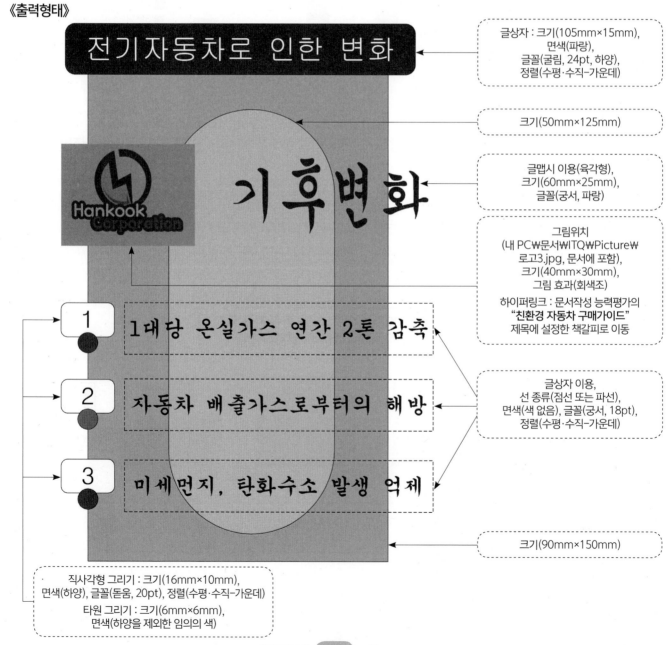

- 글상자 : 크기(105mm×15mm), 면색(파랑), 글꼴(굴림, 24pt, 하양), 정렬(수평·수직-가운데)
- 크기(50mm×125mm)
- 글맵시 이용(육각형), 크기(60mm×25mm), 글꼴(궁서, 파랑)
- 그림위치 (내 PC₩문서₩ITQ₩Picture₩ 로고3.jpg, 문서에 포함), 크기(40mm×30mm), 그림 효과(회색조)
- 하이퍼링크 : 문서작성 능력평가의 **"친환경 자동차 구매가이드"** 제목에 설정한 책갈피로 이동
- 글상자 이용, 선 종류(점선 또는 파선), 면색(색 없음), 글꼴(궁서, 18pt), 정렬(수평·수직-가운데)
- 크기(90mm×150mm)
- 직사각형 그리기 : 크기(16mm×10mm), 면색(하양), 글꼴(돋움, 20pt), 정렬(수평·수직-가운데)
- 타원 그리기 : 크기(6mm×6mm), 면색(하양을 제외한 임의 색)

전기자동차로 인한 변화

기후변화

1   1대당 온실가스 연간 2톤 감축

2   자동차 배출가스로부터의 해방

3   미세먼지, 탄화수소 발생 억제

1 다음의《조건》에 따라《출력형태》와 같이 차트를 작성하시오.

소스파일: 04차시-01(문제).hwp
완성파일: 04차시-01(완성).hwp

《차트 조건》

(1) 차트 데이터는 표 내용에서 구분별 3학년, 4학년, 5학년의 값만 이용할 것

(2) 종류 – <묶은 세로 막대형>으로 작업할 것

(3) 제목 –【돋움, 진하게, 12pt, 배경 – 선 모양(한 줄로), 그림자(2pt)】

(4) 제목 이외의 전체 글꼴 – 돋움, 보통, 10pt

(5) 축제목과 범례는《출력형태》와 동일하게 처리할 것

《출력형태》

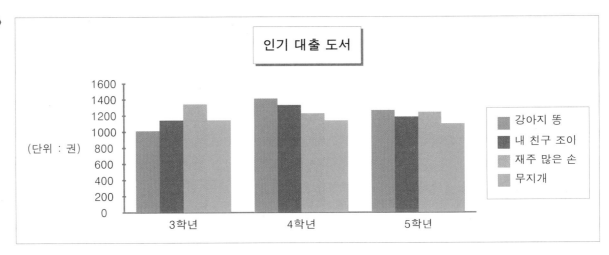

2 다음의《조건》에 따라《출력형태》와 같이 차트를 작성하시오.

소스파일: 04차시-02(문제).hwp
완성파일: 04차시-02(완성).hwp

《차트 조건》

(1) 차트 데이터는 표 내용에서 구분별 파이썬, 자바, C, 자바스크립트의 값만 이용할 것

(2) 종류 – <묶은 가로 막대형>으로 작업할 것

(3) 제목 –【굴림, 진하게, 12pt, 배경 – 선 모양(한 줄로), 그림자(2pt)】

(4) 제목 이외의 전체 글꼴 – 굴림, 보통, 10pt

(5) 축제목과 범례는《출력형태》와 동일하게 처리할 것

《출력형태》

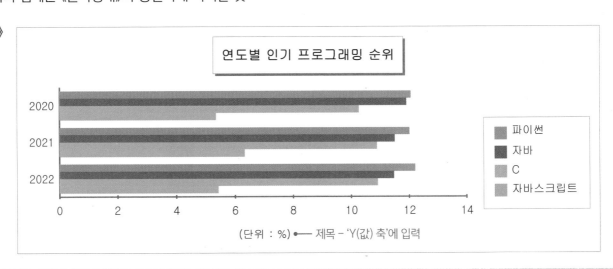

1. 다음의 《조건》에 따라 스타일 기능을 적용하여 《출력형태》와 같이 작성하시오. (50점)

《조건》　(1) 스타일 이름 – automobile
　　　　　(2) 문단 모양 – 왼쪽 여백 : 15pt, 문단 아래 간격 : 10pt
　　　　　(3) 글자 모양 – 글꼴 : 한글(돋움)/영문(굴림), 크기 : 10pt, 장평 : 105%, 자간 : –5%

《출력형태》

Since 2008, a renaissance in electric vehicle manufacturing occurred due to advances in batteries, concerns about increasing oil prices, and the desire to reduce greenhouse gas emissions.

전기자동차는 고전압 배터리에서 전기에너지를 전기모터로 공급하여 구동력을 발생시키는 차량으로, 내연자동차와 달리 엔진이 없이 배터리와 모터만으로 차량을 구동시키는 무공해 차량이다.

2. 다음의 《조건》에 따라 《출력형태》와 같이 표와 차트를 작성하시오. (100점)

《표 조건》　(1) 표 전체(표, 캡션) – 궁서, 10pt
　　　　　(2) 정렬 – 문자 : 가운데 정렬, 숫자 : 오른쪽 정렬
　　　　　(3) 셀 배경(면색) : 노랑
　　　　　(4) 한글의 계산 기능을 이용하여 빈칸에 합계를 구하고, 캡션 기능 사용할 것
　　　　　(5) 선 모양은 《출력형태》와 동일하게 처리할 것

《출력형태》

전기자동차 지역별 보급 현황(단위 : 대)

연도	서울	부산	대구	경기	합계
2014년	212	84	5	58	
2015년	452	106	92	84	
2016년	455	117	209	226	
2017년	4,112	422	1,693	1,374	

《차트 조건》　(1) 차트 데이터는 표 내용에서 지역별 2014년, 2015년, 2016년의 값만 이용할 것
　　　　　(2) 종류 – <묶은 세로 막대형>으로 작업할 것
　　　　　(3) 제목 – 【돋움, 진하게, 12pt, 배경 – 선 모양(한 줄로), 그림자(2pt)】
　　　　　(4) 제목 이외의 전체 글꼴 – 돋움, 보통, 10pt
　　　　　(5) 축제목과 범례는 《출력형태》와 동일하게 처리할 것

《출력형태》

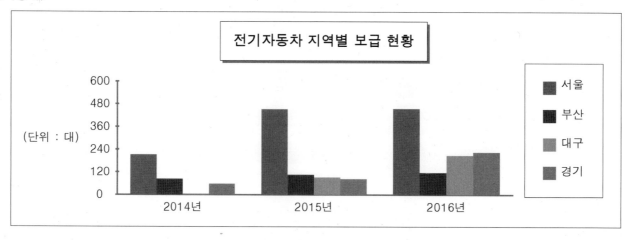

3 다음의 《조건》에 따라 《출력형태》와 같이 차트를 작성하시오.

소스파일: 04차시-03(문제).hwp
완성파일: 04차시-03(완성).hwp

《차트 조건》

(1) 차트 데이터는 표 내용에서 성별/연령별 남성, 여성, 19~29세의 값만 이용할 것
(2) 종류 – <꺾은선형>으로 작업할 것
(3) 제목 – 【궁서, 진하게, 12pt, 배경 – 선 모양(한 줄로), 그림자(2pt)】
(4) 제목 이외의 전체 글꼴 – 궁서, 보통, 10pt
(5) 축제목과 범례는 《출력형태》와 동일하게 처리할 것

《출력형태》

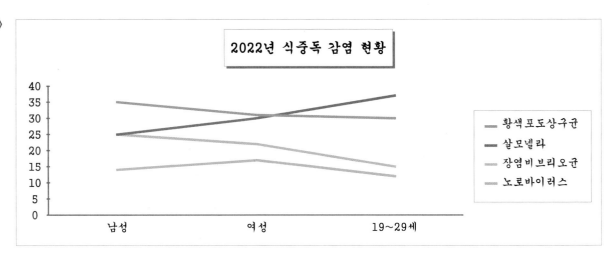

4 다음의 《조건》에 따라 《출력형태》와 같이 차트를 작성하시오.

소스파일: 04차시-04(문제).hwp
완성파일: 04차시-04(완성).hwp

《차트 조건》

(1) 차트 데이터는 표 내용에서 구분별 첫째날 공연, 둘째날 공연, 셋째날 공연의 값만 이용할 것
(2) 종류 – <묶은 세로 막대형>으로 작업할 것
(3) 제목 – 【굴림, 진하게, 12pt, 배경 – 선 모양(한 줄로), 그림자(2pt)】
(4) 제목 이외의 전체 글꼴 – 굴림, 보통, 10pt
(5) 축제목과 범례는 《출력형태》와 동일하게 처리할 것

《출력형태》

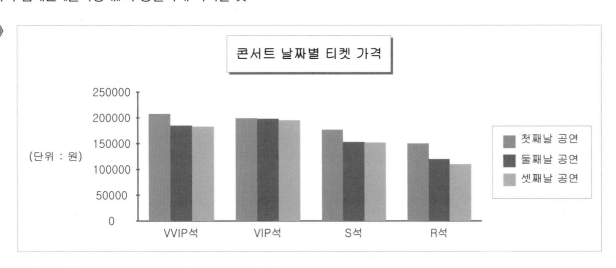

정보기술자격(ITQ) 실전모의고사

과 목	코 드	문제유형	시험시간	수험번호	성 명
아래한글	1111	A	60분		

수험자 유의사항

◎ 수험자는 문제지를 받는 즉시 문제지와 **수험표상의 시험과목(프로그램)이 동일한지 반드시 확인**하여야 합니다.

◎ 파일명은 본인의 "수험번호-성명"으로 입력하여 답안폴더(내 PC\문서\ITQ)에 하나의 파일로 저장해야 하며, 답안문서 파일명이 "수험번호-성명"과 일치하지 않거나, 답안파일을 전송하지 않아 미제출로 처리될 경우 실격 처리합니다 (예:12345678-홍길동.hwp).

◎ 답안 작성을 마치면 파일을 저장하고, '답안 전송' 버튼을 선택하여 감독위원 PC로 답안을 전송하십시오. 수험생 정보와 저장한 파일명이 다를 경우 전송되지 않으므로 주의하시기 바랍니다.

◎ 답안 작성 중에도 **주기적으로 저장하고, '답안 전송'**하여야 문제 발생을 줄일 수 있습니다. 작업한 내용을 저장하지 않고 전송할 경우 이전에 저장된 내용이 전송되오니 이점 유의하시기 바랍니다.

◎ 답안문서는 지정된 경로 외의 다른 보조기억장치에 저장하는 경우, 지정된 시험 시간 외에 작성된 파일을 활용할 경우, 기타 통신수단(이메일, 메신저, 네트워크 등)을 이용하여 타인에게 전달 또는 외부 반출하는 경우는 부정 처리합니다.

◎ 시험 중 부주의 또는 고의로 시스템을 파손한 경우는 수험자가 변상해야 하며, <수험자 유의사항>에 기재된 방법대로 이행하지 않아 생기는 불이익은 수험생 당사자의 책임임을 알려 드립니다.

◎ 문제의 조건은 한컴오피스 2020 버전으로 설정되어 있으며 한컴오피스 NEO는 【 】에 표기되어 있습니다. 이와 관련하여 작성한 답안의 출력형태가 문제지와 다를 수 있습니다.

◎ 시험을 완료한 수험자는 답안파일이 전송되었는지 확인한 후 감독위원의 지시에 따라 문제지를 제출하고 퇴실합니다.

답안 작성요령

◎ 온라인 답안 작성 절차

　수험자 등록 ⇒ 시험 시작 ⇒ 답안파일 저장 ⇒ 답안 전송 ⇒ 시험 종료

◎ 공통 부문

· 글꼴에 대한 기본설정은 함초롬바탕, 10포인트, 검정, 줄간격 160%, 양쪽정렬로 합니다.

· 색상은 조건의 색을 적용하고 색의 구분이 안 될 경우에는 RGB 값을 적용하십시오.
　(빨강 255,0,0 / 파랑 0,0,255 / 노랑 255,255,0).

· 각 문항에 주어진 《조건》에 따라 작성하고 언급하지 않은 조건은 《출력형태》와 같이 작성합니다.

· 용지여백은 왼쪽·오른쪽 11mm, 위쪽·아래쪽·머리말·꼬리말 10mm, 제본 0mm로 합니다.

· 그림 삽입 문제의 경우 「내 PC\문서\ITQ\Picture」 폴더에서 지정된 파일을 선택하여 삽입하십시오.

· 삽입한 그림은 반드시 문서에 포함하여 저장해야 합니다(미포함 시 감점 처리).

· 각 항목은 지정된 페이지에 출력형태와 같이 정확히 작성하시기 바라며, 그렇지 않을 경우에 해당 항목은 0점 처리됩니다.

　※ 페이지구분 : 1페이지 – 기능평가 I (문제번호 표시 : 1. 2.),
　　　　　　　　2페이지 – 기능평가 II (문제번호 표시 : 3. 4.),
　　　　　　　　3페이지 – 문서작성 능력평가

◎ 기능평가

· 문제와 《조건》은 입력하지 않으며 문제번호와 답(《출력형태》)만 작성합니다.

· 4번 문제는 묶기를 했을 경우 0점 처리됩니다.

◎ 문서작성 능력평가

· A4 용지(210mm×297mm) 1매 크기, 세로 서식 문서로 작성합니다.

· [ ] 표시는 문서작성에 대한 지시사항이므로 작성하지 않습니다.

5 다음의 《조건》에 따라 《출력형태》와 같이 차트를 작성하시오.

소스파일: 04차시-05(문제).hwp
완성파일: 04차시-05(완성).hwp

《차트 조건》

(1) 차트 데이터는 표 내용에서 구분별 경기도, 경상도, 충청도의 값만 이용할 것

(2) 종류 – <묶은 세로 막대형>으로 작업할 것

(3) 제목 –【돋움, 진하게, 12pt, 배경 – 선 모양(한 줄로), 그림자(2pt)】

(4) 제목 이외의 전체 글꼴 – 돋움, 보통, 10pt

(5) 축제목과 범례는 《출력형태》와 동일하게 처리할 것

《출력형태》

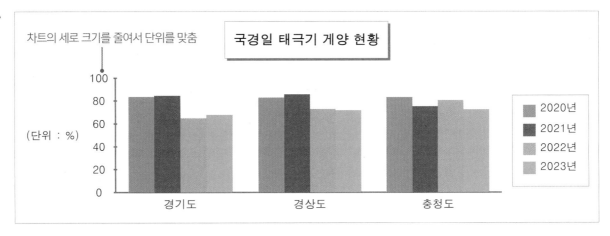

6 다음의 《조건》에 따라 《출력형태》와 같이 차트를 작성하시오.

소스파일: 04차시-06(문제).hwp
완성파일: 04차시-06(완성).hwp

《차트 조건》

(1) 차트 데이터는 표 내용에서 구분별 2021년, 2020년, 2019년의 값만 이용할 것

(2) 종류 – <묶은 가로 막대형>으로 작업할 것

(3) 제목 –【굴림, 진하게, 12pt, 배경 – 선 모양(한 줄로), 그림자(2pt)】

(4) 제목 이외의 전체 글꼴 – 굴림, 보통, 10pt

(5) 축제목과 범례는 《출력형태》와 동일하게 처리할 것

《출력형태》

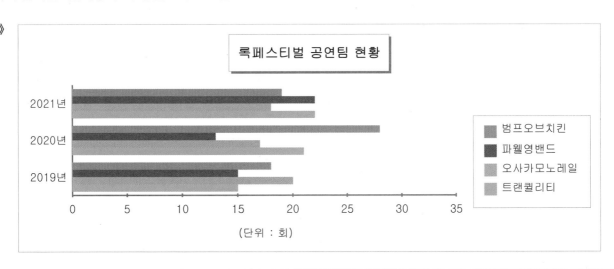

글꼴 : 돋움, 18pt, 진하게, 가운데 정렬
책갈피 이름 : 평생학습
덧말 넣기

머리말 기능
굴림, 10pt, 오른쪽 정렬 → 평생학습권 보장

배움과 행복
대한민국 평생학습 박람회

문단 첫 글자 장식 기능
글꼴 : 궁서, 면색 : 노랑

각주

그림위치(내 PC₩문서₩ITQ₩Picture₩그림4.jpg, 문서에 포함)
자르기 기능 이용, 크기(35mm×40mm), 바깥 여백 왼쪽 : 2mm

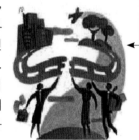

교육부는 사회관계 장관회의를 거쳐 '제4차 평생교육진흥 기본계획(2018~2022)'을 확정, 발표했다. 이번 기본계획은 전 국민의 평생학습권을 보장하기 위해 재직자, 고령자, 고졸취업자 등에 맞춤형 학습Ⓐ을 지원(支援)하기로 했다. 재직자를 위해서는 유급휴가훈련 지원을 추진하고 고령자의 경우 제2의 인생설계를 위해 노인 적합 직종(職種)을 발굴 및 지원한다. 특히, 평생학습 장애요인 제거를 위해 한국형 온라인 공개강좌를 개선하기로 했다. 또한 지역 전문대학을 평생직업교육의 허브로 육성하는 계획도 함께 담겼다. 중등-고등 직업교육의 연계를 제도화하고, 전문대학의 교원과 시설을 활용해 지역기관과 연계한 취업 프로그램을 제공하며, 평생직업교육 기획을 전담하도록 기능 강화를 유도하기로 했다.

한편, 교육부는 제4차 평생교육진흥 기본계획의 홍보와 함께 전 국민의 평생학습에 대한 문화 확산과 관심 제고를 위해서 평생학습 박람회를 대규모로 개최하기로 하였다. 이번 박람회는 "100세 시대 평생학습, 배움과 행복"이라는 주제로 다양한 프로그램을 제공할 예정이다. 시청, 구청, 교육청, 평생교육기관, 평생학습동아리 등 100여 개의 기관이 참여할 예정이다.

글꼴 : 굴림, 18pt, 하양
음영색 : 빨강

■ 대한민국 평생학습 박람회 개요

A. 주제 및 기간
  1. 주제 : 100세 시대 평생학습, 배움과 행복
  2. 기간 : 2019. 1. 17(목) - 1. 20(일)
B. 주최 및 장소
  1. 주최 : 교육부, 국가평생교육진흥원
  2. 장소 : 세종 컨벤션홀

문단 번호 기능 사용
1수준 : 20pt, 오른쪽정렬,
2수준 : 30pt, 오른쪽정렬
줄 간격 : 180%

표 전체 글꼴 : 굴림, 10pt, 가운데 정렬
셀 배경(그러데이션) : 유형(왼쪽 대각선),
시작색(하양), 끝색(노랑)

글꼴 : 굴림, 18pt, 기울임, 강조점

■ 대한민국 평생학습 박람회 주제

일자	주제(프로그램)	비고
1월 17일(목)	100세 시대와 평생학습의 중요성	기타 자세한 사항은 진흥원 홈페이지를 참고하기 바랍니다.
1월 18일(금)	'배우는 기쁨, 커가는 즐거움' 울산 지역 사례 소개	
1월 19일(토)	평생학습 도전 골든벨	
	평생학습 동아리 공연	
1월 20일(일)	평생학습 체험 부스 운영	

글꼴 : 궁서, 24pt, 진하게
장평 90%, 오른쪽 정렬 → **국가평생교육진흥원**

각주 구분선 : 5cm

Ⓐ 행동의 지속적인 변화를 일으키기 위하여 경험이나 연습을 습득하는 과정

쪽 번호 매기기
4로 시작 → iv

[기능평가II] 수식 입력
(40점/150점)

· 문제 번호를 입력한 후 첫 번째 수식을 입력합니다.
· 문제 번호를 입력한 후 두 번째 수식을 입력합니다.

출제 유형 미리보기

소스파일: 05차시(문제).hwp 완성파일: 05차시(완성).hwp

3. 다음 (1), (2)의 수식을 수식 편집기로 각각 입력하시오.(40점)

《출력형태》

(1) $\int_0^3 \dfrac{\sqrt{6t^2+11t-6}}{2}dt = 15$

(2) $\sum_{k=1}^{n} k^2 \dfrac{1}{5}n(n+1)(2n+1)$

⭐ **과정 미리보기** '(1)' 번호 입력 ➔ 수식 입력 ➔ '(2)' 번호 입력 ➔ 수식 입력

---

01 수식 문제 번호 및 첫 번째 수식 입력하기

❶ 05차시(문제).hwp 파일을 실행한 후 2페이지에 입력된 문제 번호(3.)의 다음 줄을 클릭합니다.

❷ 수식의 첫 번째 문제 번호인 **(1)**을 입력하고 한 칸을 띄운 다음 **[입력] 탭-[수식($f\infty$)]**을 클릭합니다.

➕ 수식 바로 가기 키 : Ctrl+N, M

3. 다음 (1), (2)의 수식을 수식 편집기로 각각 입력하시오. (40점)

《출력형태》

$$(1) \int_0^1 (\sin x + \frac{x}{2})dx = \int_0^1 \frac{1 + \sin x}{2}dx \qquad (2) \; U_a - U_b = \frac{GmM}{a} - \frac{GmM}{b} = \frac{GmM}{2R}$$

4. 다음의 《조건》에 따라 《출력형태》와 같이 문서를 작성하시오. (110점)

《조건》　　(1) 그리기 도구를 이용하여 작성하고, 모든 도형(글맵시, 지정된 그림 포함)을 《출력형태》와 같이
작성하시오.
(2) 도형의 면색은 지시사항이 없으면 색 없음을 제외하고 서로 다르게 임의로 지정하시오.

《출력형태》

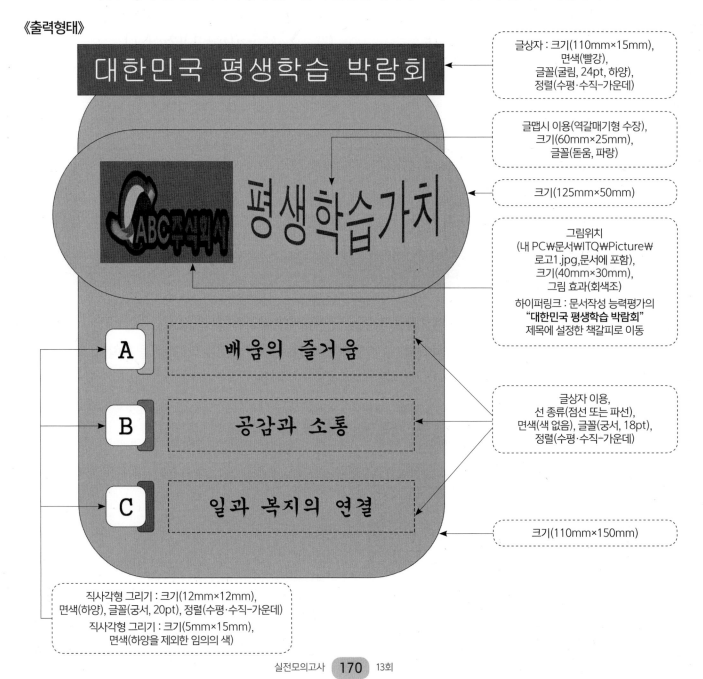

글상자 : 크기(110mm×15mm),
면색(빨강),
글꼴(굴림, 24pt, 하양),
정렬(수평·수직-가운데)

글맵시 이용(역갈매기형 수장),
크기(60mm×25mm),
글꼴(돋움, 파랑)

크기(125mm×50mm)

그림위치
(내 PC₩문서₩ITQ₩Picture₩
로고1.jpg,문서에 포함),
크기(40mm×30mm),
그림 효과(회색조)

하이퍼링크 : 문서작성 능력평가의
"**대한민국 평생학습 박람회**"
제목에 설정한 책갈피로 이동

글상자 이용,
선 종류(점선 또는 파선),
면색(색 없음), 글꼴(궁서, 18pt),
정렬(수평·수직-가운데)

크기(110mm×150mm)

직사각형 그리기 : 크기(12mm×12mm),
면색(하양), 글꼴(궁서, 20pt), 정렬(수평·수직-가운데)
직사각형 그리기 : 크기(5mm×15mm),
면색(하양을 제외한 임의의 색)

❸ 아래 과정을 참고하여 첫 번째 수식을 작성합니다.

1) [수식 편집기] 대화상자가 나타나면 수식 도구 상자에서 **적분**(∫□ ▼)-∫를 클릭하여 삽입

2) 0을 입력하고 Tab 을 누름 → 3을 입력하고 Tab 을 누름

➕ 현재 수식이 입력되는 곳의 사각형은 빨갛게 표시됩니다.

3) **분수**(믐)를 클릭하여 삽입 → 분자에 **근호**(√□)를 클릭하여 삽입 → 6t를 입력하고 **위첨자**(A¹)를 클릭하여 삽입
→ 2를 입력하고 Tab 을 누름

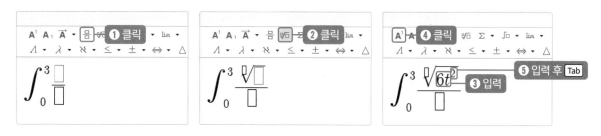

4) +11t-6을 입력 → Tab 을 두 번 누름 → 분모에 2를 입력하고 Tab 을 누름

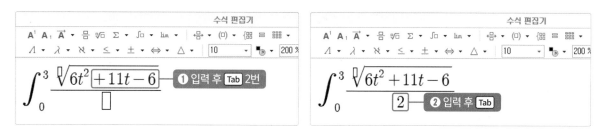

5) dt=15를 입력 → 넣기(⬅)를 클릭

➕ 넣기(⬅)를 클릭하기 전에 완성된 수식을 《출력형태》와 비교하여 틀린 부분이 없는지 확인합니다. 만약 틀린 부분이 있다면 해당 부분을 클릭하여 수식을 수정합니다.

1. 다음의《조건》에 따라 스타일 기능을 적용하여《출력형태》와 같이 작성하시오. (50점)

《조건》 (1) 스타일 이름 – learning
(2) 문단 모양 – 왼쪽 여백 : 15pt, 문단 아래 간격 : 10pt
(3) 글자 모양 – 글꼴 : 한글(굴림)/영문(돋움), 크기 : 10pt, 장평 : 95%, 자간 : 5%

《출력형태》

Lifelong learning is the "ongoing, voluntary, and self-motivated" pursuit of knowledge for either personal or professional reasons.

평생학습은 학교교육뿐만 아니라 가정, 사회교육 등을 망라하여 연령에 한정을 두지 않고 전 생애에 걸친 교육으로 조직화되어야 한다는 교육관에 기초를 두고 있다.

2. 다음의《조건》에 따라《출력형태》와 같이 표와 차트를 작성하시오. (100점)

《표 조건》 (1) 표 전체(표, 캡션) – 굴림, 10pt
(2) 정렬 – 문자 : 가운데 정렬, 숫자 : 오른쪽 정렬
(3) 셀 배경(면색) : 노랑
(4) 한글의 계산 기능을 이용하여 빈칸에 평균(소수점 두 자리)을 구하고, 캡션 기능 사용할 것
(5) 선 모양은《출력형태》와 동일하게 처리할 것

《출력형태》

연령대별 평생학습 장애요인(단위 : %)

요인	20대	30대	40대	50대	평균
시간문제	55.1	56.3	58.9	43.9	
동기부족	8.5	10.2	12.4	17.9	
학습비용	13.9	13.4	11.0	12.1	
기타	22.5	20.1	17.7	26.1	

《차트 조건》 (1) 차트 데이터는 표 내용에서 연령대별 시간문제, 동기부족, 학습비용의 값만 이용할 것
(2) 종류 – <묶은 세로 막대형>으로 작업할 것
(3) 제목 –【돋움, 진하게, 12pt, 배경 – 선 모양(한 줄로), 그림자(2pt)】
(4) 제목 이외의 전체 글꼴 – 돋움, 보통, 10pt
(5) 축제목과 범례는《출력형태》와 동일하게 처리할 것

《출력형태》

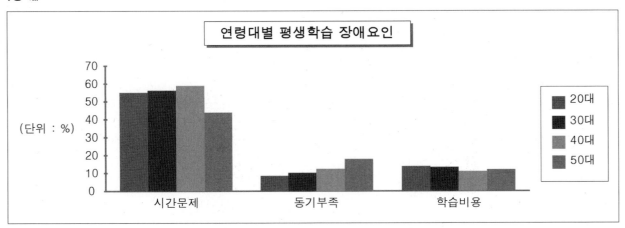

❹ 문서에 첫 번째 수식이 삽입된 것을 확인합니다.

➕ 문서에 삽입된 수식을 더블 클릭하면 [수식 편집기] 대화상자가 활성화되어 수식을 수정할 수 있습니다.

$$3.$$
$$(1) \int_0^3 \frac{\sqrt{6t^2 + 11t - 6}}{2} dt = 15$$

02 수식 문제 번호 및 두 번째 수식 입력하기

❶ 첫 번째 수식 뒤에 커서를 두고 Tab 을 3~4번 눌러 간격을 띄웁니다. 이어서, 문제 번호 (2)를 입력하고 한 칸을 띄운 다음 [입력] 탭-[수식(f_∞)]을 클릭합니다.

❷ 아래 과정을 참고하여 두 번째 수식을 작성합니다.

1) 수식 도구 상자에서 합(Σ ▾)-$\dot\Sigma$를 클릭하여 삽입 ➡ 아래쪽에 k=1을 입력하고 Tab 을 누름 ➡ n을 입력하고 Tab 을 누름

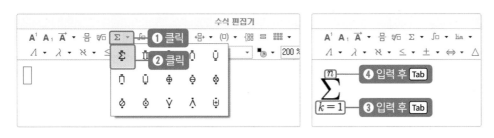

2) k를 입력하고 위첨자(A^1)를 클릭하여 삽입 ➡ 2를 입력하고 Tab 을 누름

정보기술자격(ITQ) 실전모의고사

과 목	코 드	문제유형	시험시간	수험번호	성 명
아래한글	1111	A	60분		

수험자 유의사항

◎ 수험자는 문제지를 받는 즉시 문제지와 <u>수험표상의 시험과목(프로그램)이 동일한지 반드시 확인</u>하여야 합니다.

◎ 파일명은 본인의 "수험번호-성명"으로 입력하여 답안폴더(내 PC₩문서₩ITQ)에 하나의 파일로 저장해야 하며, 답안문서 파일명이 "수험번호-성명"과 일치하지 않거나, 답안파일을 전송하지 않아 미제출로 처리될 경우 실격 처리합니다 (예:12345678-홍길동.hwp).

◎ 답안 작성을 마치면 파일을 저장하고, '답안 전송' 버튼을 선택하여 감독위원 PC로 답안을 전송하십시오. 수험생 정보와 저장한 파일명이 다를 경우 전송되지 않으므로 주의하시기 바랍니다.

◎ 답안 작성 중에도 <u>주기적으로 저장하고, '답안 전송'</u>하여야 문제 발생을 줄일 수 있습니다. 작업한 내용을 저장하지 않고 전송할 경우 이전에 저장된 내용이 전송되오니 이점 유의하시기 바랍니다.

◎ 답안문서는 지정된 경로 외의 다른 보조기억장치에 저장하는 경우, 지정된 시험 시간 외에 작성된 파일을 활용할 경우, 기타 통신수단(이메일, 메신저, 네트워크 등)을 이용하여 타인에게 전달 또는 외부 반출하는 경우는 부정 처리합니다.

◎ 시험 중 부주의 또는 고의로 시스템을 파손한 경우는 수험자가 변상해야 하며, <수험자 유의사항>에 기재된 방법대로 이행하지 않아 생기는 불이익은 수험생 당사자의 책임임을 알려 드립니다.

◎ 문제의 조건은 한컴오피스 2020 버전으로 설정되어 있으며 한컴오피스 NEO는 【 】에 표기되어 있습니다. 이와 관련하여 작성한 답안의 출력형태가 문제지와 다를 수 있습니다.

◎ 시험을 완료한 수험자는 답안파일이 전송되었는지 확인한 후 감독위원의 지시에 따라 문제지를 제출하고 퇴실합니다.

답안 작성요령

◎ **온라인 답안 작성 절차**
  수험자 등록 ⇒ 시험 시작 ⇒ 답안파일 저장 ⇒ 답안 전송 ⇒ 시험 종료

◎ **공통 부문**
  • 글꼴에 대한 기본설정은 함초롬바탕, 10포인트, 검정, 줄간격 160%, 양쪽정렬로 합니다.
  • 색상은 조건의 색을 적용하고 색의 구분이 안 될 경우에는 RGB 값을 적용하십시오.
    (빨강 255,0,0 / 파랑 0,0,255 / 노랑 255,255,0).
  • 각 문항에 주어진 《조건》에 따라 작성하고 언급하지 않은 조건은 《출력형태》와 같이 작성합니다.
  • 용지여백은 왼쪽·오른쪽 11mm, 위쪽·아래쪽·머리말·꼬리말 10mm, 제본 0mm로 합니다.
  • 그림 삽입 문제의 경우 「내 PC₩문서₩ITQ₩Picture」 폴더에서 지정된 파일을 선택하여 삽입하십시오.
  • 삽입한 그림은 반드시 문서에 포함하여 저장해야 합니다(미포함 시 감점 처리).
  • 각 항목은 지정된 페이지에 출력형태와 같이 정확히 작성하시기 바라며, 그렇지 않을 경우에 해당 항목은 0점 처리됩니다.
    ※ 페이지구분 : 1페이지 - 기능평가 I (문제번호 표시 : 1. 2.),
                    2페이지 - 기능평가 II (문제번호 표시 : 3. 4.),
                    3페이지 - 문서작성 능력평가

◎ **기능평가**
  • 문제와 《조건》은 입력하지 않으며 문제번호와 답(《출력형태》)만 작성합니다.
  • 4번 문제는 묶기를 했을 경우 0점 처리됩니다.

◎ **문서작성 능력평가**
  • A4 용지(210mm×297mm) 1매 크기, 세로 서식 문서로 작성합니다.
  • [: : : :] 표시는 문서작성에 대한 지시사항이므로 작성하지 않습니다.

3) 분수(♨)를 클릭하여 삽입 → 1을 입력하고 Tab 을 누름 → 5를 입력하고 Tab 을 누름

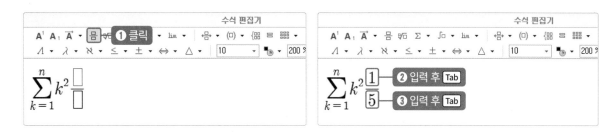

4) n(n+1)(2n+1)을 입력 → 넣기(◀▮)를 클릭

➕ 넣기(◀▮)를 클릭하기 전에 완성된 수식을 《출력형태》와 비교하여 틀린 부분이 없는지 확인합니다. 만약 틀린 부분이 있다면 해당 부분을 클릭하여 수식을 수정합니다.

❸ 두 번째 수식이 삽입된 것을 확인한 후 서식 도구 상자에서 [저장하기(🖫)]를 클릭하거나 Alt + S 를 눌러 파일을 저장합니다.

3.↵

(1) $\int_0^3 \dfrac{\sqrt{6t^2+11t-6}}{2}\,dt = 15$　　　　　　(2) $\sum_{k=1}^{n} k^2 \dfrac{1}{5} n(n+1)(2n+1)$↵

글꼴 : 굴림, 18pt, 진하게, 가운데 정렬
책갈피 이름 : 통일
덧말 넣기

머리말 기능
돋움, 10pt, 오른쪽 정렬 → 통일 우리의 미래

통일한국

정통성과 민족의 동질성 회복

문단 첫 글자 장식 기능
글꼴 : 궁서, 면색 : 노랑

각주

그림위치(내 PC₩문서₩ITQ₩Picture₩그림4.jpg, 문서에 포함)
자르기 기능 이용, 크기(40mm×40mm), 바깥 여백 왼쪽 : 2mm

통일은 남북한 국민이 한 민족⊙ 하나의 국민이라고 느끼고 남북한 단일체제 수립을 넘어 한 마음이 된 상태를 의미한다. 통일은 분단된 국토가 하나 되는 것은 물론 정치적으로 대립되었던 체제를 하나로 만드는 것이고, 경제적으로 서로 다른 제도를 하나로 거듭나게 하는 것이며, 남북주민 사이에 내면화된 이질적인 문화를 하나로 다시 탄생시키는 것이다. 우리가 추구하는 통일은 인류 보편적 가치로 자리 잡은 자유민주주의와 시장경제를 바탕으로 구성원 모두의 자유와 인권이 보장되는 민족공동체의 건설이다.

통일(統一)은 분단으로 인해 굴절된 역사를 바로잡고, 민족공동체 건설을 통해 우리 민족의 총체적 역량을 극대화하기 위해 필요하다. 또한 통일은 분단에 따른 유형, 무형적인 비용을 소멸시키고 새로운 이득(利得)을 창출함으로 인해 국가와 사회뿐 아니라 개인에게도 삶의 질을 향상시킬 것이다. 개인적 차원에서 통일은 이산가족의 고통을 해소하고 남북 간에 자유롭게 오고 가며 살 수 있는 등의 다양한 선택의 기회를 부여하며 인간적인 삶을 보장할 것이다. 통일은 21세기 한민족의 새로운 비상과 선진일류국가로 도약하기 위한 수단으로서 필요하다.

♣ 학교 통일교육의 실태와 방향

글꼴 : 궁서, 18pt, 하양
음영색 : 파랑

　가. 학교 통일교육의 실태

　　㉠ 대체로 학생들의 부정적인 통일 의식 심화

　　㉡ 정규 수업에 밀려 통일교육의 비활성화

　나. 학교 통일교육의 방향

　　㉠ 학생들의 통일문제에 대한 관심과 올바른 통일의식 함양

　　㉡ 통일 미래의 구체적인 모습과 비전 제시

문단 번호 기능 사용
1수준 : 20pt, 오른쪽정렬,
2수준 : 30pt, 오른쪽정렬
줄 간격 : 180%

표 전체 글꼴 : 굴림, 10pt, 가운데 정렬
셀 배경(그러데이션) : 유형【수평】,
시작색(하양), 끝색(노랑)

♣ 지역별 통일관 현황

글꼴 : 궁서, 18pt, 기울임, 강조점

지역	위치	운영주체	휴관
서울	서울 구로구 궁동 35번지	서서울생활과학고등학교	매주 일/공휴일
오두산	경기 파주시 통일전망대 내	민간위탁	4-10월/월요일
광주	광주 서구 화정2동	통일교육위원광주협의회	매주 월, 토
부산	부산 부산진구 자유회관 내	자유총연맹 (부산지구)	연중 무휴
기타 지역 현황		경남, 고성, 대전, 양구, 인천, 제주, 청주, 충남	

글꼴 : 돋움, 24pt, 진하게
장평 105%, 오른쪽 정렬

통일교육 운영계획

각주 구분선 : 5cm

⊙ 언어와 문화상의 공통성에 기초하여 오랜 세월 역사적으로 형성된 사회 집단

쪽 번호 매기기
6으로 시작 → ⑥

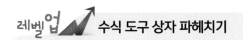

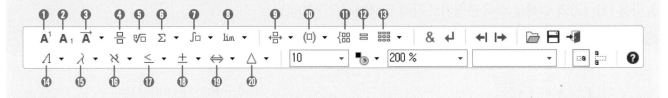

❶ 위첨자

❷ 아래첨자

❸ 장식 기호(Ā ▾)

a̅	a̅	á	à	ȧ
ä	a̱	ā	Â	Ă
Â̲	Ã	A

❹ 분수

❺ 근호

❻ 합(Σ ▾)

Σ̲	Π̲	Ī	Ǔ	Ū̲
□̲	Ū̲	⊕	⊙	⊗
⊘	⊙	⋁	⋀	⊎

❼ 적분(∫ₐ ▾)

∫	∬	∭	∮	∯
∰				

❽ 극한(lim ▾)

lim	lim	lim→0	lim→∞	Lim
Lim←	Lim→0	Lim→∞		

❾ 상호 관계(⇌ ▾)

❿ 괄호((□) ▾)

(□)	[□]	{□}	⟨□⟩	|□|
‖□‖	⌈□⌉	⌊□⌋	□̅	□̲

⓫ 경우

⓬ 세로 쌓기

⓭ 행렬(▦ ▾)

⓮ 그리스 대문자(Λ ▾)

A	B	Γ	Δ	E
Z	H	Θ	I	K
Λ	M	N	Ξ	O
Π	P	Σ	T	Υ
Φ	X	Ψ	Ω	

⓯ 그리스 소문자(λ ▾)

α	β	γ	δ	ε
ζ	η	θ	ι	κ
λ	μ	ν	ξ	o
π	ρ	σ	τ	υ
φ	χ	ψ	ω	

⓰ 그리스 기호(ℵ ▾)

ℵ	ℏ	ı	ȷ	Ω
ℓ	℘	ℑ	Å	ϑ
ϖ	ς	ϒ	φ	ϵ

⓱ 힙, 집합 기호(≤ ▾)

Σ	Π	∐	∩	∪
⊓	⊔	⊕	⊖	⊗
⊘	⊙	∨	∧	⊏
⊐	⊑	⊒	⋹	∋
⋶	≤	≥	⊏	⊐
⊂	⊃	≪	≫	⋘
⋙	<	>	⊌	

⓲ 연산, 논리 기호(± ▾)

±	∓	×	÷	∘
•	°	∗	★	○
∅	∴	∵	∷	∃
≠	≐	≑	≒	∼
≈	≅	≊	≡	⋈
⊹	◇	†	∀	′
∂	∞	¬	∝	⋎
▽	♣	♯		

⓳ 화실표(⇔ ▾)

←	→	↑	↓	↚
⇒	⇑	⇓	⇕	↔
↕	⇐	↖	↘	↗
↙	⇚	⟵	↦	∣
‖				

⓴ 기타 기호(△ ▾)

⋯	…	⋮	⋱	△
▽	∠	∢	⊿	∟
⊢	⊣	⊥	⊤	⊨
₤	℃	℉	╱	╲
※	‰	‱	♯	⬠
⬡				

3. 다음 (1), (2)의 수식을 수식 편집기로 각각 입력하시오. (40점)

《출력형태》

(1) $G = 2\int_{\frac{a}{2}}^{a} \frac{b\sqrt[3]{a^2 - x^2}}{a}\,dx$

(2) $H_n = \frac{a(r^n - 1)}{r - 1} = \frac{a(1 + r^n)}{1 - r}\,(r \neq 1)$

4. 다음의 《조건》에 따라 《출력형태》와 같이 문서를 작성하시오. (110점)

《조건》　(1) 그리기 도구를 이용하여 작성하고, 모든 도형(글맵시, 지정된 그림 포함)을 《출력형태》와 같이 작성하시오.

　　　　(2) 도형의 면색은 지시사항이 없으면 색 없음을 제외하고 서로 다르게 임의로 지정하시오.

《출력형태》

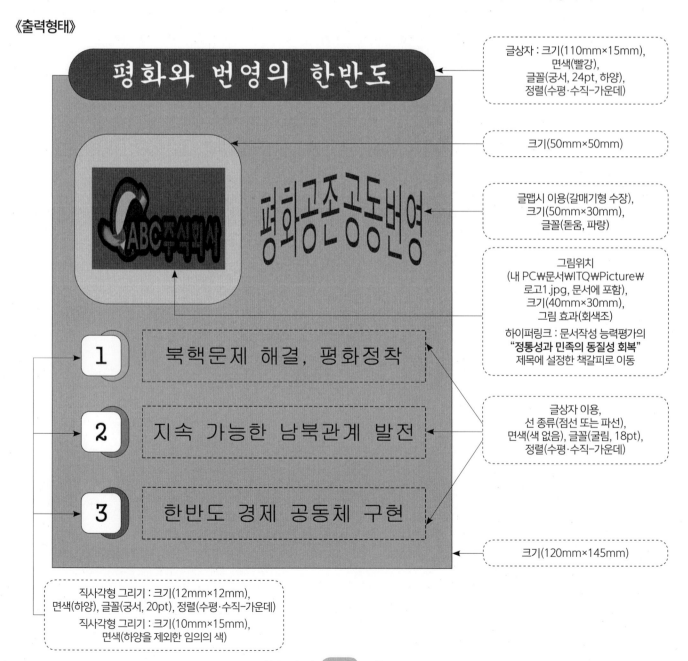

글상자 : 크기(110mm×15mm),
면색(빨강),
글꼴(궁서, 24pt, 하양),
정렬(수평·수직-가운데)

크기(50mm×50mm)

글맵시 이용(갈매기형 수장),
크기(50mm×30mm),
글꼴(돋움, 파랑)

그림위치
(내 PC₩문서₩ITQ₩Picture₩
로고1.jpg, 문서에 포함),
크기(40mm×30mm),
그림 효과(회색조)

하이퍼링크 : 문서작성 능력평가의
"정통성과 민족의 동질성 회복"
제목에 설정한 책갈피로 이동

글상자 이용,
선 종류(점선 또는 파선),
면색(색 없음), 글꼴(굴림, 18pt),
정렬(수평·수직-가운데)

크기(120mm×145mm)

직사각형 그리기 : 크기(12mm×12mm),
면색(하양), 글꼴(궁서, 20pt), 정렬(수평·수직-가운데)

직사각형 그리기 : 크기(10mm×15mm),
면색(하양을 제외한 임의의 색)

1 다음 (1), (2)의 수식을 수식 편집기로 각각 입력해 보세요.

소스파일: 05차시-01(문제).hwp
완성파일: 05차시-01(완성).hwp

《출력형태》

(1)
연산, 논리 기호 ┐   ┌ 근호

$$x = \frac{-b \pm \sqrt{b^2 - 4ac}}{2a}$$

위첨자 / 분수

(2)
합 ┐   ┌ 위첨자

$$S(n,k) = \frac{1}{k!} \sum_{r-0}^{k} (-1)^{k-r}$$

---

2 다음 (1), (2)의 수식을 수식 편집기로 각각 입력해 보세요.

소스파일: 05차시-02(문제).hwp
완성파일: 05차시-02(완성).hwp

《출력형태》

(1)
분수   그리스 소문자

$$\int_0^a \frac{dx}{\sqrt{a^2 - x^2}} = \frac{\pi}{2}$$

적분 근호 위첨자

(2)
공백 추가 / 연산, 논리 기호

$$\tan(x \pm y) = \frac{\tan x \pm \tan y}{1 \mp \tan x \tan y}$$

---

3 다음 (1), (2)의 수식을 수식 편집기로 각각 입력해 보세요.

소스파일: 05차시-03(문제).hwp
완성파일: 05차시-03(완성).hwp

《출력형태》

(1)
장식 기호 ┐

$$r = \frac{\sum (x - \overline{x})(y - \overline{y})}{\sqrt{\sum (x - \overline{x})^2 \times \sum (y - \overline{y})^2}}$$

연산, 논리 기호

(2)

$$V = \frac{1}{3} a^2 h = \frac{1}{3} a^2 \sqrt{b^2 - \frac{a^2}{2}}$$

1. 다음의《조건》에 따라 스타일 기능을 적용하여《출력형태》와 같이 작성하시오. (50점)

《조건》　(1) 스타일 이름 – unification

　　　　　(2) 문단 모양 – 왼쪽 여백 : 15pt, 문단 아래 간격 : 10pt

　　　　　(3) 글자 모양 – 글꼴 : 한글(돋움)/영문(굴림), 크기 : 10pt, 장평 : 95%, 자간 : 5%

《출력형태》

In 1960, public discussions on unification issues sprang up in various sectors in South Korean society and government felt the need to listen to the public and set up a consistent unification policy.

1960년대 통일 문제에 대한 대중의 논의는 한국 사회의 여러 분야에서 시작되었고, 정부는 국민들의 말에 귀를 기울이고 일관된 통일 정책을 수립할 필요성을 느꼈다.

2. 다음의《조건》에 따라《출력형태》와 같이 표와 차트를 작성하시오. (100점)

《표 조건》　(1) 표 전체(표, 캡션) – 돋움, 10pt

　　　　　(2) 정렬 – 문자 : 가운데 정렬, 숫자 : 오른쪽 정렬

　　　　　(3) 셀 배경(면색) : 노랑

　　　　　(4) 한글의 계산 기능을 이용하여 빈칸에 합계를 구하고, 캡션 기능 사용할 것

　　　　　(5) 선 모양은《출력형태》와 동일하게 처리할 것

《출력형태》

남북 주요도시 인구현황(단위 : 만 명)

지역	서울	부산	평양	청진	합계
1970년	568	204	98	30	
2000년	1,007	373	277	59	
2018년	972	341	290	64	
2020년	963	339	294	65	✕

《차트 조건》　(1) 차트 데이터는 표 내용에서 지역별 1970년, 2000년, 2018년의 값만 이용할 것

　　　　　(2) 종류 – <묶은 가로 막대형>으로 작업할 것

　　　　　(3) 제목 – 【굴림, 진하게, 12pt, 배경 – 선 모양(한 줄로), 그림자(2pt)】

　　　　　(4) 제목 이외의 전체 글꼴 – 굴림, 보통, 10pt

　　　　　(5) 축제목과 범례는《출력형태》와 동일하게 처리할 것

《출력형태》

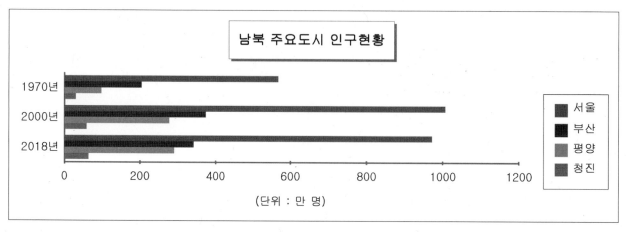

4 다음 (1), (2)의 수식을 수식 편집기로 각각 입력해 보세요.

소스파일: 05차시-04(문제).hwp
완성파일: 05차시-04(완성).hwp

《출력형태》

(1)
$$\frac{\lim\limits_{x \to \infty} 1 - \dfrac{1}{x}}{\sqrt{1 + \dfrac{3}{x} + \dfrac{1}{x^2} + 1}} = \lim\limits_{x \to \infty} \frac{1}{\sqrt{x+1}}$$

극한

(2)
괄호
아래첨자
연산, 논리 기호
$$\frac{\left| \dfrac{d}{dx} lnx \right|_{x=0.90} (2,3-1) \cdot (4,-1,-5)}{10^{\log\left\{ \frac{1}{e-1} \int_0^1 e^x dx \right\}}}$$

괄호

5 다음 (1), (2)의 수식을 수식 편집기로 각각 입력해 보세요.

소스파일: 05차시-05(문제).hwp
완성파일: 05차시-05(완성).hwp

《출력형태》

(1) $$\vec{F} = -\frac{4\pi^2 m}{T^2} + \frac{m}{T^3}$$

(2) $$\overline{AB} = \sqrt{(x_2 - x_1)^2 + (y_2 - y_1)^2}$$

6 다음 (1), (2)의 수식을 수식 편집기로 각각 입력해 보세요.

소스파일: 05차시-06(문제).hwp
완성파일: 05차시-06(완성).hwp

《출력형태》

(1) $$\frac{F}{h_2} = t_2 k_1 \frac{t_1}{d} = 2 \times 10^{-7} \frac{t_1 t_2}{d}$$

(2) $$\int_a^b A(x-a)(x-b)dx = -\frac{A}{6}(b-a)^3$$

정보기술자격(ITQ) 실전모의고사

과 목	코 드	문제유형	시험시간	수험번호	성 명
아래한글	1111	A	60분		

수험자 유의사항

◎ 수험자는 문제지를 받는 즉시 문제지와 **수험표상의 시험과목(프로그램)이 동일한지 반드시 확인**하여야 합니다.

◎ 파일명은 본인의 "수험번호−성명"으로 입력하여 답안폴더(내 PC\문서\ITQ)에 하나의 파일로 저장해야 하며, 답안문서 파일명이 "수험번호−성명"과 일치하지 않거나, 답안파일을 전송하지 않아 미제출로 처리될 경우 실격 처리합니다 (예:12345678−홍길동.hwp).

◎ 답안 작성을 마치면 파일을 저장하고, '답안 전송' 버튼을 선택하여 감독위원 PC로 답안을 전송하십시오. 수험생 정보와 저장한 파일명이 다를 경우 전송되지 않으므로 주의하시기 바랍니다.

◎ 답안 작성 중에도 **주기적으로 저장하고, '답안 전송'**하여야 문제 발생을 줄일 수 있습니다. 작업한 내용을 저장하지 않고 전송할 경우 이전에 저장된 내용이 전송되오니 이점 유의하시기 바랍니다.

◎ 답안문서는 지정된 경로 외의 다른 보조기억장치에 저장하는 경우, 지정된 시험 시간 외에 작성된 파일을 활용할 경우, 기타 통신수단(이메일, 메신저, 네트워크 등)을 이용하여 타인에게 전달 또는 외부 반출하는 경우는 부정 처리합니다.

◎ 시험 중 부주의 또는 고의로 시스템을 파손한 경우는 수험자가 변상해야 하며, <수험자 유의사항>에 기재된 방법대로 이행 하지 않아 생기는 불이익은 수험생 당사자의 책임임을 알려 드립니다.

◎ 문제의 조건은 한컴오피스 2020 버전으로 설정되어 있으며 한컴오피스 NEO는 【 】에 표기되어 있습니다. 이와 관련하여 작성한 답안의 출력형태가 문제지와 다를 수 있습니다.

◎ 시험을 완료한 수험자는 답안파일이 전송되었는지 확인한 후 감독위원의 지시에 따라 문제지를 제출하고 퇴실합니다.

답안 작성요령

◎ **온라인 답안 작성 절차**
　　수험자 등록 ⇒ 시험 시작 ⇒ 답안파일 저장 ⇒ 답안 전송 ⇒ 시험 종료

◎ **공통 부문**
　• 글꼴에 대한 기본설정은 함초롬바탕, 10포인트, 검정, 줄간격 160%, 양쪽정렬로 합니다.
　• 색상은 조건의 색을 적용하고 색의 구분이 안 될 경우에는 RGB 값을 적용하십시오.
　　(빨강 255,0,0 / 파랑 0,0,255 / 노랑 255,255,0).
　• 각 문항에 주어진 《조건》에 따라 작성하고 언급하지 않은 조건은 《출력형태》와 같이 작성합니다.
　• 용지여백은 왼쪽 ·오른쪽 11mm, 위쪽·아래쪽·머리말·꼬리말 10mm, 제본 0mm로 합니다.
　• 그림 삽입 문제의 경우 「내 PC\문서\ITQ\Picture」 폴더에서 지정된 파일을 선택하여 삽입하십시오.
　• 삽입한 그림은 반드시 문서에 포함하여 저장해야 합니다(미포함 시 감점 처리).
　• 각 항목은 지정된 페이지에 출력형태와 같이 정확히 작성하시기 바라며, 그렇지 않을 경우에 해당 항목은 0점 처리됩니다.
　　※ 페이지구분 : 1페이지 − 기능평가 I (문제번호 표시 : 1. 2.),
　　　　　　　　　　 2페이지 − 기능평가 II (문제번호 표시 : 3. 4.),
　　　　　　　　　　 3페이지 − 문서작성 능력평가

◎ **기능평가**
　• 문제와 《조건》은 입력하지 않으며 문제번호와 답(《출력형태》)만 작성합니다.
　• 4번 문제는 묶기를 했을 경우 0점 처리됩니다.

◎ **문서작성 능력평가**
　• A4 용지(210mm×297mm) 1매 크기, 세로 서식 문서로 작성합니다.
　• [ ] 표시는 문서작성에 대한 지시사항이므로 작성하지 않습니다.

[기능평가Ⅱ] 도형 그리기
(110점/150점)

- 도형과 글상자를 이용하여 문서를 작성합니다.
- 글맵시를 삽입한 후 크기를 변경합니다.
- 그림을 삽입한 후 하이퍼링크를 지정합니다.

출제 유형 미리보기

소스파일: 06차시(문제).hwp   완성파일: 06차시(완성).hwp

4. 다음의 《조건》에 따라 《출력형태》와 같이 문서를 작성하시오.(110점)

《조건》

(1) 그리기 도구를 이용하여 작성하고, 모든 도형(글맵시, 지정된 그림 포함)을 《출력형태》와 같이 작성하시오.
(2) 도형의 면색은 지시사항이 없으면 색 없음을 제외하고 서로 다르게 임으로 지정하시오.

《출력형태》

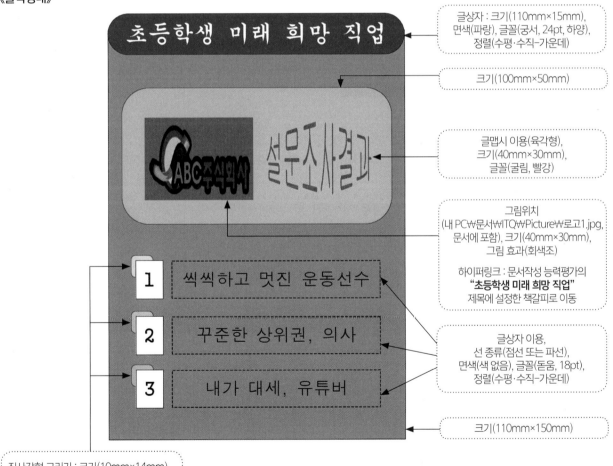

글상자 : 크기(110mm×15mm),
면색(파랑), 글꼴(궁서, 24pt, 하양),
정렬(수평·수직-가운데)

크기(100mm×50mm)

글맵시 이용(육각형),
크기(40mm×30mm),
글꼴(굴림, 빨강)

그림위치
(내 PC\문서\ITQ\Picture\로고1.jpg,
문서에 포함), 크기(40mm×30mm),
그림 효과(회색조)

하이퍼링크 : 문서작성 능력평가의
"초등학생 미래 희망 직업"
제목에 설정한 책갈피로 이동

글상자 이용,
선 종류(점선 또는 파선),
면색(색 없음), 글꼴(돋움, 18pt),
정렬(수평·수직-가운데)

크기(110mm×150mm)

직사각형 그리기 : 크기(10mm×14mm),
면색(하양), 글꼴(궁서, 20pt),
정렬(수평·수직-가운데)

직사각형 그리기 : 크기(8mm×8mm),
면색(하양을 제외한 임의의 색)

⭐ **과정 미리보기** 바탕 도형 삽입 ➔ 중간 도형 삽입 ➔ 제목 글상자 삽입 ➔ 그림&글맵시 삽입 ➔ 목차 도형 삽입 ➔ 책갈피&하이퍼링크 삽입

글꼴 : 굴림, 18pt, 진하게, 가운데 정렬
책갈피 이름 : 자전거교통
덧말 넣기

머리말 기능
돋움, 10pt, 오른쪽 정렬 → 자전거 교통포털

문단 첫 글자 장식 기능
글꼴 : 궁서, 면색 : 노랑

안전을 위한 자전거 교육
자전거 안전하게 이용하기

그림위치(내 PC₩문서₩ITQ₩Picture₩그림5.jpg, 문서에 포함)
자르기 기능 이용, 크기(40mm×40mm), 바깥 여백 왼쪽 : 2mm

자전거는 걸음마를 하는 유아부터 걷기조차 힘든 노인까지 이용할 수 있는 운동기구이면서 이동수단이다. 유아기에 처음 접하는 유아용 세발자전거는 단순 놀이기구 수준이지만 이때부터 안전이용에 관한 인식을 심어주는 것이 중요(重要)하다.

　초등학교에 입학하면서부터 어린이들은 본격적으로 도로교통법에 적용되는 두발 자전거를 이용하게 된다. 자전거의 속도가 빨라지기 때문에 자전거를 조절하는 능력도 향상시켜야 한다. 따라서 자전거를 안전하게 이용할 수 있도록 안전한 자전거 이용방법과 기본적인 교통법규준수에 대한 교육이 반드시 필요하다. 청소년기로 접어드는 중학생에서 성인에 이르기까지 자전거는 교통수단으로 이용되며 이용 도중에 문제가 발생하는 경우에 대비하여 기초적인 정비①와 응급처치에 대한 교육을 해야 한다. 나이가 들면서 신체와 정신의 기능적 불균형, 즉 생각하는 대로 행동이 따르지 않아 안전 등에 문제가 발생할 수 있기 때문에 고령자를 위한 자전거 교육이 필요하다. 자전거 교육은 평생교육이기 때문에 지속적으로 진행되어야 한다. 자전거 이용자로서 지켜야 할 안전한 자전거 이용방법을 제대로 알고 지켜서 밝고 건강한 자전거 생활 문화를 정착(定着)시켜야 한다.

각주

◆ 왜 자전거 타기가 좋을까

글꼴 : 돋움, 18pt, 하양
음영색 : 파랑

　가. 개인적 이점

　　㉮ 생활 속 운동 : 부족한 운동을 보충할 수 있어 건강을 유지

　　㉯ 스트레스 해소 : 새로운 마음가짐과 건강하고 건전한 정신 함양

　나. 사회적 이점

　　㉮ 경제적 이득 : 인구의 1% 자전거 이용 시 연간 약 2,200억 원 이득

　　㉯ 환경 보전 : 이산화탄소 발생을 연간 600kg 감소 시킴

문단 번호 기능 사용
1수준 : 20pt, 오른쪽정렬,
2수준 : 30pt, 오른쪽정렬
줄 간격 : 180%

표 전체 글꼴 : 돋움, 10pt, 가운데 정렬
셀 배경(그러데이션) : 유형【수평】,
시작색(하양), 끝색(노랑)

◆ *자전거 관련 규정 및 안전*

글꼴 : 돋움, 18pt, 기울임, 강조점

구분	항목	관련 규정 또는 상황	내용
규정	우측통행 위반	도로교통법 제13조 제3항	차의 운전자는 도로의 중앙으로부터 우측부분을 통행
	통행방법 위반	도로교통법 제13조의2	자전거도로가 있으면 자전거도로로 통행
안전	도로 횡단 시	자전거횡단도 없을 경우	차의 직진신호에 따라 오른쪽 가장자리로 지나간다.
		자전거횡단도 있을 경우	신호에 따라 자전거를 타고 지나간다.
	자전거 통학 시		안전한 통학로 이용, 안전모 착용

글꼴 : 궁서, 24pt, 진하게
장평 110%, 오른쪽 정렬

한국교통연구원

각주 구분선 : 5cm

① 앞뒤 브레이크 위치 확인, 차체와 핸들은 올바른지 확인, 타이어의 공기압이 적정한지 확인

쪽 번호 매기기
4로 시작 → 라

❶ 06차시(문제).hwp 파일을 실행한 후 2페이지에 입력된 문제 번호(4.)의 다음 줄을 클릭합니다. 바탕 도형을 삽입하기 위해 [입력] 탭-[직사각형(□)]을 클릭합니다.

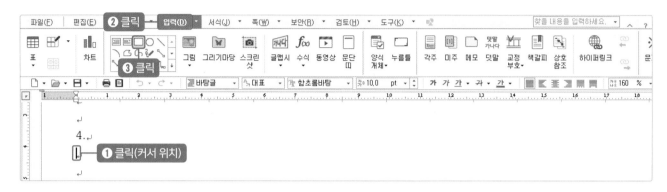

❷ 마우스 포인터의 모양이 '+'로 바뀌면 드래그하여 직사각형 도형을 삽입합니다.

❸ 도형의 크기를 변경하기 위해 도형을 더블 클릭합니다.

➕ 도형 위에서 마우스 오른쪽 버튼을 클릭하여 [개체 속성]을 선택하거나, 도형을 선택한 후 P를 눌러도 됩니다.

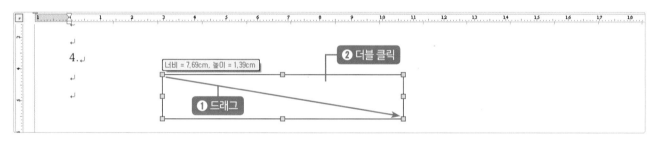

시험꿀팁

맨 뒤쪽의 바탕이 되는 도형을 먼저 만든 후 앞쪽 도형을 차례로 작성하는 것이 좋습니다.

❹ [개체 속성] 대화상자가 나타나면 [기본] 탭에서
너비(110mm)와 높이(150mm)를 입력한 후
크기 고정 항목에 **체크**합니다.

➕ '크기 고정' 항목을 체크하면 너비와 높이가 변경되는 것을
방지할 수 있습니다.

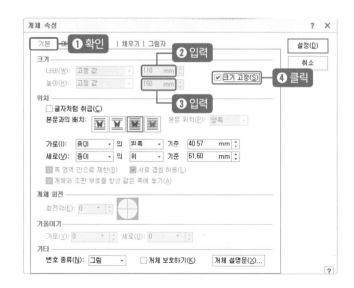

시험꿀팁

바탕 도형은 '너비'와 '높이' 값만 조건으로 제시됩니다.

3. 다음 (1), (2)의 수식을 수식 편집기로 각각 입력하시오. (40점)

《출력형태》

(1) $\int_{1}^{2} \dfrac{\sqrt{3t^2 + 15 - t10 - 2}}{10 - 5}\, at = 12$

(2) $\triangle W = \dfrac{1}{2} m (f_x)^2 + \dfrac{1}{2} m (f_y)^2$

4. 다음의 《조건》에 따라 《출력형태》와 같이 문서를 작성하시오. (110점)

《조건》   (1) 그리기 도구를 이용하여 작성하고, 모든 도형(글맵시, 지정된 그림 포함)을 《출력형태》와 같이
작성하시오.

(2) 도형의 면색은 지시사항이 없으면 색 없음을 제외하고 서로 다르게 임의로 지정하시오.

《출력형태》

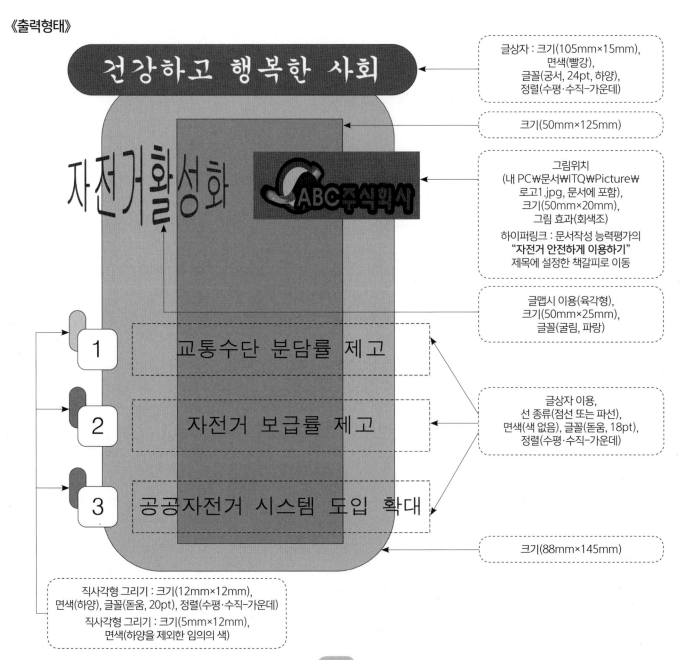

글상자 : 크기(105mm×15mm),
면색(빨강),
글꼴(궁서, 24pt, 하양),
정렬(수평·수직–가운데)

크기(50mm×125mm)

그림위치
(내 PC₩문서₩ITQ₩Picture₩
로고1.jpg, 문서에 포함),
크기(50mm×20mm),
그림 효과(회색조)

하이퍼링크 : 문서작성 능력평가의
"자전거 안전하게 이용하기"
제목에 설정한 책갈피로 이동

글맵시 이용(육각형),
크기(50mm×25mm),
글꼴(굴림, 파랑)

글상자 이용,
선 종류(점선 또는 파선),
면색(색 없음), 글꼴(돋움, 18pt),
정렬(수평·수직–가운데)

크기(88mm×145mm)

직사각형 그리기 : 크기(12mm×12mm),
면색(하양), 글꼴(돋움, 20pt), 정렬(수평·수직–가운데)
직사각형 그리기 : 크기(5mm×12mm),
면색(하양을 제외한 임의의 색)

1 교통수단 분담률 제고

2 자전거 보급률 제고

3 공공자전거 시스템 도입 확대

❺ [채우기] 탭을 클릭하여 색-면 색에서 임의의 색을 지정한 후 <설정>을 클릭합니다. 이어서, 《출력형태》를 참고하여 도형의 위치를 변경합니다.

➕ · 면색에 대한 별도의 지시사항이 없으면 '하양'이나 '색 채우기 없음'을 제외한 임의의 색을 지정합니다.
· 도형의 위치는 마우스로 드래그하거나 키보드 방향키를 이용하여 변경할 수 있습니다.

02 중간 도형 삽입하기

크기(100mm×50mm)

❶ 중간 도형을 삽입하기 위해 [입력] 탭-[직사각형(□)]을 클릭합니다. 마우스 포인터의 모양이 '╋'로 바뀌면 《출력형태》를 참고하여 비슷한 위치에 삽입한 후 도형을 더블 클릭합니다.

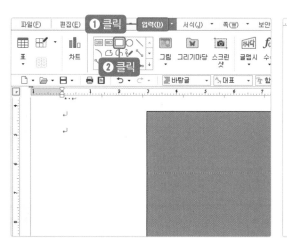 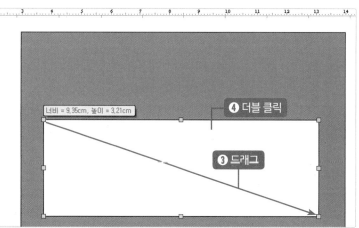

❷ [개체 속성] 대화상자가 나타나면 [기본] 탭에서 너비(100mm)와 높이(50mm)를 입력한 후 크기 고정 항목에 체크합니다.

시험꿀팁
중간 도형은 '너비'와 '높이' 값만 조건으로 제시됩니다.

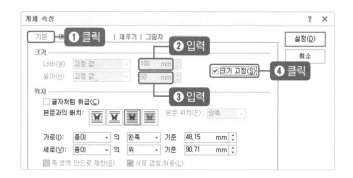

1. 다음의 《조건》에 따라 스타일 기능을 적용하여 《출력형태》와 같이 작성하시오. (50점)

《조건》   (1) 스타일 이름 – bicycle

            (2) 문단 모양 – 첫 줄 들여쓰기 : 15pt, 문단 아래 간격 : 10pt

            (3) 글자 모양 – 글꼴 : 한글(돋움)/영문(굴림), 크기 : 10pt, 장평 : 105%, 자간 : -5%

《출력형태》

    A bicycle, also called a cycle or bike, is a human-powered or motor-powered, pedal-driven, single-track vehicle, having two wheels attached to a frame, one behind the other.

    두 바퀴를 연결해서 발을 박차는 단순하고 원시적인 두 바퀴 탈 것에 대한 상상은 이집트 사원의 벽화, 고대 중국 등 여러 지역에서 나타나고 있으며 맥밀란에 의해 페달식 크랭크가 발명되었다.

2. 다음의 《조건》에 따라 《출력형태》와 같이 표와 차트를 작성하시오. (100점)

《표 조건》   (1) 표 전체(표, 캡션) – 궁서, 10pt

            (2) 정렬 – 문자 : 가운데 정렬, 숫자 : 오른쪽 정렬

            (3) 셀 배경(면색) : 노랑

            (4) 한글의 계산 기능을 이용하여 빈칸에 평균(소수점 두 자리)을 구하고, 캡션 기능 사용할 것

            (5) 선 모양은 《출력형태》와 동일하게 처리할 것

《출력형태》

연도별 자전거 통근통학 인구수(단위 : 천 명)

구분	2000년	2005년	2010년	2015년	평균
인천	1,167	1,242	1,444	1,507	
광주	648	702	825	830	
대전	666	712	832	846	
울산	488	530	609	646	✕

《차트 조건》   (1) 차트 데이터는 표 내용에서 연도별 인천, 광주, 대전의 값만 이용할 것

            (2) 종류 – <꺾은선형>으로 작업할 것

            (3) 제목 –【굴림, 진하게, 12pt, 배경 – 선 모양(한 줄로), 그림자(2pt)】

            (4) 제목 이외의 전체 글꼴 – 굴림, 보통, 10pt

            (5) 축제목과 범례는 《출력형태》와 동일하게 처리할 것

《출력형태》

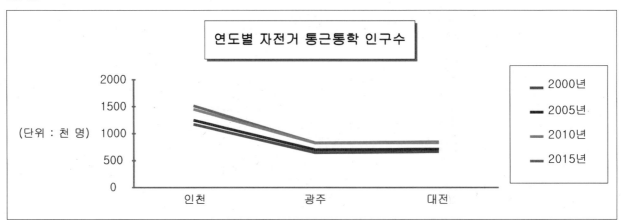

❸ [선] 탭을 클릭하여 '사각형 모서리 곡률' 항목에서 **둥근 모양(▢)**을 선택합니다.

❹ 계속해서 **[채우기] 탭**을 선택하여 **색-면 색**에서 임의의 색을 선택한 후 <설정>을 클릭합니다.

➕ 사각형 모서리 곡률에 대한 별도의 지시사항이 없기 때문에 《출력형태》를 참고하여 작업합니다.

❺ 도형이 완성되면 《출력형태》를 참고하여 적당한 위치로 드래그하여 이동시킵니다.

➕ 키보드 방향키(↑, ↓, ←, →)를 이용하면 도형의 위치를 세밀하게 변경할 수 있습니다.

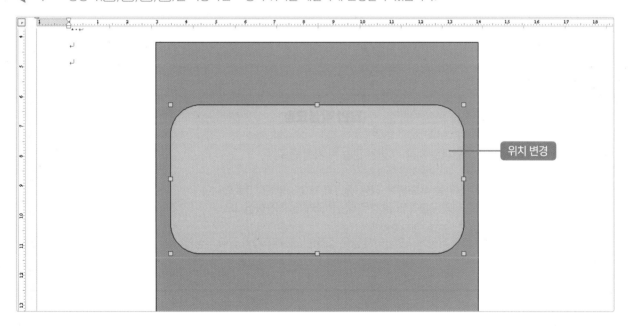

레벨업 📈 **겹쳐진 도형의 순서 변경하기**

겹쳐진 도형이 《출력형태》와 다를 경우에는 순서를 변경할 도형을 선택한 후 [도형(🔲)]-[맨 앞으로(🔲)] 또는 [맨 뒤로(🔲)]를 클릭합니다.

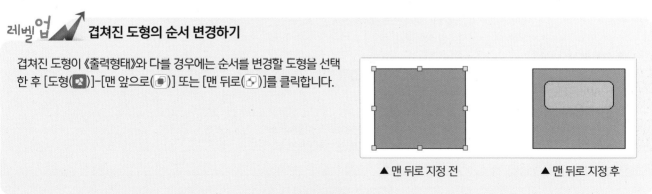

▲ 맨 뒤로 지정 전　　　　　▲ 맨 뒤로 지정 후

정보기술자격(ITQ) 실전모의고사

과 목	코 드	문제유형	시험시간	수험번호	성 명
아래한글	1111	A	60분		

수험자 유의사항

◎ 수험자는 문제지를 받는 즉시 문제지와 <u>수험표상의 시험과목(프로그램)이 동일한지 반드시 확인</u>하여야 합니다.

◎ 파일명은 본인의 "수험번호-성명"으로 입력하여 답안폴더(내 PC₩문서₩ITQ)에 하나의 파일로 저장해야 하며, 답안문서 파일명이 "수험번호-성명"과 일치하지 않거나, 답안파일을 전송하지 않아 미제출로 처리될 경우 실격 처리합니다 (예:12345678-홍길동.hwp).

◎ 답안 작성을 마치면 파일을 저장하고, '답안 전송' 버튼을 선택하여 감독위원 PC로 답안을 전송하십시오. 수험생 정보와 저장한 파일명이 다를 경우 전송되지 않으므로 주의하시기 바랍니다.

◎ 답안 작성 중에도 <u>주기적으로 저장하고, '답안 전송'</u>하여야 문제 발생을 줄일 수 있습니다. 작업한 내용을 저장하지 않고 전송할 경우 이전에 저장된 내용이 전송되오니 이점 유의하시기 바랍니다.

◎ 답안문서는 지정된 경로 외의 다른 보조기억장치에 저장하는 경우, 지정된 시험 시간 외에 작성된 파일을 활용할 경우, 기타 통신수단(이메일, 메신저, 네트워크 등)을 이용하여 타인에게 전달 또는 외부 반출하는 경우는 부정 처리합니다.

◎ 시험 중 부주의 또는 고의로 시스템을 파손한 경우는 수험자가 변상해야 하며, <수험자 유의사항>에 기재된 방법대로 이행 하지 않아 생기는 불이익은 수험생 당사자의 책임임을 알려 드립니다.

◎ 문제의 조건은 한컴오피스 2020 버전으로 설정되어 있으며 한컴오피스 NEO는 【 】에 표기되어 있습니다. 이와 관련하여 작성한 답안의 출력형태가 문제지와 다를 수 있습니다.

◎ 시험을 완료한 수험자는 답안파일이 전송되었는지 확인한 후 감독위원의 지시에 따라 문제지를 제출하고 퇴실합니다.

답안 작성요령

◎ **온라인 답안 작성 절차**
　수험자 등록 ⇒ 시험 시작 ⇒ 답안파일 저장 ⇒ 답안 전송 ⇒ 시험 종료

◎ **공통 부문**
　• 글꼴에 대한 기본설정은 함초롬바탕, 10포인트, 검정, 줄간격 160%, 양쪽정렬로 합니다.
　• 색상은 조건의 색을 적용하고 색의 구분이 안 될 경우에는 RGB 값을 적용하십시오.
　　(빨강 255,0,0 / 파랑 0,0,255 / 노랑 255,255,0).
　• 각 문항에 주어진 《조건》에 따라 작성하고 언급하지 않은 조건은 《출력형태》와 같이 작성합니다.
　• 용지여백은 왼쪽·오른쪽 11mm, 위쪽·아래쪽·머리말·꼬리말 10mm, 제본 0mm로 합니다.
　• 그림 삽입 문제의 경우 「내 PC₩문서₩ITQ₩Picture」 폴더에서 지정된 파일을 선택하여 삽입하십시오.
　• 삽입한 그림은 반드시 문서에 포함하여 저장해야 합니다(미포함 시 감점 처리).
　• 각 항목은 지정된 페이지에 출력형태와 같이 정확히 작성하시기 바라며, 그렇지 않을 경우에 해당 항목은 0점 처리됩니다.
　　※ 페이지구분 : 1페이지 – 기능평가 I (문제번호 표시 : 1. 2.),
　　　　　　　　　 2페이지 – 기능평가 II (문제번호 표시 : 3. 4.),
　　　　　　　　　 3페이지 – 문서작성 능력평가

◎ **기능평가**
　• 문제와 《조건》은 입력하지 않으며 문제번호와 답(《출력형태》)만 작성합니다.
　• 4번 문제는 묶기를 했을 경우 0점 처리됩니다.

◎ **문서작성 능력평가**
　• A4 용지(210mm×297mm) 1매 크기, 세로 서식 문서로 작성합니다.
　• ⌜⋯⋯⌟ 표시는 문서작성에 대한 지시사항이므로 작성하지 않습니다.

글상자 : 크기(110mm×15mm), 면색(파랑), 글꼴(궁서, 24pt, 하양), 정렬(수평·수직-가운데)

❶ 제목이 입력될 글상자를 만들기 위해 **[입력] 탭-[가로 글상자(▤)]**를 클릭합니다. 마우스 포인터의 모양이 '**十**'로 바뀌면 《출력형태》를 참고하여 비슷한 위치에 삽입한 후 글상자의 테두리를 더블 클릭합니다.

➕ 글상자 바로 가기 키 : [Ctrl]+[N], [B]

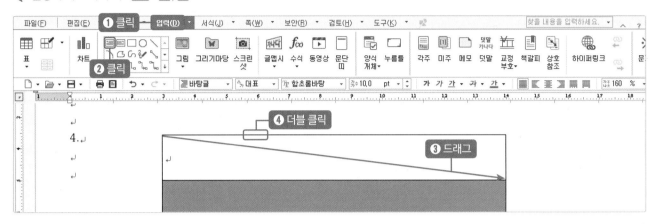

❷ **[개체 속성]** 대화상자가 나타나면 **[기본] 탭**에서 **너비(110mm)**와 **높이(15mm)**를 입력한 후 **크기 고정** 항목에 **체크**합니다.

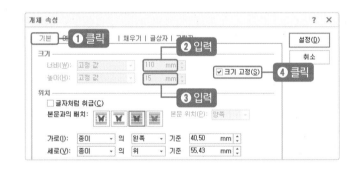

❸ **[선] 탭**을 클릭하여 '사각형 모서리 곡률' 항목에서 **반원(▢)**을 선택합니다.

❹ 계속해서 **[채우기] 탭**을 클릭하여 **색-면 색**에서 **파랑**을 선택한 후 **<설정>**을 클릭합니다.

➕ '파랑'은 색상 테마(▶)에서 [오피스] 테마로 변경해야 선택할 수 있습니다.

시험꿀팁

제목 글상자의 면색은 《조건》에 제시된 색상으로 지정하며, '파랑과 빨강'이 주로 출제되고 있습니다.

글꼴 : 궁서, 18pt, 진하게, 가운데 정렬
책갈피 이름 : 보안
덧말 넣기

머리말 기능
굴림, 10pt, 오른쪽 정렬 →인터넷 보호나라

문단 첫 글자 장식 기능
글꼴 : 돋움, 면색 : 노랑

사이버위협
가상통화 거래소 해킹 사고

그림위치(내 PC\문서\ITQ\Picture\그림4.jpg, 문서에 포함)
자르기 기능 이용, 크기(40mm×35mm), 바깥 여백 왼쪽 : 2mm

지 난해 가상통화 관련 문제가 최고의 이슈가 되었다. 국내(國內) 가상통화거래소 해킹
으로 인한 파산, 정보유출 등 각종 사고가 지속적으로 발생하였고, 각 언론보도를
통해 끊임없이 언급되었다. 또한 자율주행차 등 사물인터넷 관련 사이버 이슈들도 지속적으
로 언론에 보도되었으며, 해외에서는 에퀴팩스 개인정보 유출 사고 관련 이슈 등이 보도되
었다. 가상통화는 그 자체의 이슈뿐만 아니라 랜섬웨어, 채굴형 악성코드 등과 결합하여 지
능화되고 있는 사이버 범죄 세계의 새로운 수익 모델이 되고 있다. 이에 따라 국회 공청회
등에서 법 제정을 위한 논의가 본격적으로 시작되었다.

정보 수집량이 증가하면서 사이버 위협이 확산되고 이를 효과적으로 처리하기 위해선 인공지능기술이 절대적(絕對
的)으로 필요한 상황이다. 일반적으로 인공지능기술을 위해서는 데이터모델, 프로세싱 파워, 빅데이터 등 3가지 요소
가 필요하다. 이 중에서도 빅데이터, 즉 관련 데이터가 대량으로 필요한데 하나의 기관 데이터 뿐 아니라 타 기관들
의 데이터도 필요하게 된다. 따라서 인공지능㉠의 정확도를 높이기 위해서는 데이터 공유가 꼭 필요하고 이를 어떻게
해결하느냐가 관건이다.

각주

글꼴 : 굴림, 18pt, 하양
음영색 : 빨강
♣ 랜섬웨어 감염경로 및 대책

I) 신뢰할 수 없는 사이트

    (i) 단순한 홈페이지 방문만으로도 감염

    (ii) 주로 드라이브 바이 다운로드 기법을 통해 유포

II) 스팸메일 및 스피어피싱

    (i) 출처가 불분명한 e-mail을 통한 파일, 주소 링크

    (ii) 첨부파일 실행 또는 주소 링크 클릭에 주의가 필요

문단 번호 기능 사용
1수준 : 20pt, 오른쪽정렬,
2수준 : 30pt, 오른쪽정렬
줄 간격 : 180%

표 전체 글꼴 : 돋움, 10pt, 가운데 정렬
셀 배경(그러데이션) : 유형【수평】,
시작색(하양), 끝색(노랑)

글꼴 : 굴림, 18pt, 기울임, 강조점
♣ 정보보호지원센터 구축현황

센터명	구축시기	위치	관할지역
대구센터	2014년 12월	대구광역시 북구 연암로	대구, 경북
호남센터	2015년 08월	광주광역시 서구 양동	광주, 전남, 전북, 제주
중부센터		청주시 청원구 오창읍	충북, 충남, 대전, 강원
동남센터		부산광역시 해운대구 센터중앙로	부산, 경남
경기센터	2016년 10월	성남시 수정구 대왕판교로	경기

글꼴 : 돋움, 24pt, 진하게
장평 110%, 오른쪽 정렬
한국인터넷진흥원

각주 구분선 : 5cm

㉠ 인간의 학습, 추론, 지각 및 자연언어의 이해능력 등을 컴퓨터 프로그램으로 실현한 기술

쪽 번호 매기기
5로 시작 →⑤

❺ 글상자가 완성되면 《출력형태》를 참고하여 키보드 방향키(←, →, ↑, ↓)로 위치를 변경합니다.

❻ Esc 를 눌러 글상자 선택을 해제한 후 글상자 안을 클릭하여 **제목(초등학생 미래 희망 직업)**을 입력합니다.

➕ 문서의 빈 공간을 클릭해도 글상자의 선택을 해제할 수 있습니다.

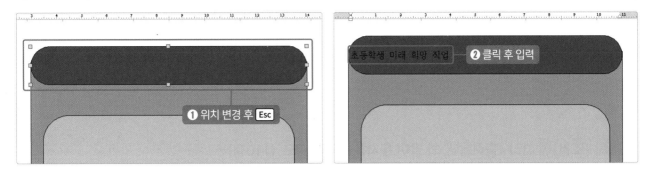

❼ 제목 내용을 마우스로 드래그하여 블록으로 지정한 후 서식 도구 상자에서 **글꼴(궁서), 글자 크기(24pt)**,
글자 색(하양), 가운데 정렬(▤)을 지정합니다. 이어서, Esc 를 눌러 블록을 해제합니다.

➕ · 텍스트를 블록으로 지정하지 않고 글상자의 테두리를 선택한 후 글꼴 서식을 변경해도 결과는 동일합니다.
· '수직-가운데' 정렬은 기본값이기 때문에 눈으로만 확인하며, 만약 수정을 해야 한다면 [개체 속성] 대화상자의 [글상자] 탭에서
'속성-세로 정렬'을 가운데로 변경합니다.

시험꿀팁

글꼴은 '궁서, 돋움, 굴림', 글자 크기는 '20~24pt'가 주로 출제되며, 글자 색은 '하양', 정렬은 '수평·수직-가운데'가 고정적으로 출제되고 있습니다.

---

04 그림 및 글맵시 삽입하기

· 그림위치(내 PC₩문서₩ITQ₩Picture₩로고1.jpg, 문서에 포함), 크기(40mm×30mm), 그림 효과(회색조)
· 글맵시 이용(육각형), 크기(40mm×30mm), 글꼴(굴림, 빨강)

---

1. 그림 삽입하기

❶ 그림을 삽입하기 위해 **[입력] 탭-[그림(🖼)]**을 클릭합니다.

➕ 그림 바로 가기 키 : Ctrl+N, I

3. 다음 (1), (2)의 수식을 수식 편집기로 각각 입력하시오. (40점)

《출력형태》

(1) $\int_0^3 \dfrac{\sqrt{6t^2 - 18t + 12}}{5}\, dt = 11$

(2) $\dfrac{b}{\sqrt{a^2 + b^2}} = \dfrac{2\tan\theta}{1 + \tan^2\theta}$

4. 다음의 《조건》에 따라 《출력형태》와 같이 문서를 작성하시오. (110점)

《조건》　　(1) 그리기 도구를 이용하여 작성하고, 모든 도형(글맵시, 지정된 그림 포함)을 《출력형태》와 같이
　　　　　　　　작성하시오.
　　　　　　(2) 도형의 면색은 지시사항이 없으면 색 없음을 제외하고 서로 다르게 임의로 지정하시오.

《출력형태》

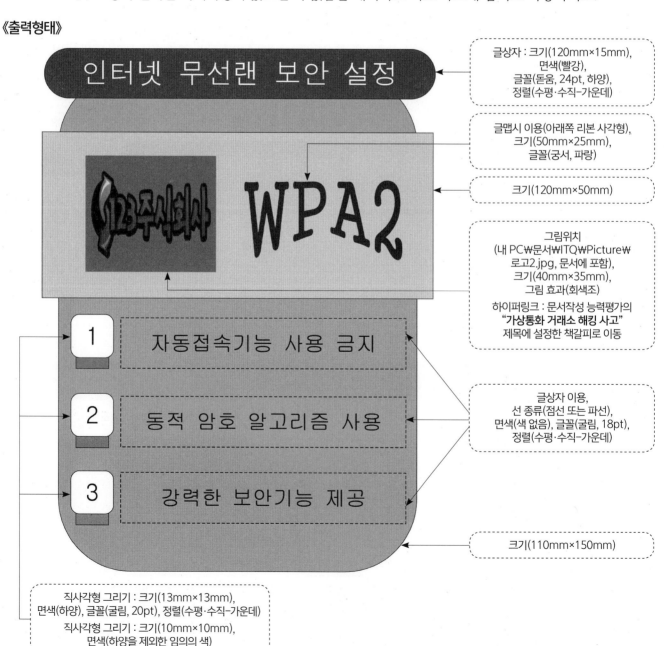

글상자 : 크기(120mm×15mm),
면색(빨강),
글꼴(돋움, 24pt, 하양),
정렬(수평·수직-가운데)

글맵시 이용(아래쪽 리본 사각형),
크기(50mm×25mm),
글꼴(궁서, 파랑)

크기(120mm×50mm)

그림위치
(내 PC₩문서₩ITQ₩Picture₩
로고2.jpg, 문서에 포함),
크기(40mm×35mm),
그림 효과(회색조)

하이퍼링크 : 문서작성 능력평가의
"가상통화 거래소 해킹 사고"
제목에 설정한 책갈피로 이동

글상자 이용,
선 종류(점선 또는 파선),
면색(색 없음), 글꼴(굴림, 18pt),
정렬(수평·수직-가운데)

크기(110mm×150mm)

직사각형 그리기 : 크기(13mm×13mm),
면색(하양), 글꼴(굴림, 20pt), 정렬(수평·수직-가운데)
직사각형 그리기 : 크기(10mm×10mm),
면색(하양을 제외한 임의의 색)

❷ [그림 넣기] 대화상자가 나타나면 [내 PC]-[문서]-[ITQ]-[Picture] 폴더에서 **로고1.jpg**를 선택하여 아래 그림과 같이 **옵션**을 지정한 후 <넣기>를 클릭합니다.

➕ 그림을 입력할 때 '글자처럼 취급', '마우스로 크기 지정'은 체크를 해제합니다.

❸ 그림의 속성을 변경하기 위해 삽입된 그림을 더블 클릭합니다.

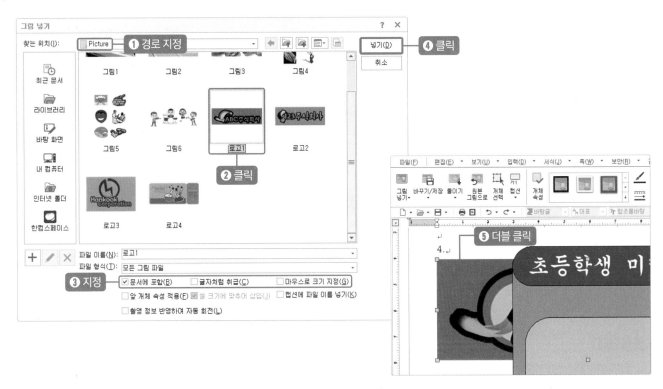

❹ [개체 속성] 대화상자가 나타나면 [기본] 탭에서 **너비(40mm)**와 **높이(30mm)**를 입력하고 **크기 고정** 항목에 **체크**한 후 **위치-글 앞으로(▓)**를 지정합니다.

➕ 위치를 '글 앞으로'로 지정하면 기존에 만들어진 도형 앞에 그림이 표시됩니다.

❺ 계속해서 그림 효과를 지정하기 위해 [그림] 탭을 선택한 후 '그림 효과'에서 **회색조(▣)**를 선택하고 <설정>을 클릭합니다.

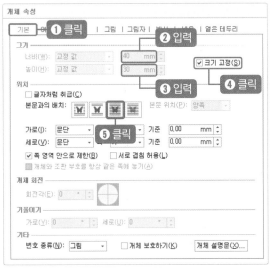

1. 다음의《조건》에 따라 스타일 기능을 적용하여《출력형태》와 같이 작성하시오. (50점)

《조건》
(1) 스타일 이름 – ransomware
(2) 문단 모양 – 왼쪽 여백 : 15pt, 문단 아래 간격 : 10pt
(3) 글자 모양 – 글꼴 : 한글(궁서)/영문(굴림), 크기 : 10pt, 장평 : 95%, 자간 : 5%

《출력형태》

Ransomware is malicious program that locks the system or encrypts data in combination with ransom and software, and requires money to be paid hostage.

랜섬웨어는 몸값과 소프트웨어의 합성어로 시스템을 잠그거나 데이터를 암호화해 사용할 수 없도록 하고 이를 인질로 금전을 요구하는 악성 프로그램을 말한다.

2. 다음의《조건》에 따라《출력형태》와 같이 표와 차트를 작성하시오. (100점)

《표 조건》
(1) 표 전체(표, 캡션) – 굴림, 10pt
(2) 정렬 – 문자 : 가운데 정렬, 숫자 : 오른쪽 정렬
(3) 셀 배경(면색) : 노랑
(4) 한글의 계산 기능을 이용하여 빈칸에 평균(소수점 두 자리)을 구하고, 캡션 기능 사용할 것
(5) 선 모양은《출력형태》와 동일하게 처리할 것

《출력형태》

분기별 악성코드 통계 현황(단위 : 건)

종류	1분기	2분기	3분기	4분기	평균
랜섬웨어	275	255	347	463	
정보탈취	80	130	44	82	
원격제어	224	38	18	25	
기타	42	13	54	73	

《차트 조건》
(1) 차트 데이터는 표 내용에서 분기별 랜섬웨어, 정보탈취, 원격제어의 값만 이용할 것
(2) 종류 – <묶은 세로 막대형>으로 작업할 것
(3) 제목 –【궁서, 진하게, 12pt, 배경 – 선 모양(한 줄로), 그림자(2pt)】
(4) 제목 이외의 전체 글꼴 – 궁서, 보통, 10pt
(5) 축제목과 범례는《출력형태》와 동일하게 처리할 것

《출력형태》

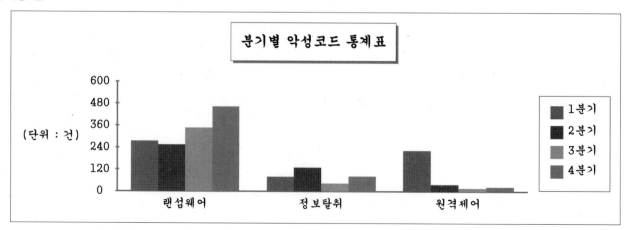

❻ 그림의 속성이 변경되면 《출력형태》를 참고하여 적당한 위치로 이동시킨 후 Esc 를 눌러 선택을 해제합니다.

➕ 키보드 방향키(↑, ↓, ←, →)를 이용하면 그림의 위치를 세밀하게 변경할 수 있습니다.

2. 글맵시 삽입하기   – 글맵시 이용(육각형), 크기(40mm×30mm), 글꼴(굴림, 빨강)

❶ 그림 옆에 글맵시를 삽입하기 위해 [입력] 탭–[글맵시(글맵시)]를 클릭합니다.

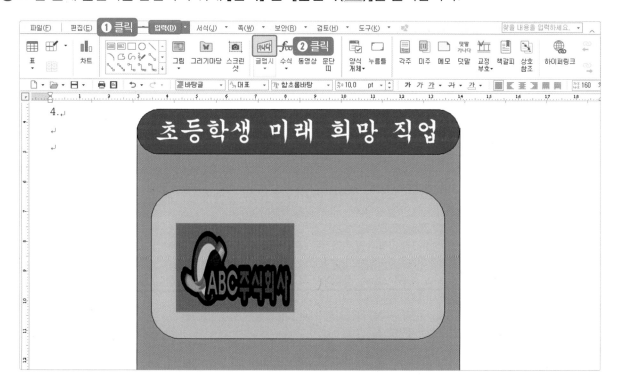

정보기술자격(ITQ) 실전모의고사

과 목	코 드	문제유형	시험시간	수험번호	성 명
아래한글	1111	A	60분		

수험자 유의사항

◎ 수험자는 문제지를 받는 즉시 문제지와 **수험표상의 시험과목(프로그램)이 동일한지 반드시 확인**하여야 합니다.

◎ 파일명은 본인의 "수험번호-성명"으로 입력하여 답안폴더(내 PC\문서\ITQ)에 하나의 파일로 저장해야 하며, 답안문서 파일명이 "수험번호-성명"과 일치하지 않거나, 답안파일을 전송하지 않아 미제출로 처리될 경우 실격 처리합니다 (예:12345678-홍길동.hwp).

◎ 답안 작성을 마치면 파일을 저장하고, '답안 전송' 버튼을 선택하여 감독위원 PC로 답안을 전송하십시오. 수험생 정보와 저장한 파일명이 다를 경우 전송되지 않으므로 주의하시기 바랍니다.

◎ 답안 작성 중에도 **주기적으로 저장하고, '답안 전송'**하여야 문제 발생을 줄일 수 있습니다. 작업한 내용을 저장하지 않고 전송할 경우 이전에 저장된 내용이 전송되오니 이점 유의하시기 바랍니다.

◎ 답안문서는 지정된 경로 외의 다른 보조기억장치에 저장하는 경우, 지정된 시험 시간 외에 작성된 파일을 활용할 경우, 기타 통신수단(이메일, 메신저, 네트워크 등)을 이용하여 타인에게 전달 또는 외부 반출하는 경우는 부정 처리합니다.

◎ 시험 중 부주의 또는 고의로 시스템을 파손한 경우는 수험자가 변상해야 하며, <수험자 유의사항>에 기재된 방법대로 이행 하지 않아 생기는 불이익은 수험생 당사자의 책임임을 알려 드립니다.

◎ 문제의 조건은 한컴오피스 2020 버전으로 설정되어 있으며 한컴오피스 NEO는 【 】에 표기되어 있습니다. 이와 관련하여 작성한 답안의 출력형태가 문제지와 다를 수 있습니다.

◎ 시험을 완료한 수험자는 답안파일이 전송되었는지 확인한 후 감독위원의 지시에 따라 문제지를 제출하고 퇴실합니다.

답안 작성요령

◎ **온라인 답안 작성 절차**
   수험자 등록 ⇒ 시험 시작 ⇒ 답안파일 저장 ⇒ 답안 전송 ⇒ 시험 종료

◎ **공통 부문**
   • 글꼴에 대한 기본설정은 함초롬바탕, 10포인트, 검정, 줄간격 160%, 양쪽정렬로 합니다.
   • 색상은 조건의 색을 적용하고 색의 구분이 안 될 경우에는 RGB 값을 적용하십시오.
     (빨강 255,0,0 / 파랑 0,0,255 / 노랑 255,255,0).
   • 각 문항에 주어진 《조건》에 따라 작성하고 언급하지 않은 조건은 《출력형태》와 같이 작성합니다.
   • 용지여백은 왼쪽·오른쪽 11mm, 위쪽·아래쪽·머리말·꼬리말 10mm, 제본 0mm로 합니다.
   • 그림 삽입 문제의 경우 「내 PC\문서\ITQ\Picture」 폴더에서 지정된 파일을 선택하여 삽입하십시오.
   • 삽입한 그림은 반드시 문서에 포함하여 저장해야 합니다(미포함 시 감점 처리).
   • 각 항목은 지정된 페이지에 출력형태와 같이 정확히 작성하시기 바라며, 그렇지 않을 경우에 해당 항목은 0점 처리됩니다.
     ※ 페이지구분 : 1페이지 – 기능평가 I (문제번호 표시 : 1. 2.),
                    2페이지 – 기능평가 II (문제번호 표시 : 3. 4.),
                    3페이지 – 문서작성 능력평가

◎ **기능평가**
   • 문제와 《조건》은 입력하지 않으며 문제번호와 답(《출력형태》)만 작성합니다.
   • 4번 문제는 묶기를 했을 경우 0점 처리됩니다.

◎ **문서작성 능력평가**
   • A4 용지(210mm×297mm) 1매 크기, 세로 서식 문서로 작성합니다.
   • ┌┄┄┄┄┄┐ 표시는 문서작성에 대한 지시사항이므로 작성하지 않습니다.

❷ [글맵시 만들기] 대화상자가 나타나면 **내용(설문조사결과)**을 입력하고 **글꼴(굴림)**과 **글맵시 모양(육각형)**을 지정한 후 <설정>을 클릭합니다.

❸ 글맵시의 속성을 변경하기 위해 삽입된 글맵시를 더블 클릭합니다.

➕ 글맵시 위에서 마우스 오른쪽 버튼을 클릭하여 [개체 속성]을 선택해도 됩니다.

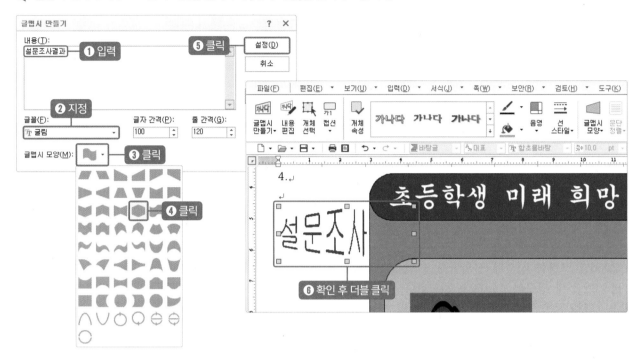

시험꿀팁

글맵시 모양은 '팽창, 물결 1, 갈매기형 수장, 역갈매기형 수장, 등변사다리꼴, 육각형' 등 다양한 모양이 출제되고 있습니다.

❹ [개체 속성] 대화상자가 나타나면 [기본] 탭에서 **너비(40mm)**와 **높이(30mm)**를 입력하고 **크기 고정** 항목에 **체크**한 후 **위치-글 앞으로(▣)**를 지정합니다.

❺ 계속해서 [채우기] 탭을 클릭하여 **색-면 색**에서 **빨강**을 선택한 후 <설정>을 클릭합니다.

➕ '빨강'은 색상 테마(▶)에서 [오피스] 테마로 변경해야 선택할 수 있습니다.

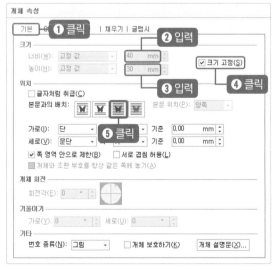

글꼴 : 돋움, 18pt, 진하게, 가운데 정렬
책갈피 이름 : 나눔
덧말 넣기

머리말 기능
굴림, 10pt, 오른쪽 정렬 → 치매 국가책임제

고령사회
치매 부담 없는 행복한 나라

문단 첫 글자 장식 기능
글꼴 : 궁서, 면색 : 노랑

각주

그림위치(내 PC\문서\ITQ\Picture\그림4.jpg, 문서에 포함)
자르기 기능 이용, 크기(40mm×35mm), 바깥 여백 왼쪽 : 2mm

현대 국가는 모두 복지국가ⓐ를 표방하고 있으나 그 내용이나 정도에 차이가 있다. 대부분의 국가에서는 경제발전과 보건의료의 발달로 인한 평균 수명의 연장, 자녀에 대한 가치관의 변화, 보육 및 교육문제 등으로 출산율이 급격히 저하되어 인구구조의 급속한 고령화 문제에 직면하고 있으며, 이러한 사회변화에 따른 새로운 복지수요를 충족하기 위한 것이 장기요양보장제도이다. 노화(老化) 등에 따라 거동이 불편한 사람에 대하여 신체활동이나 일상가사활동을 지속적으로 지원해주는 문제가 사회적으로 굉장히 필요한 지원이 되었다고 할 수 있는 것이다.

　유엔은 고령인구(高齡人口) 비율이 7%를 넘으면 고령화 사회, 14%를 넘으면 고령사회, 20% 이상이면 초고령사회로 분류한다. 고령화 속도가 가장 빠른 것으로 알려진 일본도 1994년부터 고령사회로 들어서는데 24년이 걸렸다. 한국은 2000년 고령화 사회에 진입한지 17년 만인 2017년에 고령사회로 들어섰다. 2019년 한국의 고령인구는 769만 3721명으로 전체 인구의 14.8%를 차지한다. 고령사회로 인한 치매 환자의 증가가 예상되기에 치매가 있어도 불편하지 않은 대한민국을 만들기 위한 우리 모두의 지혜가 필요할 때이다.

♥ **대한민국 치매 현주소** ◄

글꼴 : 궁서, 18pt, 하양
음영색 : 빨강

　가. 인구 고령화와 치매인구 증가

　　① 65세 이상 인구는 2050년 38.1%로 증가 예상

　　② 2030년에는 전체 노인의 10%가 치매인구로 예상

　나. 치매가족의 고통 심화

　　① 치매환자 감당으로 인한 가족 갈등 심화

　　② 치료 및 간병으로 인한 가계 부담 심화

문단 번호 기능 사용
1수준 : 20pt, 오른쪽정렬,
2수준 : 30pt, 오른쪽정렬
줄 간격 : 180%

표 전체 글꼴 : 돋움, 10pt, 가운데 정렬
셀 배경(그러데이션) : 유형(가운데에서),
시작색(하양), 끝색(노랑)

♥ *치매 국가책임제로 달라지는 내용* ◄

글꼴 : 궁서, 18pt, 기울임, 강조점

분야	국가책임제 이전	국가책임제 이후
정보제공	치매 대처 방법 잘 모름	1:1 맞춤형상담, 서비스 연계 및 관리
서비스	경증치매 요양 서비스 받지 못함	경증치매도 장기요양 서비스 혜택 가능
시설확충	치매전문시설 부족, 공격적 환자 거부	입소시설 대폭 확충으로 어르신 돌봄 가능
의료지원	치매 전문 의료기관 부재	중증환자 치매안심요양병원 이용가능
기타	가족들의 피로감 호소	방문요양, 가족휴가제

글꼴 : 굴림, 24pt, 진하게
장평 90%, 오른쪽 정렬

보건복지부중앙치매센터

각주 구분선 : 5cm

ⓐ 국민의 인간다운 생활을 위해 국가가 적극적으로 복지 혜택을 부여하는 국가

쪽 번호 매기기
6으로 시작 → vi

❻ 글맵시의 속성이 변경되면 《출력형태》를 참고하여 적당한 위치로 이동시킨 후 [Esc]를 눌러 선택을 해제합니다.

---

05 목차 도형 및 글상자 삽입하기

- 직사각형 그리기 : 크기(10mm×14mm), 면색(하양), 글꼴(궁서, 20pt), 정렬(수평·수직-가운데)
- 직사각형 그리기 : 크기(8mm×8mm), 면색(하양을 제외한 임의의 색)
- 글상자 이용, 선 종류(점선 또는 파선), 면색(색 없음), 글꼴(돋움, 18pt), 정렬(수평·수직-가운데)

1. 뒤쪽의 목차 도형 삽입하기

❶ 뒤쪽 목차 도형을 삽입하기 위해 [입력] 탭-[직사각형(□)]을 클릭합니다. 마우스 포인터의 모양이 '＋'로 바뀌면 《출력형태》를 참고하여 비슷한 위치에 삽입한 후 도형을 더블 클릭합니다.

🔌 목차 도형 작업 순서는 《출력형태》를 참고하여 뒤쪽 도형부터 작업을 합니다.

❷ [개체 속성] 대화상자가 나타나면 [기본] 탭에서 **너비(8mm)**와 **높이(8mm)**를 입력한 후 **크기 고정** 항목에 **체크**합니다.

❸ 계속해서 [선] 탭을 클릭하여 '사각형 모서리 곡률' 항목에서 **둥근 모양(□)**을 선택합니다.

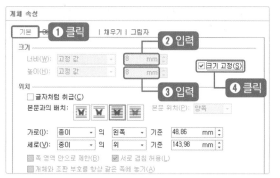

3. 다음 (1), (2)의 수식을 수식 편집기로 각각 입력하시오. (40점)

《출력형태》

(1) $\dfrac{1}{\lambda} = 1.097 \times 10^5 \left(\dfrac{1}{2^2} - \dfrac{1}{n^2} \right)$

(2) $\displaystyle\int_a^b A(x-a)(x-b)dx = -\dfrac{A}{6}(b-a)^3$

4. 다음의 《조건》에 따라 《출력형태》와 같이 문서를 작성하시오. (110점)

《조건》　　(1) 그리기 도구를 이용하여 작성하고, 모든 도형(글맵시, 지정된 그림 포함)을 《출력형태》와 같이 작성하시오.

　　　　　　(2) 도형의 면색은 지시사항이 없으면 색 없음을 제외하고 서로 다르게 임의로 지정하시오.

《출력형태》

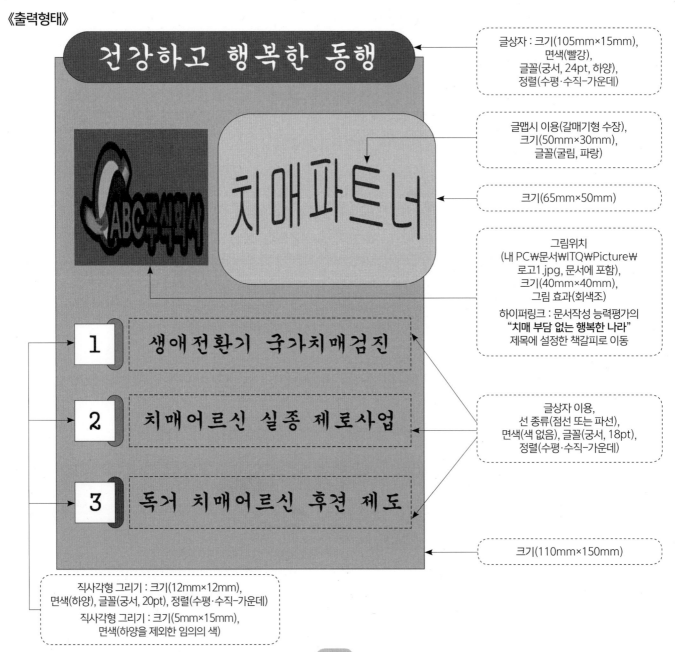

글상자 : 크기(105mm×15mm), 면색(빨강), 글꼴(궁서, 24pt, 하양), 정렬(수평·수직-가운데)

글맵시 이용(갈매기형 수장), 크기(50mm×30mm), 글꼴(굴림, 파랑)

크기(65mm×50mm)

그림위치 (내 PC₩문서₩ITQ₩Picture₩ 로고1.jpg, 문서에 포함), 크기(40mm×40mm), 그림 효과(회색조)

하이퍼링크 : 문서작성 능력평가의 **"치매 부담 없는 행복한 나라"** 제목에 설정한 책갈피로 이동

글상자 이용, 선 종류(점선 또는 파선), 면색(색 없음), 글꼴(궁서, 18pt), 정렬(수평·수직-가운데)

크기(110mm×150mm)

직사각형 그리기 : 크기(12mm×12mm), 면색(하양), 글꼴(궁서, 20pt), 정렬(수평·수직-가운데)

직사각형 그리기 : 크기(5mm×15mm), 면색(하양을 제외한 임의의 색)

❹ 마지막으로 [채우기] 탭을 선택하여 **색-면 색**에서 임의의 색을 지정한 후 <설정>을 클릭합니다. 이어서, 《출력형태》를 참고하여 위치를 변경합니다.

 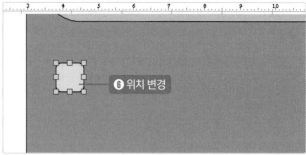

2. 번호가 입력된 목차 도형 삽입하기 — 직사각형 그리기 : 크기(10mm×14mm), 면색(하양), 글꼴(궁서, 20pt), 정렬(수평·수직-가운데)

❶ [입력] 탭-[직사각형(□)]을 클릭합니다. 마우스 포인터의 모양이 '+'로 바뀌면 《출력형태》를 참고하여 비슷한 위치에 삽입한 후 도형을 더블 클릭합니다.

 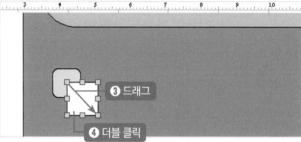

시험꿀팁

도형의 배치 순서는 무작위로 출제가 되기 때문에 번호가 입력된 도형이 뒤쪽(①)으로 배치되었을 경우에는 해당 도형을 먼저 작업하는 것이 편리합니다.

❷ [개체 속성] 대화상자가 나타나면 [기본] 탭에서 **너비(10mm)**와 **높이(14mm)**를 입력한 후 **크기 고정** 항목에 **체크**합니다.

❸ 계속해시 [채우기] 댑을 클릭하여 **색-면 색**에서 **하양**을 선택한 후 <설정>을 클릭합니다.

➕ '하양'은 색상 테마(▶)에서 [기본] 테마로 변경해야 선택할 수 있습니다.

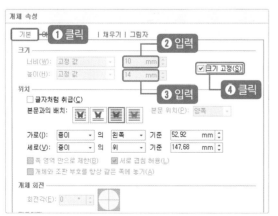 

1. 다음의《조건》에 따라 스타일 기능을 적용하여《출력형태》와 같이 작성하시오. (50점)

《조건》　(1) 스타일 이름 – insurance
　　　　(2) 문단 모양 – 왼쪽 여백 : 15pt, 문단 아래 간격 : 10pt
　　　　(3) 글자 모양 – 글꼴 : 한글(굴림)/영문(돋움), 크기 : 10pt, 장평 : 95%, 자간 : 5%

《출력형태》

Advanced countries currently provide long-term care service in more various forms prior to our practice because they have experienced the aging phenomenon much earlier.

노인장기요양보험제도는 고령이나 노인성 질병 등의 사유로 일상생활을 혼자서 수행하기 어려운 노인 등에게 신체활동 또는 가사활동 지원 등의 장기요양급여를 제공하는 사회보험제도이다 .

2. 다음의《조건》에 따라《출력형태》와 같이 표와 차트를 작성하시오. (100점)

《표 조건》　(1) 표 전체(표, 캡션) – 궁서, 10pt
　　　　　(2) 정렬 – 문자 : 가운데 정렬, 숫자 : 오른쪽 정렬
　　　　　(3) 셀 배경(면색) : 노랑
　　　　　(4) 한글의 계산 기능을 이용하여 빈칸에 평균(소수점 두 자리)을 구하고, 캡션 기능 사용할 것
　　　　　(5) 선 모양은《출력형태》와 동일하게 처리할 것

《출력형태》　　　　　　　　　　　　　　　　　　　　　연도별 예상 인구지표(단위 : %)

연도	2015년	2020년	2030년	2040년	평균
0~14세	13.8	12.6	11.5	10.8	
15~64세	73.4	71.7	64.0	56.4	
65세 이상	12.8	15.6	24.5	32.8	
인구성장률	0.53	0.31	0.07	−0.32	✕

《차트 조건》　(1) 차트 데이터는 표 내용에서 연도별 0~14세, 15~64세, 65세 이상의 값만 이용할 것
　　　　　　(2) 종류 – <묶은 세로 막대형>으로 작업할 것
　　　　　　(3) 제목 –【굴림, 진하게, 12pt, 배경 – 선 모양(한 줄로), 그림자(2pt)】
　　　　　　(4) 제목 이외의 전체 글꼴 – 굴림, 보통, 10pt
　　　　　　(5) 축제목과 범례는《출력형태》와 동일하게 처리할 것

《출력형태》

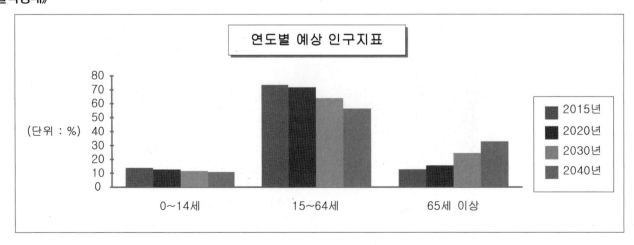

❹ 《출력형태》를 참고하여 기존에 작성한 뒤쪽 도형을 기준으로 위치를 변경합니다.

➕ 키보드 방향키(↑, ↓, ←, →)를 이용하면 도형의 위치를 세밀하게 변경할 수 있습니다.

❺ 흰색 사각형 도형 안쪽에 텍스트를 입력하기 위해 도형 위에서 마우스 오른쪽 버튼을 클릭하여 **[도형 안에 글자 넣기]**를 선택합니다.

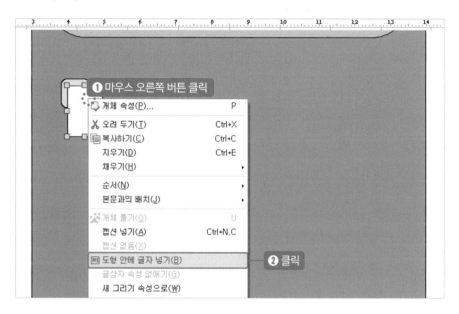

❻ 도형 안쪽에 커서가 활성화되면 1을 입력한 후 글자를 블록으로 지정합니다. 이어서, **글꼴(궁서), 글자 크기 (20pt), 가운데 정렬(홀)**을 지정한 후 [Esc]를 누릅니다.

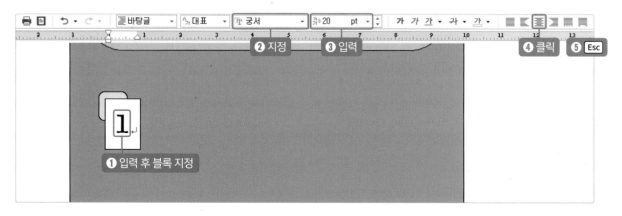

정보기술자격(ITQ) 실전모의고사

과 목	코 드	문제유형	시험시간	수험번호	성 명
아래한글	1111	A	60분		

수험자 유의사항

◎ 수험자는 문제지를 받는 즉시 문제지와 <u>수험표상의 시험과목(프로그램)이 동일한지 반드시 확인</u>하여야 합니다.
◎ 파일명은 본인의 "수험번호-성명"으로 입력하여 답안폴더(내 PC₩문서₩ITQ)에 하나의 파일로 저장해야 하며, 답안문서 파일명이 "수험번호-성명"과 일치하지 않거나, 답안파일을 전송하지 않아 미제출로 처리될 경우 실격 처리합니다 (예:12345678-홍길동.hwp).
◎ 답안 작성을 마치면 파일을 저장하고, '답안 전송' 버튼을 선택하여 감독위원 PC로 답안을 전송하십시오. 수험생 정보와 저장한 파일명이 다를 경우 전송되지 않으므로 주의하시기 바랍니다.
◎ 답안 작성 중에도 <u>주기적으로 저장하고, '답안 전송'</u>하여야 문제 발생을 줄일 수 있습니다. 작업한 내용을 저장하지 않고 전송할 경우 이전에 저장된 내용이 전송되오니 이점 유의하시기 바랍니다.
◎ 답안문서는 지정된 경로 외의 다른 보조기억장치에 저장하는 경우, 지정된 시험 시간 외에 작성된 파일을 활용할 경우, 기타 통신수단(이메일, 메신저, 네트워크 등)을 이용하여 타인에게 전달 또는 외부 반출하는 경우는 부정 처리합니다.
◎ 시험 중 부주의 또는 고의로 시스템을 파손한 경우는 수험자가 변상해야 하며, <수험자 유의사항>에 기재된 방법대로 이행하지 않아 생기는 불이익은 수험생 당사자의 책임임을 알려 드립니다.
◎ 문제의 조건은 한컴오피스 2020 버전으로 설정되어 있으며 한컴오피스 NEO는 【 】에 표기되어 있습니다. 이와 관련하여 작성한 답안의 출력형태가 문제지와 다를 수 있습니다.
◎ 시험을 완료한 수험자는 답안파일이 전송되었는지 확인한 후 감독위원의 지시에 따라 문제지를 제출하고 퇴실합니다.

답안 작성요령

◎ **온라인 답안 작성 절차**
　수험자 등록 ⇒ 시험 시작 ⇒ 답안파일 저장 ⇒ 답안 전송 ⇒ 시험 종료
◎ **공통 부문**
　• 글꼴에 대한 기본설정은 함초롬바탕, 10포인트, 검정, 줄간격 160%, 양쪽정렬로 합니다.
　• 색상은 조건의 색을 적용하고 색의 구분이 안 될 경우에는 RGB 값을 적용하십시오.
　　(빨강 255,0,0 / 파랑 0,0,255 / 노랑 255,255,0).
　• 각 문항에 주어진 《조건》에 따라 작성하고 언급하지 않은 조건은 《출력형태》와 같이 작성합니다.
　• 용지여백은 왼쪽·오른쪽 11mm, 위쪽·아래쪽·머리말·꼬리말 10mm, 제본 0mm로 합니다.
　• 그림 삽입 문제의 경우 「내 PC₩문서₩ITQ₩Picture」 폴더에서 지정된 파일을 선택하여 삽입하십시오.
　• 삽입한 그림은 반드시 문서에 포함하여 저장해야 합니다(미포함 시 감점 처리).
　• 각 항목은 지정된 페이지에 출력형태와 같이 정확히 작성하시기 바라며, 그렇지 않을 경우에 해당 항목은 0점 처리됩니다.
　　※ 페이지구분 : 1페이지 – 기능평가 I (문제번호 표시 : 1. 2.),
　　　　　　　　　2페이지 – 기능평가 II (문제번호 표시 : 3. 4.),
　　　　　　　　　3페이지 – 문서작성 능력평가
◎ **기능평가**
　• 문제와 《조건》은 입력하지 않으며 문제번호와 답(《출력형태》)만 작성합니다.
　• 4번 문제는 묶기를 했을 경우 0점 처리됩니다.
◎ **문서작성 능력평가**
　• A4 용지(210mm×297mm) 1매 크기, 세로 서식 문서로 작성합니다.
　• ┌┄┄┄┄┐표시는 문서작성에 대한 지시사항이므로 작성하지 않습니다.

3. 목차 글상자 삽입하기 — 글상자 이용, 선 종류(점선 또는 파선), 면색(색 없음), 글꼴(돋움, 18pt), 정렬(수평·수직-가운데)

❶ 글상자를 삽입하기 위해 **[입력] 탭-[가로 글상자(▦)]**를 클릭합니다. 마우스 포인터의 모양이 '╋'로 바뀌면 《출력형태》를 참고하여 비슷한 위치에 삽입합니다.

➕ 글상자의 크기는 조건에 없기 때문에 《출력형태》를 참고하여 적당하게 조절합니다.

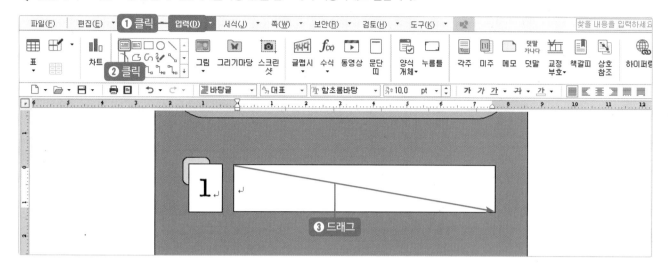

❷ 글상자의 속성을 변경하기 위해 테두리를 더블 클릭합니다.

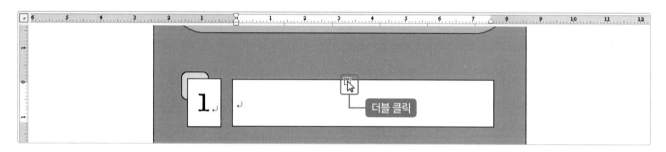

❸ **[개체 속성]** 대화상자가 나타나면 **[선] 탭**에서 '선'의 **종류(파선)**를 변경합니다.

❹ 계속해서 **[채우기] 탭**을 클릭하여 '채우기'를 **색 채우기 없음**으로 선택한 후 **<설정>**을 클릭합니다.

시험꿀팁

- 선 종류는 '점선(·············)'이나 '파선(─ ─ ─ ─)' 중 하나를 선택하면 됩니다.
- 목차 글상자의 면색은 '색 채우기 없음'이 고정적으로 출제되고 있습니다.

문서작성 능력평가 (200점)

글꼴 : 돋움, 18pt, 진하게, 가운데 정렬
책갈피 이름 : 김치
덧말 넣기

머리말 기능
굴림, 10pt, 오른쪽 정렬 → 한국의 김치

한국의 전통 식품
세계로 뻗어 나가는 김치

문단 첫 글자 장식 기능
글꼴 : 궁서, 면색 : 노랑

각주

그림위치(내 PC\문서\ITQ\Picture\그림4.jpg, 문서에 포함)
자르기 기능 이용, 크기(40mm×35mm), 바깥 여백 왼쪽 : 2mm

배추, 무, 오이 등의 채소를 소금에 절이고 고추, 파, 생강 등 여러 가지 양념을 버무려 담근 염장 발효① 식품인 김치는 다방면의 연구를 통해 암을 예방(豫防)하고 살이 빠지며 대장 건강과 피부에도 좋다는 효능이 과학적으로 입증되었다. 미국의 한 건강 관련 잡지는 올리브기름, 콩, 요구르트와 함께 김치를 세계에서 가장 건강한 식품으로 선정한 바 있다.

김치는 오랜 역사를 자랑하는 만큼 각 지역의 기후와 재배작물에 따라 다양한 특징을 보이고 있다. 오늘날과 같이 교통이 발달(發達)하지 않은 과거에는 해당 지역에서 쉽게 구할 수 있는 재료를 이용해 김치를 담갔다. 또한 각 지역의 기후적 특색에 따라 김치 담그는 방법도 차이를 보이게 되었다. 서울을 비롯한 경기 지역은 짜지도 않고 싱겁지도 않은 중간 맛의 온갖 김치가 다 모여 있다. 경상도는 마늘과 고춧가루를 특히 많이 사용하여 맵고 자극적인 것이 특징이다. 멸치젓섞박지, 부추젓김치, 고추김치, 우엉김치, 부추김치 등이 경상도의 별미김치이다. 전라도 김치는 맵고 짭짤하며 진한 맛과 감칠맛이 나는 것이 특징이다. 쌉쓸한 맛의 고들빼기김치와 해남의 갓김치, 나주의 동치미 등이 유명하다.

※ 김치의 원료와 계절별 종류

글꼴 : 굴림, 18pt, 하양
음영색 : 파랑

A. 김치의 원료
　1. 주원료 : 배추, 무, 오이, 미나리, 가지, 부추, 고들빼기 등
　2. 부원료 : 채소류, 과실류, 곡류, 젓갈 등
B. 김치의 계절별 종류
　1. 봄과 여름 : 미나리김치, 얼갈이김치, 열무김치, 오이김치 등
　2. 가을과 겨울 : 총각김치, 가지김치, 굴깍두기, 백김치, 동치미 등

문단 번호 기능 사용
1수준 : 20pt, 오른쪽정렬,
2수준 : 30pt, 오른쪽정렬
줄 간격 : 180%

표 전체 글꼴 : 돋움, 10pt, 가운데 정렬
셀 배경(그러데이션) : 유형(가운데에서),
시작색(하양), 끝색(노랑)

※ 2020 김치로 배우는 체험 및 교육

글꼴 : 굴림, 18pt, 기울임, 강조점

구분	프로그램	내용	운영기준
체험	김치요리교실	김치를 직접 만들고 만든 김치를 가져가는 체험	10명 이상 단체
	김치과학교실	김치만들기와 초등 교과과정의 과학실험, 미각교육 접목	
	주말 김치 체험	체험과 식사를 함께 즐길 수 있는 김치한끼 체험	2팀 이상
교육	김치소믈리에	김치 고수들의 비법을 전수 받는 심화 과정	매주 수(16주)
	김치 최고 전문가	김치 역사, 문화, 과학, 제조기술을 갖춘 전문가 양성	매주 목(12주)

글꼴 : 돋움, 24pt, 진하게
장평 95%, 오른쪽 정렬 → **세계김치연구소**

각주 구분선 : 5cm

① 미생물이 유기 화합물을 분해하여 알코올류, 유기산류 등을 생성하는 작용

쪽 번호 매기기
2로 시작 → 나

❺ Esc를 눌러 글상자 선택을 해제한 후 글상자 안쪽을 클릭하여 목차 내용을 입력합니다.

❻ 글꼴 서식을 변경하기 위해 해당 내용을 블록으로 지정한 후 **글꼴(돋움), 글자 크기(18pt), 가운데 정렬(**▣**)**을 지정합니다.

➕ 글상자의 테두리를 클릭한 상태에서 글꼴 서식을 변경해도 결과는 동일합니다.

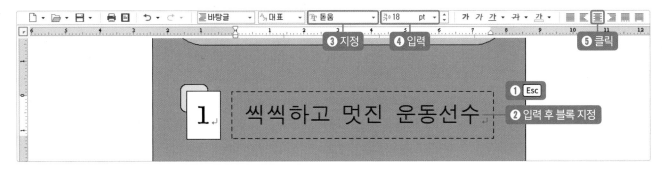

❼ Shift를 누른 채 목차 작성에 사용된 개체들을 모두 선택한 후 Ctrl + Shift +드래그하여 아래쪽에 복사합니다. 복사된 개체가 선택된 상태에서 한 번 더 Ctrl + Shift +드래그하여 아래쪽에 복사합니다.

➕ Shift를 누른 채 '뒤쪽 도형, 숫자 도형, 글상자'를 차례로 클릭하여 모두 선택합니다.

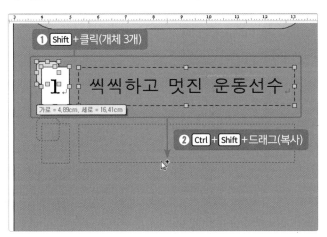
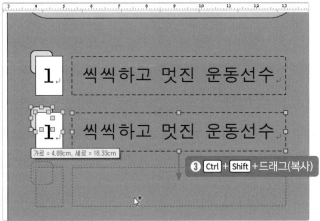

❽ 복사된 목차 도형 및 글상자에 입력된 내용을 블록으로 지정한 후《출력형태》와 동일한 내용으로 변경합니다.

❾ 내용 수정이 끝나면 뒤쪽 목차 도형을 더블 클릭하여 면 색을 임의의 색으로 변경합니다.

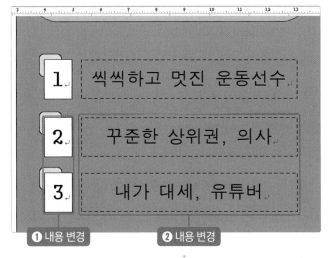
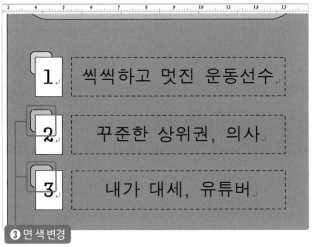

3. 다음 (1), (2)의 수식을 수식 편집기로 각각 입력하시오. (40점)

《출력형태》

(1) $\dfrac{1}{2}mf^2 = \dfrac{1}{2}\dfrac{(m+M)^2}{b}V^2$

(2) $\displaystyle\sum_{k=1}^{n}k^3 = \dfrac{n(n+1)}{2} = \sum_{k=1}^{n}k$

4. 다음의 《조건》에 따라 《출력형태》와 같이 문서를 작성하시오. (110점)

《조건》　　(1) 그리기 도구를 이용하여 작성하고, 모든 도형(글맵시, 지정된 그림 포함)을 《출력형태》와 같이
작성하시오.

(2) 도형의 면색은 지시사항이 없으면 색 없음을 제외하고 서로 다르게 임의로 지정하시오.

《출력형태》

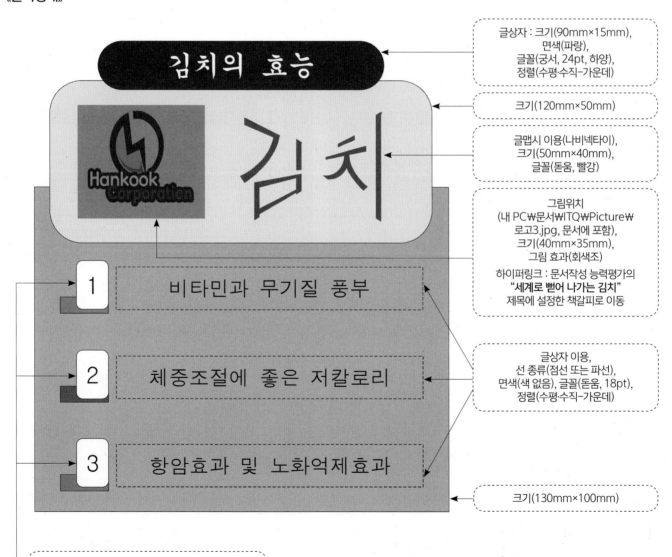

- 하이퍼링크 : 문서작성 능력평가의 **"초등학생 미래 희망 직업"** 제목에 설정한 책갈피로 이동
- 책갈피 이름 : 장래희망

❶ 책갈피를 삽입하기 위해 3페이지 첫 번째 줄에 [문서작성 능력평가]를 참고하여 **제목(초등학생 미래 희망 직업)**을 입력합니다.

❷ 제목의 맨 앞을 클릭하여 커서를 이동시킨 후 **[입력] 탭-[책갈피(📑)]**를 클릭합니다.

➕ 책갈피 바로 가기 키 : Ctrl+K, B

시험꿀팁

3페이지의 제목 앞에 책갈피를 지정하는 문제가 고정적으로 출제되고 있습니다.

❸ [책갈피] 대화상자가 나타나면 **책갈피 이름(장래희망)**을 입력한 후 <넣기>를 클릭합니다.

➕ 책갈피 이름은 [문제작성 능력평가] 문제지에 제시된 이름을 입력합니다.

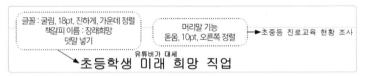

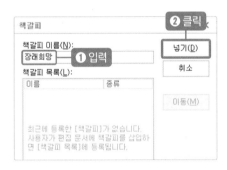

레벨업 📈 **책갈피 수정&삭제하기**

❶ 책갈피 이름이 잘못 입력된 경우 [입력] 탭-[책갈피(📑)]를 클릭합니다. [책갈피] 대화상자의 '책갈피 목록'에서 이름을 변경할 책갈피를 선택한 후 '책갈피 이름 바꾸기(✏)' 아이콘을 클릭하여 변경합니다.

❷ 책갈피를 삭제하고자 할 때에는 '책갈피 목록'에서 삭제할 책갈피를 선택한 후 '삭제(✕)' 아이콘을 클릭합니다.

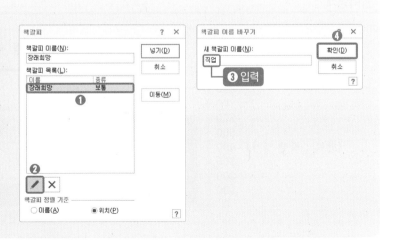

1. 다음의《조건》에 따라 스타일 기능을 적용하여《출력형태》와 같이 작성하시오. (50점)

《조건》　　(1) 스타일 이름 – kimchi

　　　　　(2) 문단 모양 – 왼쪽 여백 : 15pt, 문단 아래 간격 : 10pt

　　　　　(3) 글자 모양 – 글꼴 : 한글(굴림)/영문(돋움), 크기 : 10pt, 장평 : 95%, 자간 : 5%

《출력형태》

While Kimchi, which used to be a daily side dish on the tables of the Korean people is rich in vitamin, which is effective in preventing bacillus proliferation, and contains anticancer compounds.

김치는 익어 가면서 항균 작용을 하게 된다. 숙성 과정 중 발생하는 젖산균은 새콤한 맛을 더해 줄 뿐만 아니라, 장속의 다른 유해균의 작용을 억제하여 이상 발효를 막아주고 병원균을 억제한다.

2. 다음의《조건》에 따라《출력형태》와 같이 표와 차트를 작성하시오. (100점)

《표 조건》　　(1) 표 전체(표, 캡션) – 돋움, 10pt

　　　　　　(2) 정렬 – 문자 : 가운데 정렬, 숫자 : 오른쪽 정렬

　　　　　　(3) 셀 배경(면색) : 노랑

　　　　　　(4) 한글의 계산 기능을 이용하여 빈칸에 평균(소수점 두 자리)을 구하고, 캡션 기능 사용할 것

　　　　　　(5) 선 모양은《출력형태》와 동일하게 처리할 것

《출력형태》

미국 절인 배추 국가별 수입동향(단위 : 백만 달러, %)

구분	중국	페루	멕시코	캐나다	평균
2018년	621	658	127	169	
2019년	288	520	148	152	
2020년	577	497	181	168	
점유율(2020년)	24.3	21	7.7	7.1	✕

《차트 조건》　　(1) 차트 데이터는 표 내용에서 국가별 2018년, 2019년, 2020년의 값만 이용할 것

　　　　　　(2) 종류 – <묶은 세로 막대형>으로 작업할 것

　　　　　　(3) 제목 –【궁서, 진하게, 12pt, 배경 – 선 모양(한 줄로), 그림자(2pt)】

　　　　　　(4) 제목 이외의 전체 글꼴 – 궁서, 보통, 10pt

　　　　　　(5) 축제목과 범례는《출력형태》와 동일하게 처리할 것

《출력형태》

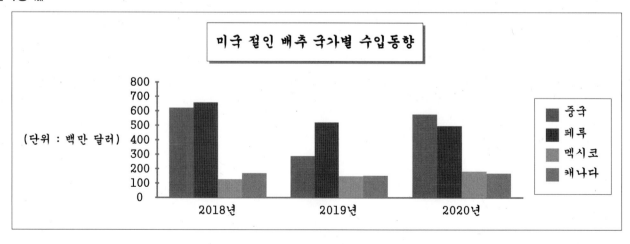

❹ 3페이지에 작성된 책갈피에 하이퍼링크를 지정하기 위해 2페이지에 삽입된 로고 그림을 선택한 후 **[입력]
탭-[하이퍼링크(🌐)]**를 클릭합니다.

➕ 하이퍼링크 바로 가기 키 : Ctrl+K, H

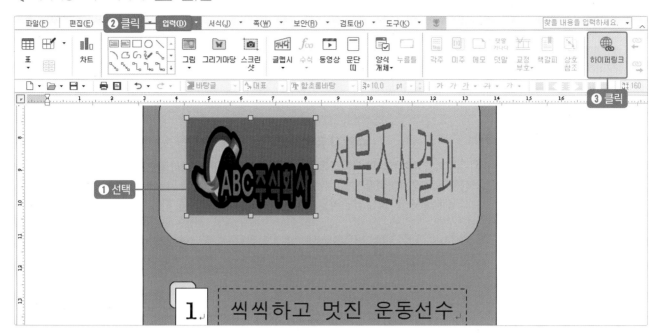

시험꿀팁

'2페이지'에 삽입된 로고 그림을 '3페이지'에 작성된 책갈피로 연결하는 하이퍼링크 문제가 고정적으로 출제되고 있습니다.

❺ [하이퍼링크] 대화상자가 나타나면 '연결 대상'에서 [현재 문서]-**장래희망**을 선택한 후 <넣기>를 클릭합니다.

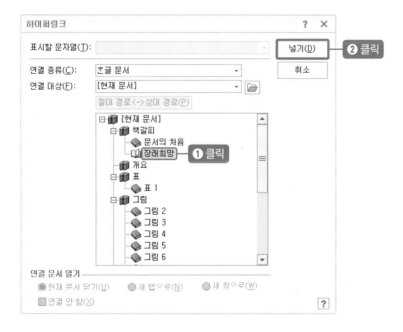

정보기술자격(ITQ) 실전모의고사

과 목	코 드	문제유형	시험시간	수험번호	성 명
아래한글	1111	C	60분		

수험자 유의사항

◎ 수험자는 문제지를 받는 즉시 문제지와 **수험표상의 시험과목(프로그램)이 동일한지 반드시 확인**하여야 합니다.

◎ 파일명은 본인의 "수험번호-성명"으로 입력하여 답안폴더(내 PC₩문서₩ITQ)에 하나의 파일로 저장해야 하며, 답안문서 파일명이 "수험번호-성명"과 일치하지 않거나, 답안파일을 전송하지 않아 미제출로 처리될 경우 실격 처리합니다 (예:12345678-홍길동.hwp).

◎ 답안 작성을 마치면 파일을 저장하고, '답안 전송' 버튼을 선택하여 감독위원 PC로 답안을 전송하십시오. 수험생 정보와 저장한 파일명이 다를 경우 전송되지 않으므로 주의하시기 바랍니다.

◎ 답안 작성 중에도 **주기적으로 저장하고, '답안 전송'**하여야 문제 발생을 줄일 수 있습니다. 작업한 내용을 저장하지 않고 전송할 경우 이전에 저장된 내용이 전송되오니 이점 유의하시기 바랍니다.

◎ 답안문서는 지정된 경로 외의 다른 보조기억장치에 저장하는 경우, 지정된 시험 시간 외에 작성된 파일을 활용할 경우, 기타 통신수단(이메일, 메신저, 네트워크 등)을 이용하여 타인에게 전달 또는 외부 반출하는 경우는 부정 처리합니다.

◎ 시험 중 부주의 또는 고의로 시스템을 파손한 경우는 수험자가 변상해야 하며, <수험자 유의사항>에 기재된 방법대로 이행하지 않아 생기는 불이익은 수험생 당사자의 책임임을 알려 드립니다.

◎ 문제의 조건은 한컴오피스 2020 버전으로 설정되어 있으며 한컴오피스 NEO는 【 】에 표기되어 있습니다. 이와 관련하여 작성한 답안의 출력형태가 문제지와 다를 수 있습니다.

◎ 시험을 완료한 수험자는 답안파일이 전송되었는지 확인한 후 감독위원의 지시에 따라 문제지를 제출하고 퇴실합니다.

답안 작성요령

◎ 온라인 답안 작성 절차

　수험자 등록 ⇒ 시험 시작 ⇒ 답안파일 저장 ⇒ 답안 전송 ⇒ 시험 종료

◎ 공통 부문

　• 글꼴에 대한 기본설정은 함초롬바탕, 10포인트, 검정, 줄간격 160%, 양쪽정렬로 합니다.

　• 색상은 조건의 색을 적용하고 색의 구분이 안 될 경우에는 RGB 값을 적용하십시오.
　　(빨강 255,0,0 / 파랑 0,0,255 / 노랑 255,255,0).

　• 각 문항에 주어진 《조건》에 따라 작성하고 언급하지 않은 조건은 《출력형태》와 같이 작성합니다.

　• 용지여백은 왼쪽·오른쪽 11mm, 위쪽·아래쪽·머리말·꼬리말 10mm, 제본 0mm로 합니다.

　• 그림 삽입 문제의 경우 「내 PC₩문서₩ITQ₩Picture」 폴더에서 지정된 파일을 선택하여 삽입하십시오.

　• 삽입한 그림은 반드시 문서에 포함하여 저장해야 합니다(미포함 시 감점 처리).

　• 각 항목은 지정된 페이지에 출력형태와 같이 정확히 작성하시기 바라며, 그렇지 않을 경우에 해당 항목은 0점 처리됩니다.
　　※ 페이지구분 : 1페이지 - 기능평가 I (문제번호 표시 : 1. 2.),
　　　　　　　　　 2페이지 - 기능평가 II (문제번호 표시 : 3. 4.),
　　　　　　　　　 3페이지 - 문서작성 능력평가

◎ 기능평가

　• 문제와 《조건》은 입력하지 않으며 문제번호와 답(《출력형태》)만 작성합니다.

　• 4번 문제는 묶기를 했을 경우 0점 처리됩니다.

◎ 문서작성 능력평가

　• A4 용지(210mm×297mm) 1매 크기, 세로 서식 문서로 작성합니다.

　• 　　　　　 표시는 문서작성에 대한 지시사항이므로 작성하지 않습니다.

❻ [Esc]를 눌러 그림 선택을 해제합니다. 이어서, 하이퍼링크가 적용된 그림을 클릭하여 책갈피가 삽입된 3페이지의 첫 번째 줄(제목)로 이동하는 것을 확인합니다.

➕ 하이퍼링크가 설정된 곳으로 마우스 포인터를 가져가면 '👆' 모양으로 변경됩니다.

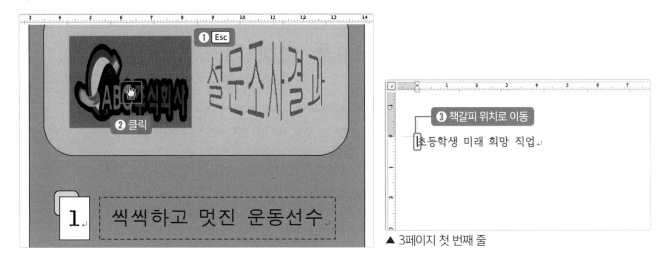

▲ 3페이지 첫 번째 줄

레벨업 📈 하이퍼링크 해제하기

❶ 하이퍼링크가 설정된 개체는 [Shift]를 누른 상태에서 선택할 수 있습니다.

❷ 그림이 선택되면 마우스 오른쪽 버튼을 클릭하여 [하이퍼링크]를 선택하거나, [입력]탭-[하이퍼링크]를 클릭합니다.

❸ [하이퍼링크 고치기] 대화상자가 나타나면 하단의 '연결 안 함'을 체크한 후 <고치기>를 클릭합니다.

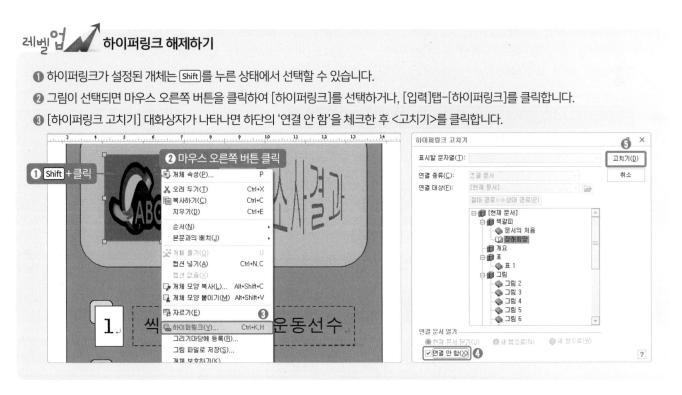

❼ 작업이 완료되면 서식 도구 상자에서 [저장하기(🖫)]를 클릭하거나 [Alt]+[S]를 눌러 파일을 저장합니다.

글꼴 : 돋움, 18pt, 진하게, 가운데 정렬
책갈피 이름 : 라면
덧말 넣기

머리말 기능
굴림, 10pt, 오른쪽 정렬 → 국내 라면 시장

간편한 야식 라면
2020 가공식품 마켓 리포트

문단 첫 글자 장식 기능
글꼴 : 궁서, 면색 : 노랑

그림위치(내 PC₩문서₩ITQ₩Picture₩그림4.jpg, 문서에 포함)
자르기 기능 이용, 크기(40mm×35mm), 바깥 여백 왼쪽 : 2mm

우리나라는 1980년대에 고도의 경제성장과 산업화에 따른 근대화로 기호식 및 간편식, 새로운 식품산업의 발달에 의해 식생활이 변모(變貌)해 왔으며 특히 라면은 친숙한 식품으로 우리의 생활 속에 널리 보급되어 있다. 최근 라면 시장의 특성은 '라면의 변신'과 '생라면'으로 요약할 수 있다. 각주

오뚜기는 파스타①면에 토마토소스를 더한 파스타 라면을 출시했는데, 이 라면은 4mm의 넓은 면을 사용하였다. 건조한 토마토, 마카로니 등 파스타 재료를 첨가하였고 여기에 할라피뇨와 청양고추 등을 더해 매콤한 맛을 살린 것이 특징이다. 농심은 유럽풍 퓨전라면인 드레싱 누들을 출시하였다. 튀기지 않은 건면을 사용하여 칼로리를 낮추었으며 소비자가 기호에 맞게 충분한 토핑을 더해 먹을 수 있도록 기존 제품보다 30% 많은 양의 소스를 제공(提供)했는데, 발사믹 소스를 사용한 '오리엔탈 소스맛'과 고소함을 살린 '참깨 소스맛' 두 가지가 그것이다. 풀무원은 유탕면이 아닌 '튀기지 않고 바람에 말린 생면을 사용한 생라면을 출시했는데, 이 라면의 면발 두께는 2.5mm로 기존 라면보다 넓고 굵으며 감자 전분을 더하여 쫄깃한 식감을 살린 것이 특징이다.

★ 국내 라면 시장의 매출 규모 현황

글꼴 : 굴림, 18pt, 하양
음영색 : 파랑

1) 2020년 매출 규모

　가) 2019년 대비 21.4% 증가

　나) 다양한 종류의 라면 출시로 시장 활기 회복

2) 2020년 소매 매출액

　가) 할인점과 슈퍼마켓 체인에서 가장 많이 판매됨

　나) 묶음 단위의 대량 판매가 용이한 할인점의 소비 비중이 높음

문단 번호 기능 사용
1수준 : 20pt, 오른쪽정렬,
2수준 : 30pt, 오른쪽정렬
줄 간격 : 180%

표 전체 글꼴 : 돋움, 10pt, 가운데 정렬
셀 배경(그러데이션) : 유형(가운데에서),
시작색(하양), 끝색(노랑)

★ 독특한 나만의 라면 레시피

글꼴 : 굴림, 18pt, 기울임, 강조점

레시피 제목	방법	게시자
파채라면	편마늘, 파채, 고춧가루, 라면스프 볶다가 면 넣어 끓이기	살림고수
라면투움바	버터, 양파, 편마늘, 새우 볶다가 치즈와 면 넣어 볶기	살림고수
계란마요면	끓인 면에 비빔소스, 라면스프, 치즈가루, 마요네즈 두르고 노른자 섞기	자취생
라면그라탕	양파, 마늘, 베이컨 볶다가 우유를 넣어 끓어오르면 치즈 넣기	자취생
해장라면	다진 마늘, 콩나물, 김치, 김칫국물, 고추를 넣고 고춧가루 추가	슈퍼 레시피

글꼴 : 돋움, 24pt, 진하게
장평 95%, 오른쪽 정렬
식품산업통계정보

각주 구분선 : 5cm

① 이탈리아식 국수로 밀가루를 달걀에 반죽하여 만들며 마카로니, 스파게티가 대표적

쪽 번호 매기기
4로 시작 → ④

1 다음의 《조건》에 따라 《출력형태》와 같이 문서를 작성하시오.

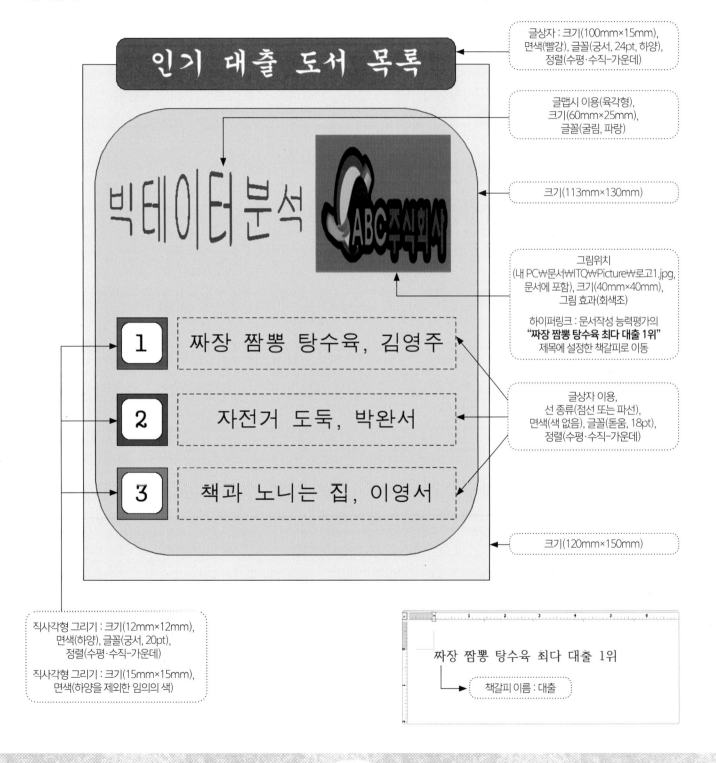

소스파일: 06차시-01(문제).hwp
완성파일: 06차시-01(완성).hwp

《조건》

(1) 그리기 도구를 이용하여 작성하고, 모든 도형(글맵시, 지정된 그림 포함)을 《출력형태》와 같이 작성하시오.

(2) 도형의 면색은 지시사항이 없으면 색 없음을 제외하고 서로 다르게 임의로 지정하시오.

《출력형태》

인기 대출 도서 목록

글상자 : 크기(100mm×15mm),
면색(빨강), 글꼴(궁서, 24pt, 하양),
정렬(수평·수직-가운데)

글맵시 이용(육각형),
크기(60mm×25mm),
글꼴(굴림, 파랑)

크기(113mm×130mm)

그림위치
(내 PC₩문서₩ITQ₩Picture₩로고1.jpg,
문서에 포함), 크기(40mm×40mm),
그림 효과(회색조)

하이퍼링크 : 문서작성 능력평가의
"짜장 짬뽕 탕수육 최다 대출 1위"
제목에 설정한 책갈피로 이동

빅테이터분석 ABC주식회사

1 짜장 짬뽕 탕수육, 김영주

2 자전거 도둑, 박완서

3 책과 노니는 집, 이영서

글상자 이용,
선 종류(점선 또는 파선),
면색(색 없음), 글꼴(돋움, 18pt),
정렬(수평·수직-가운데)

크기(120mm×150mm)

직사각형 그리기 : 크기(12mm×12mm),
면색(하양), 글꼴(궁서, 20pt),
정렬(수평·수직-가운데)
직사각형 그리기 : 크기(15mm×15mm),
면색(하양을 제외한 임의의 색)

짜장 짬뽕 탕수육 최다 대출 1위

책갈피 이름 : 대출

3. 다음 (1), (2)의 수식을 수식 편집기로 각각 입력하시오. (40점)

《출력형태》

(1) $F = \dfrac{4\pi^2}{T^2} - 1 = 4\pi^2 K \dfrac{m}{r^2}$

(2) $P_A = P \times \dfrac{V_A}{V} = P \times \dfrac{V_A}{V_A + V_B}$

4. 다음의 《조건》에 따라 《출력형태》와 같이 문서를 작성하시오. (110점)

《조건》   (1) 그리기 도구를 이용하여 작성하고, 모든 도형(글맵시, 지정된 그림 포함)을 《출력형태》와 같이 작성하시오.

(2) 도형의 면색은 지시사항이 없으면 색 없음을 제외하고 서로 다르게 임의로 지정하시오.

《출력형태》

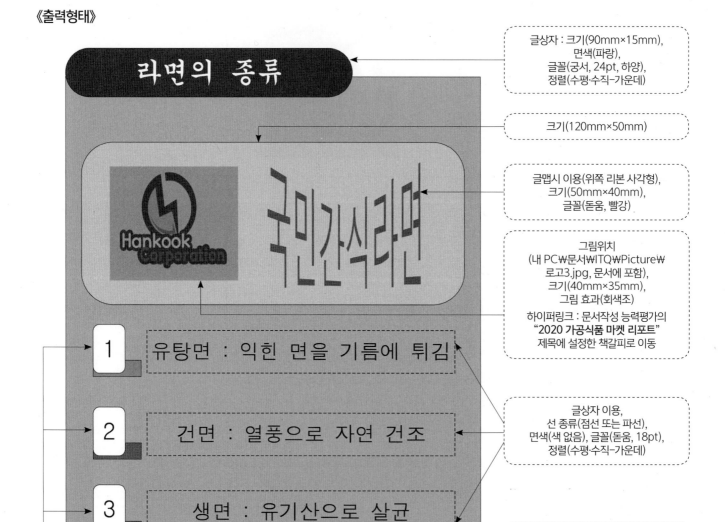

글상자 : 크기(90mm×15mm), 면색(파랑), 글꼴(궁서, 24pt, 하양), 정렬(수평·수직-가운데)

크기(120mm×50mm)

글맵시 이용(위쪽 리본 사각형), 크기(50mm×40mm), 글꼴(돋움, 빨강)

그림위치(내 PC₩문서₩ITQ₩Picture₩ 로고3.jpg, 문서에 포함), 크기(40mm×35mm), 그림 효과(회색조)

하이퍼링크 : 문서작성 능력평가의 **"2020 가공식품 마켓 리포트"** 제목에 설정한 책갈피로 이동

글상자 이용, 선 종류(점선 또는 파선), 면색(색 없음), 글꼴(돋움, 18pt), 정렬(수평·수직-가운데)

크기(130mm×145mm)

직사각형 그리기 : 크기(10mm×15mm), 면색(하양), 글꼴(굴림, 20pt), 정렬(수평·수직-가운데)

직사각형 그리기 : 크기(15mm×5mm), 면색(하양을 제외한 임의의 색)

라면의 종류

국민간식라면

1 유탕면 : 익힌 면을 기름에 튀김

2 건면 : 열풍으로 자연 건조

3 생면 : 유기산으로 살균

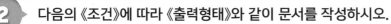

2 다음의 《조건》에 따라 《출력형태》와 같이 문서를 작성하시오.

소스파일: 06차시-02(문제).hwp
완성파일: 06차시-02(완성).hwp

《조건》

⑴ 그리기 도구를 이용하여 작성하고, 모든 도형(글맵시, 지정된 그림 포함)을 《출력형태》와 같이 작성하시오.

⑵ 도형의 면색은 지시사항이 없으면 색 없음을 제외하고 서로 다르게 임의로 지정하시오.

《출력형태》

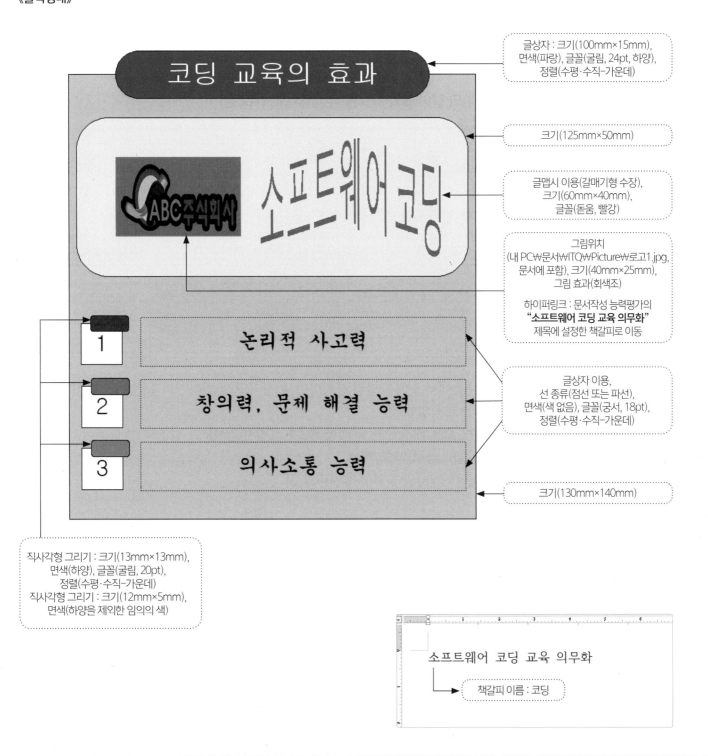

1. 다음의《조건》에 따라 스타일 기능을 적용하여《출력형태》와 같이 작성하시오. (50점)

《조건》 (1) 스타일 이름 – noodle
(2) 문단 모양 – 왼쪽 여백 : 15pt, 문단 아래 간격 : 10pt
(3) 글자 모양 – 글꼴 : 한글(굴림)/영문(돋움), 크기 : 10pt, 장평 : 95%, 자간 : 5%

《출력형태》

Korean Ramen has become a staple food in Korea. It is the go-to 'meal' for almost every age. Ramen is popular comfort food, mainly because they are cheap, easy to find, and most importantly delicious.

우리나라 라면의 역사는 1963년 9월 식량 부족으로 빈곤했던 시기에 삼양식품이 치킨라면을 선보이면서 시작되었고, 2년 후에 농심에서 롯데라면이 출시되면서 국내 라면 시장이 활성화되었다 .

2. 다음의《조건》에 따라《출력형태》와 같이 표와 차트를 작성하시오. (100점)

《표 조건》 (1) 표 전체(표, 캡션) – 돋움, 10pt
(2) 정렬 – 문자 : 가운데 정렬, 숫자 : 오른쪽 정렬
(3) 셀 배경(면색) : 노랑
(4) 한글의 계산 기능을 이용하여 빈칸에 평균(소수점 두 자리)을 구하고, 캡션 기능 사용할 것
(5) 선 모양은《출력형태》와 동일하게 처리할 것

《출력형태》

소매 채널별 평균 가격 비교(단위 : 십원)

소매 채널	온라인	편의점	일반 식품점	대형마트	평균
봉지라면	275	325	314	315	
짜장라면	332	427	397	367	
비빔라면	285	419	339	354	
용기라면	82	105	94	86	

《차트 조건》 (1) 차트 데이터는 표 내용에서 소매 채널별 봉지라면, 짜장라면, 비빔라면의 값만 이용할 것
(2) 종류 – <꺾은선형>으로 작업할 것
(3) 제목 –【궁서, 진하게, 12pt, 배경 – 선 모양(한 줄로), 그림자(2pt)】
(4) 제목 이외의 전체 글꼴 – 궁서, 보통, 10pt
(5) 축제목과 범례는《출력형태》와 동일하게 처리할 것

《출력형태》

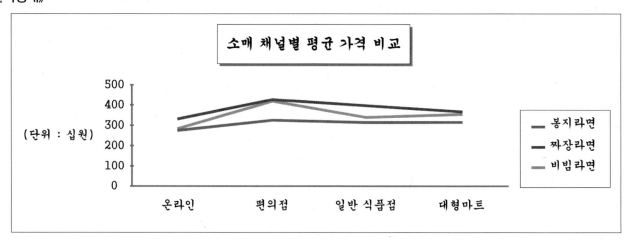

3 다음의 《조건》에 따라 《출력형태》와 같이 문서를 작성하시오.

소스파일: 06차시-03(문제).hwp
완성파일: 06차시-03(완성).hwp

《조건》

(1) 그리기 도구를 이용하여 작성하고, 모든 도형(글맵시, 지정된 그림 포함)을 《출력형태》와 같이 작성하시오.

(2) 도형의 면색은 지시사항이 없으면 색 없음을 제외하고 서로 다르게 임의로 지정하시오.

《출력형태》

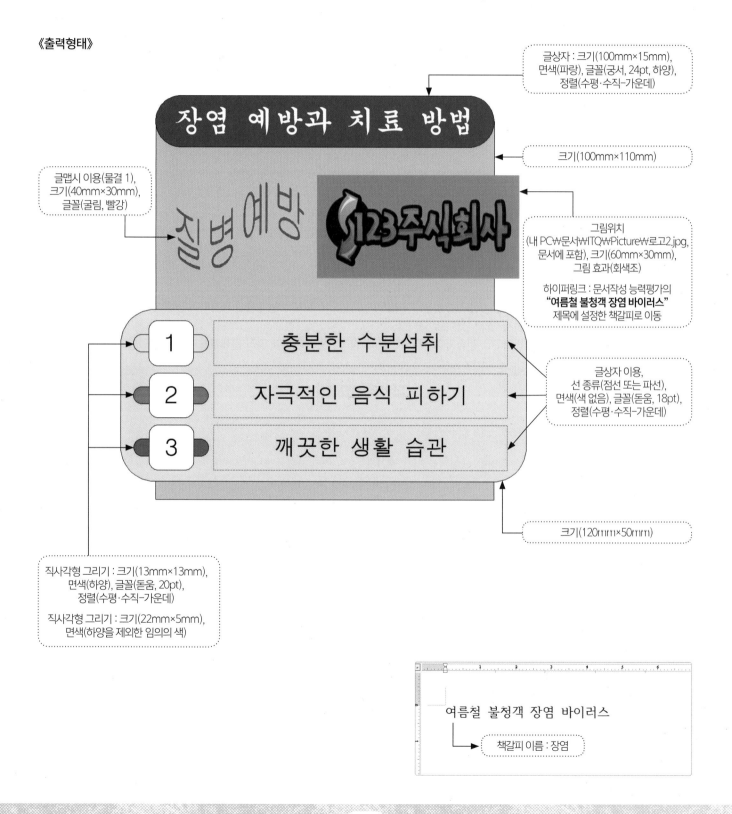

글상자 : 크기(100mm×15mm), 면색(파랑), 글꼴(궁서, 24pt, 하양), 정렬(수평·수직-가운데)

크기(100mm×110mm)

글맵시 이용(물결 1), 크기(40mm×30mm), 글꼴(굴림, 빨강)

그림위치
(내 PC₩문서₩ITQ₩Picture₩로고2.jpg, 문서에 포함), 크기(60mm×30mm), 그림 효과(회색조)

하이퍼링크 : 문서작성 능력평가의
"여름철 불청객 장염 바이러스"
제목에 설정한 책갈피로 이동

글상자 이용,
선 종류(점선 또는 파선),
면색(색 없음), 글꼴(돋움, 18pt),
정렬(수평·수직-가운데)

크기(120mm×50mm)

직사각형 그리기 : 크기(13mm×13mm),
면색(하양), 글꼴(돋움, 20pt),
정렬(수평·수직-가운데)
직사각형 그리기 : 크기(22mm×5mm),
면색(하양을 제외한 임의의 색)

여름철 불청객 장염 바이러스

책갈피 이름 : 장염

정보기술자격(ITQ) 실전모의고사

과 목	코 드	문제유형	시험시간	수험번호	성 명
아래한글	1111	B	60분		

수험자 유의사항

◎ 수험자는 문제지를 받는 즉시 문제지와 **수험표상의 시험과목(프로그램)이 동일한지 반드시 확인**하여야 합니다.

◎ 파일명은 본인의 "수험번호-성명"으로 입력하여 답안폴더(내 PC₩문서₩ITQ)에 하나의 파일로 저장해야 하며, 답안문서 파일명이 "수험번호-성명"과 일치하지 않거나, 답안파일을 전송하지 않아 미제출로 처리될 경우 실격 처리합니다 (예:12345678-홍길동.hwp).

◎ 답안 작성을 마치면 파일을 저장하고, '답안 전송' 버튼을 선택하여 감독위원 PC로 답안을 전송하십시오. 수험생 정보와 저장한 파일명이 다를 경우 전송되지 않으므로 주의하시기 바랍니다.

◎ 답안 작성 중에도 **주기적으로 저장하고, '답안 전송'**하여야 문제 발생을 줄일 수 있습니다. 작업한 내용을 저장하지 않고 전송할 경우 이전에 저장된 내용이 전송되오니 이점 유의하시기 바랍니다.

◎ 답안문서는 지정된 경로 외의 다른 보조기억장치에 저장하는 경우, 지정된 시험 시간 외에 작성된 파일을 활용할 경우, 기타 통신수단(이메일, 메신저, 네트워크 등)을 이용하여 타인에게 전달 또는 외부 반출하는 경우는 부정 처리합니다.

◎ 시험 중 부주의 또는 고의로 시스템을 파손한 경우는 수험자가 변상해야 하며, <수험자 유의사항>에 기재된 방법대로 이행하지 않아 생기는 불이익은 수험생 당사자의 책임임을 알려 드립니다.

◎ 문제의 조건은 한컴오피스 2020 버전으로 설정되어 있으며 한컴오피스 NEO는 【 】에 표기되어 있습니다. 이와 관련하여 작성한 답안의 출력형태가 문제지와 다를 수 있습니다.

◎ 시험을 완료한 수험자는 답안파일이 전송되었는지 확인한 후 감독위원의 지시에 따라 문제지를 제출하고 퇴실합니다.

답안 작성요령

◎ 온라인 답안 작성 절차

　수험자 등록 ⇒ 시험 시작 ⇒ 답안파일 저장 ⇒ 답안 전송 ⇒ 시험 종료

◎ 공통 부문

· 글꼴에 대한 기본설정은 함초롬바탕, 10포인트, 검정, 줄간격 160%, 양쪽정렬로 합니다.

· 색상은 조건의 색을 적용하고 색의 구분이 안 될 경우에는 RGB 값을 적용하십시오.
　(빨강 255,0,0 / 파랑 0,0,255 / 노랑 255,255,0).

· 각 문항에 주어진 《조건》에 따라 작성하고 언급하지 않은 조건은 《출력형태》와 같이 작성합니다.

· 용지여백은 왼쪽·오른쪽 11mm, 위쪽·아래쪽·머리말·꼬리말 10mm, 제본 0mm로 합니다.

· 그림 삽입 문제의 경우 「내 PC₩문서₩ITQ₩Picture」 폴더에서 지정된 파일을 선택하여 삽입하십시오.

· 삽입한 그림은 반드시 문서에 포함하여 저장해야 합니다(미포함 시 감점 처리).

· 각 항목은 지정된 페이지에 출력형태와 같이 정확히 작성하시기 바라며, 그렇지 않을 경우에 해당 항목은 0점 처리됩니다.

　※ 페이지구분 : 1페이지 - 기능평가Ⅰ(문제번호 표시 : 1. 2.),
　　　　　　　　 2페이지 - 기능평가Ⅱ(문제번호 표시 : 3. 4.),
　　　　　　　　 3페이지 - 문서작성 능력평가

◎ 기능평가

· 문제와 《조건》은 입력하지 않으며 문제번호와 답(《출력형태》)만 작성합니다.

· 4번 문제는 묶기를 했을 경우 0점 처리됩니다.

◎ 문서작성 능력평가

· A4 용지(210mm×297mm) 1매 크기, 세로 서식 문서로 작성합니다.

· ⌐⁚⁚⁚⁚⁚⁚⁚⌐ 표시는 문서작성에 대한 지시사항이므로 작성하지 않습니다.

4 다음의 《조건》에 따라 《출력형태》와 같이 문서를 작성하시오.

소스파일 : 06차시-04(문제).hwp
완성파일 : 06차시-04(완성).hwp

《조건》

(1) 그리기 도구를 이용하여 작성하고, 모든 도형(글맵시, 지정된 그림 포함)을 《출력형태》와 같이 작성하시오.

(2) 도형의 면색은 지시사항이 없으면 색 없음을 제외하고 서로 다르게 임의로 지정하시오.

《출력형태》

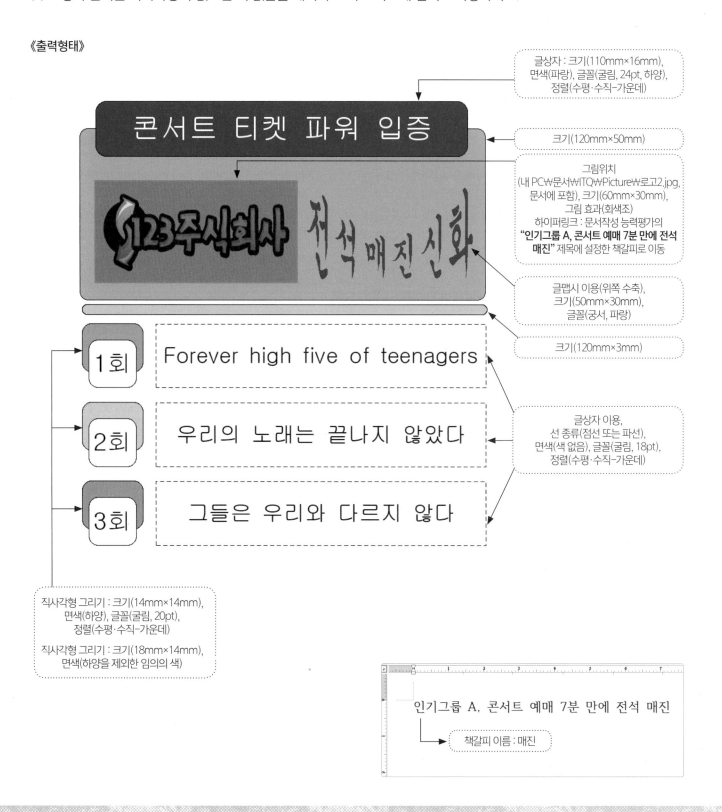

글꼴 : 돋움, 18pt, 진하게, 가운데 정렬
책갈피 이름 : 상담
덧말 넣기

머리말 기능
굴림, 10pt, 오른쪽 정렬 →사이버 폭력의 특성

지도방안
사이버 폭력의 이해와 대책방안

문단 첫 글자 장식 기능
글꼴 : 궁서, 면색 : 노랑

각주

그림위치(내 PC₩문서₩ITQ₩Picture₩그림5.jpg, 문서에 포함)
자르기 기능 이용, 크기(40mm×35mm), 바깥 여백 왼쪽 : 2mm

사이버 폭력(暴力)의 정의는 개인이나 집단이 인터넷①, 전화기 등 정보나 정보통신 기술을 이용하여 글, 이미지, 음성 등으로 금품갈취, 협박, 따돌림, 강제적 심부름, 성희롱, 성폭력 등 정신적, 물질적 피해를 입히는 모든 범죄행위로 사이버 따돌림, 사이버 모욕, 사이버 명예훼손, 사이버 성희롱, 사이버 스토킹, 사이버 갈취 등의 행위를 말한다. 사이버 폭력이 증가하는 이유는 인터넷이 발달하면서 중고등학생 뿐만 아니라 초등학생까지도 스마트폰을 지니고 있을 정도로 누구나 마음만 먹으면 쉽게 사이버 공간에 접할 수 있기 때문이다.

사이버 학교폭력도 마찬가지로, 피해를 당하면 '보복하고 싶다'라는 감정이 앞서게 되고, 이것이 피해자가 가해자로, 가해자가 피해자로 반복되는 악순환(惡循環)으로 계속된다. 적절한 때에, 적절한 방법으로 자녀가 잘 치유되어 피해자, 가해자라는 이름에서 벗어나도록 하는 것, 악순환에 빠지지 않도록 하는 것이 가장 중요하다. 우리 아이들이 사이버 학교폭력에 관계된 어떤 피해자도, 가해자도 되지 않도록 주의를 기울이고, 아이들의 가장 든든한 울타리가 되어 주어야 한다.

♥ **사이버 세상의 순기능과 역기능**

글꼴 : 굴림, 18pt, 하양
음영색 : 파랑

  I. 사이버 세상의 순기능
    i. 정보검색이 신속하고 다양한 콘텐츠의 창출과 활용이 가능
    ii. 시공간을 초월하여 다양한 사람들과의 네트워크가 가능
  II. 사이버 세상의 역기능
    i. 좋지 않은 소문은 사이버 상에서 순식간에 퍼짐
    ii. 다른 사람을 험담하는 글을 올리면, 많은 사람들이 공유하게 됨

문단 번호 기능 사용
1수준 : 20pt, 오른쪽정렬,
2수준 : 30pt, 오른쪽정렬
줄 간격 : 180%

표 전체 글꼴 : 돋움, 10pt, 가운데 정렬
셀 배경(그러데이션) : 유형(가운데에서),
시작색(하양), 끝색(노랑)

♥ *사이버 폭력의 원인*

글꼴 : 굴림, 18pt, 기울임, 강조점

구분		세부 내용
개인적 요인	심리적	질투, 시기, 높은 공격성, 충동성, 스트레스, 낮은 자아 존중감
	매체관인	인터넷 중독, 윤리의식, 사이버 폭력 용인태도, 기기 접근성, 익명성
관계적 요인	교사	교사의 지지 및 친밀감, 부모의 사이버매체 관리 및 감독 정도
	부모	부모의 양육태도, 친밀감, 의사소통 및 가정폭력 경험
	또래	또래의 지지 및 비행친구 수

글꼴 : 돋움, 24pt, 진하게
장평 95%, 오른쪽 정렬 → **청소년사이버상담센터**

각주 구분선 : 5cm

————————————
① 아르파네트에서 시작된 세계 최대 규모의 컴퓨터 통신망

쪽 번호 매기기
5로 시작 →마

5 다음의 《조건》에 따라 《출력형태》와 같이 문서를 작성하시오.

소스파일: 06차시-05(문제).hwp
완성파일: 06차시-05(완성).hwp

《조건》

(1) 그리기 도구를 이용하여 작성하고, 모든 도형(글맵시, 지정된 그림 포함)을 《출력형태》와 같이 작성하시오.

(2) 도형의 면색은 지시사항이 없으면 색 없음을 제외하고 서로 다르게 임의로 지정하시오.

《출력형태》

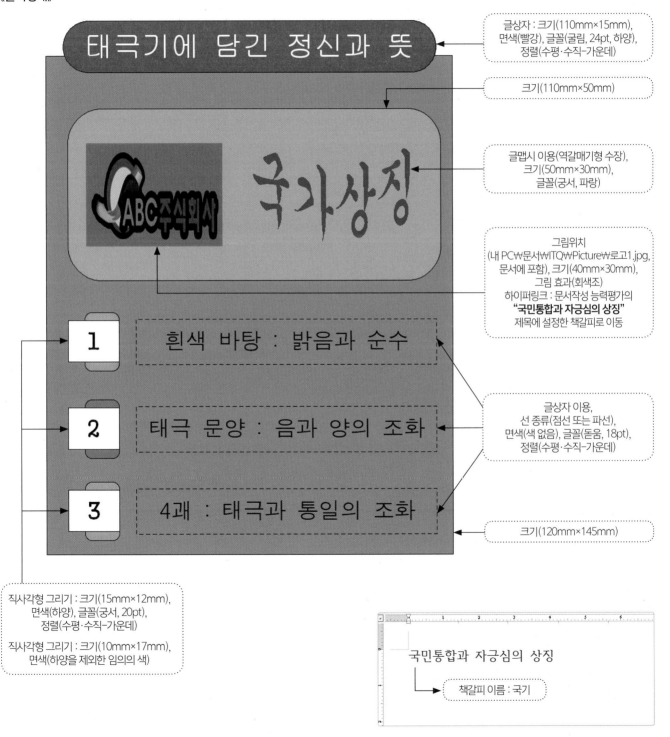

글상자 : 크기(110mm×15mm), 면색(빨강), 글꼴(굴림, 24pt, 하양), 정렬(수평·수직-가운데)

크기(110mm×50mm)

글맵시 이용(역갈매기형 수장), 크기(50mm×30mm), 글꼴(궁서, 파랑)

그림위치
(내 PC₩문서₩ITQ₩Picture₩로고1.jpg, 문서에 포함), 크기(40mm×30mm), 그림 효과(회색조)
하이퍼링크 : 문서작성 능력평가의 **"국민통합과 자긍심의 상징"** 제목에 설정한 책갈피로 이동

글상자 이용, 선 종류(점선 또는 파선), 면색(색 없음), 글꼴(돋움, 18pt), 정렬(수평·수직-가운데)

크기(120mm×145mm)

직사각형 그리기 : 크기(15mm×12mm), 면색(하양), 글꼴(궁서, 20pt), 정렬(수평·수직-가운데)
직사각형 그리기 : 크기(10mm×17mm), 면색(하양을 제외한 임의의 색)

국민통합과 자긍심의 상징

책갈피 이름 : 국기

3. 다음 (1), (2)의 수식을 수식 편집기로 각각 입력하시오. (40점)

《출력형태》

기타 기호

$$(1)\ m = \frac{\triangle P}{K_a} = \frac{\triangle t_b}{K_b} = \frac{\triangle t_f}{K_f}$$

$$(2)\ \int_0^1 (\sin x + \frac{x}{2})dx = \int_0^1 \frac{1 + \sin x}{2}dx$$

4. 다음의 《조건》에 따라 《출력형태》와 같이 문서를 작성하시오. (110점)

《조건》 (1) 그리기 도구를 이용하여 작성하고, 모든 도형(글맵시, 지정된 그림 포함)을 《출력형태》와 같이 작성하시오.
(2) 도형의 면색은 지시사항이 없으면 색 없음을 제외하고 서로 다르게 임의로 지정하시오.

《출력형태》

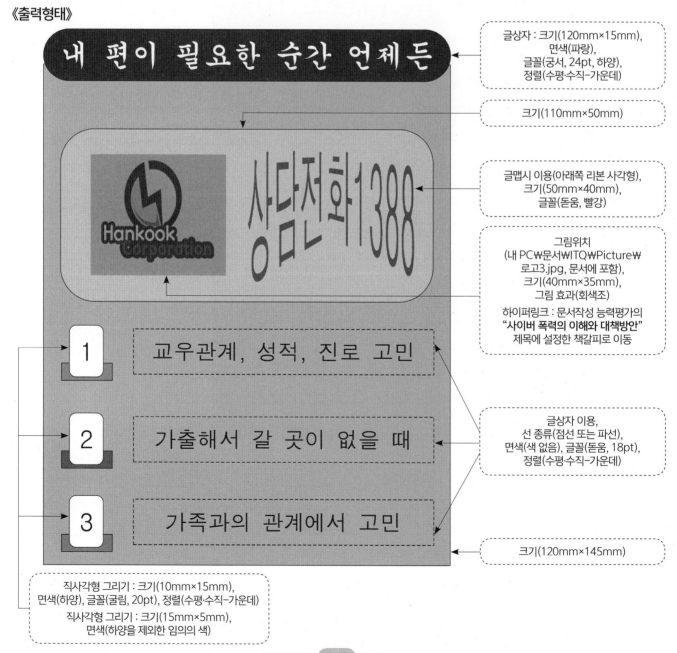

글상자 : 크기(120mm×15mm), 면색(파랑), 글꼴(궁서, 24pt, 하양), 정렬(수평·수직-가운데)

크기(110mm×50mm)

글맵시 이용(아래쪽 리본 사각형), 크기(50mm×40mm), 글꼴(돋움, 빨강)

그림위치(내 PC₩문서₩ITQ₩Picture₩로고3.jpg, 문서에 포함), 크기(40mm×35mm), 그림 효과(회색조)

하이퍼링크 : 문서작성 능력평가의 **"사이버 폭력의 이해와 대책방안"** 제목에 설정한 책갈피로 이동

글상자 이용, 선 종류(점선 또는 파선), 면색(색 없음), 글꼴(돋움, 18pt), 정렬(수평·수직-가운데)

크기(120mm×145mm)

직사각형 그리기 : 크기(10mm×15mm), 면색(하양), 글꼴(굴림, 20pt), 정렬(수평·수직-가운데)

직사각형 그리기 : 크기(15mm×5mm), 면색(하양을 제외한 임의의 색)

6 다음의 《조건》에 따라 《출력형태》와 같이 문서를 작성하시오.

소스파일: 06차시-06(문제).hwp
완성파일: 06차시-06(완성).hwp

《조건》

(1) 그리기 도구를 이용하여 작성하고, 모든 도형(글맵시, 지정된 그림 포함)을 《출력형태》와 같이 작성하시오.

(2) 도형의 면색은 지시사항이 없으면 색 없음을 제외하고 서로 다르게 임의로 지정하시오.

《출력형태》

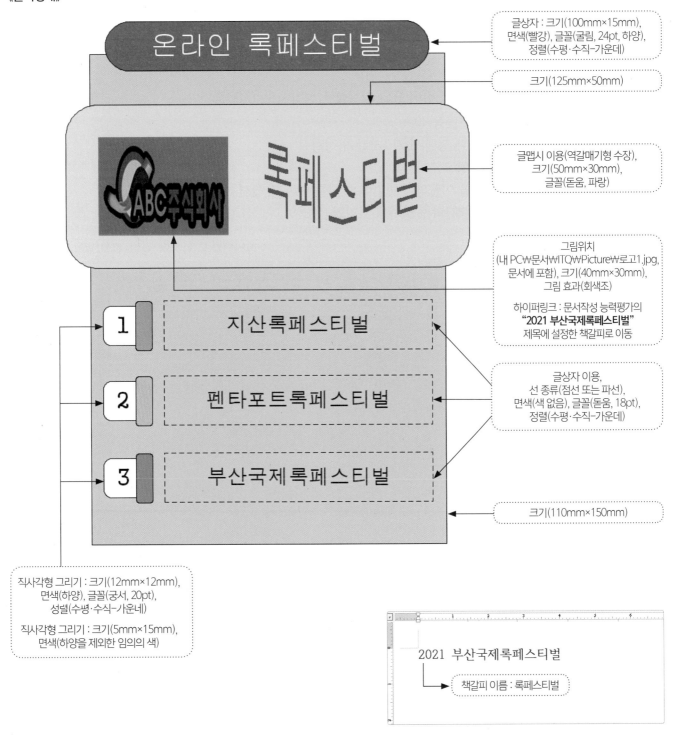

글상자 : 크기(100mm×15mm),
면색(빨강), 글꼴(굴림, 24pt, 하양),
정렬(수평·수직-가운데)

크기(125mm×50mm)

글맵시 이용(역갈매기형 수장),
크기(50mm×30mm),
글꼴(돋움, 파랑)

그림위치
(내 PC₩문서₩ITQ₩Picture₩로고1.jpg,
문서에 포함), 크기(40mm×30mm),
그림 효과(회색조)

하이퍼링크 : 문서작성 능력평가의
"2021 부산국제록페스티벌"
제목에 설정한 책갈피로 이동

글상자 이용,
선 종류(점선 또는 파선),
면색(색 없음), 글꼴(돋움, 18pt),
정렬(수평·수직-가운데)

크기(110mm×150mm)

직사각형 그리기 : 크기(12mm×12mm),
면색(하양), 글꼴(궁서, 20pt),
정렬(수평·수직-가운데)
직사각형 그리기 : 크기(5mm×15mm),
면색(하양을 제외한 임의의 색)

2021 부산국제록페스티벌

책갈피 이름 : 록페스티벌

1. 다음의《조건》에 따라 스타일 기능을 적용하여《출력형태》와 같이 작성하시오. (50점)

《조건》 (1) 스타일 이름 – counseling
(2) 문단 모양 – 왼쪽 여백 : 15pt, 문단 아래 간격 : 10pt
(3) 글자 모양 – 글꼴 : 한글(굴림)/영문(돋움), 크기 : 10pt, 장평 : 95%, 자간 : 5%

《출력형태》

If you need help with crisis or psychological problems such as youth violence, you can get services such as crisis intervention and emergency rescue through the local youth counseling welfare center.

청소년 폭력 등과 같은 위기문제나 심리문제로 도움이 필요한 경우 언제든지 지역 내 청소년상담복지센터를 통해 위기개입, 긴급구조 등 서비스를 제공받을 수 있다.

2. 다음의《조건》에 따라《출력형태》와 같이 표와 차트를 작성하시오. (100점)

《표 조건》 (1) 표 전체(표, 캡션) – 돋움, 10pt
(2) 정렬 – 문자 : 가운데 정렬, 숫자 : 오른쪽 정렬
(3) 셀 배경(면색) : 노랑
(4) 한글의 계산 기능을 이용하여 빈칸에 합계를 구하고, 캡션 기능 사용할 것
(5) 선 모양은《출력형태》와 동일하게 처리할 것

《출력형태》
사이버범죄 연도별 검거 현황(단위 : 건)

구분	도박	해킹	음란물	기타	합계
2018년	246	49	274	104	
2017년	462	90	212	89	
2016년	783	45	286	169	
2015년	280	44	290	100	

《차트 조건》 (1) 차트 데이터는 표 내용에서 구분별 2018년, 2017년, 2016년의 값만 이용할 것
(2) 종류 – <묶은 가로 막대형>으로 작업할 것
(3) 제목 – 【궁서, 진하게, 12pt, 배경 – 선 모양(한 줄로), 그림자(2pt)】
(4) 제목 이외의 전체 글꼴 – 궁서, 보통, 10pt
(5) 축제목과 범례는《출력형태》와 동일하게 처리할 것

《출력형태》

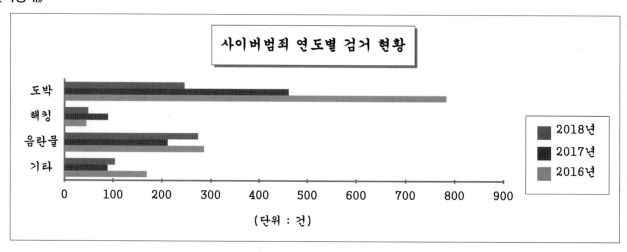

[문서작성 능력평가] (200점)

문서 입력 및 편집

- 오탈자 없이 문서 내용 및 표를 입력합니다.
- 그림을 삽입하여 필요한 부분만 잘라낸 후 크기와 바깥 여백을 지정합니다.
- 지시사항에 맞추어 문서를 편집합니다.

출제 유형 미리보기

소스파일: 07차시(문제).hwp   완성파일: 07차시(완성).hwp

글꼴 : 굴림, 18pt, 진하게, 가운데 정렬
책갈피 이름 : 장래희망
덧말 넣기

머리말 기능
돋움, 10pt, 오른쪽 정렬

초중등 진로교육 현황 조사

그림위치(내 PC\문서\ITQ\Picture\
그림4.jpg, 문서에 포함)
자르기 기능 이용, 크기(40mm×40mm),
바깥 여백 왼쪽 : 2mm

문단 첫 글자 장식 기능
글꼴 : 궁서, 면색 : 노랑

유튜버가 대세
초등학생 미래 희망 직업

초등학생들의 미래 희망 직업 조사 결과가 흥미롭다. 교육부와 한국직업능력개발원에서는 2022년 초중등 학생들을 대상으로 한 희망 직업(職業) 조사 결과 보고서를 발표했다. 이 중 초등학생들의 희망 직업 결과가 주목할 만하다. 그동안 다년간 1위를 차지했던 '교사'를 밀어내고 '운동선수'가 1위를 차지했으며, 인터넷방송 진행자인 '유튜버'가 처음으로 희망 직업 5위로 10위권에 진입한 것은 처음이다.

각종 국제대회(國際大會)에서 성과를 내는 스포츠 선수들을 보면서 손흥민, 김연아와 같은 운동선수가 되기를 꿈꾸는 것으로 예상된다. 가장 눈길을 끄는 것은 바로 5위에 오른 '유튜버'이다. 1인 미디어 시대가 도래하면서 이미 유튜브에서는 수많은 어린이 인플루언서ⓐ들이 활약하고 있다. 이 영향으로 유튜버를 꿈꾸는 아이들이 늘어나고 있는 것으로 판단된다.

초중고 학생들이 희망 직업을 선택한 이유로는 '내가 좋아해서', '내가 잘 할 수 있을 것 같아서'가 차례로 1위와 2위를 차지했다. 부모의 희망 직업과는 별개로 자신이 잘 할 수 있는 직업에 대한 선호 현상이 뚜렷해졌다.

각주

◆ 초등학생 미래 희망 직업 조사 개요

글꼴 : 돋움, 18pt, 하양
음영색 : 파랑

가. 설문기간 및 조사인원
  1) 설문기간 : 2022년 6월 12일 - 7월 20일(약 5주간)
  2) 조사인원 : 전국 400개 초등학교 8,597명
나. 조사 시행 방법
  1) 공문 발송 : 웹 페이지 주소를 전체 대상 학교에 공문 발송
  2) 모바일용 개발 : 응답의 편의성 제공을 위해 모바일용 개발

문단 번호 기능 사용
1수준 : 20pt, 오른쪽정렬,
2수준 : 30pt, 오른쪽정렬
줄 간격 : 180%

표 전체 글꼴 : 돋움, 10pt, 가운데 정렬
셀 배경(그러데이션) : 유형(가운데에서),
시작색(하양), 끝색(노랑)

◆ 희망 직업 순위 변화와 선택 이유

글꼴 : 돋움, 18pt, 밑줄, 강조색

순위	2021년	2022년	비고
1위	교사	운동선수	아시안 게임, 월드컵 등의 스포츠 행사를 통한 높은 관심
2위	운동선수	교사	높은 사명감으로 일하고 다른 사람의 존경을 받는 직업
3위	의사	의사	높은 사명감으로 일하고 다른 사람의 존경을 받는 직업
4위	요리사	요리사	내가 아이디어를 내고 창의적으로 일할 수 있는 직업
5위	경찰관	유튜버	내가 아이디어를 내고 창의적으로 일할 수 있는 직업

글꼴 : 굴림, 24pt, 진하게
장평 105%, 오른쪽 정렬
한국직업능력개발원

각주 구분선 : 5cm

ⓐ 페이스북, 유튜브 등 소셜네트워크서비스에 수십만 명의 구독자를 보유한 SNS 유명인

쪽 번호 매기기
6으로 시작

⑥

★ 과정 미리보기
문서 입력 ➜ 조건에 맞추어 문서 편집 ➜ 그림 입력 ➜ 표 작업 및 편집 ➜ 쪽 번호 입력

정보기술자격(ITQ) 실전모의고사

과 목	코 드	문제유형	시험시간	수험번호	성 명
아래한글	1111	A	60분		

수험자 유의사항

◎ 수험자는 문제지를 받는 즉시 문제지와 **수험표상의 시험과목(프로그램)이 동일한지 반드시 확인**하여야 합니다.
◎ 파일명은 본인의 "수험번호-성명"으로 입력하여 답안폴더(내 PC₩문서₩ITQ)에 하나의 파일로 저장해야 하며, 답안문서 파일명이 "수험번호-성명"과 일치하지 않거나, 답안파일을 전송하지 않아 미제출로 처리될 경우 실격 처리합니다 (예:12345678-홍길동.hwp).
◎ 답안 작성을 마치면 파일을 저장하고, '답안 전송' 버튼을 선택하여 감독위원 PC로 답안을 전송하십시오. 수험생 정보와 저장한 파일명이 다를 경우 전송되지 않으므로 주의하시기 바랍니다.
◎ 답안 작성 중에도 **주기적으로 저장하고, '답안 전송'**하여야 문제 발생을 줄일 수 있습니다. 작업한 내용을 저장하지 않고 전송할 경우 이전에 저장된 내용이 전송되오니 이점 유의하시기 바랍니다.
◎ 답안문서는 지정된 경로 외의 다른 보조기억장치에 저장하는 경우, 지정된 시험 시간 외에 작성된 파일을 활용할 경우, 기타 통신수단(이메일, 메신저, 네트워크 등)을 이용하여 타인에게 전달 또는 외부 반출하는 경우는 부정 처리합니다.
◎ 시험 중 부주의 또는 고의로 시스템을 파손한 경우는 수험자가 변상해야 하며, <수험자 유의사항>에 기재된 방법대로 이행하지 않아 생기는 불이익은 수험생 당사자의 책임임을 알려 드립니다.
◎ 문제의 조건은 한컴오피스 2020 버전으로 설정되어 있으며 한컴오피스 NEO는【 】에 표기되어 있습니다. 이와 관련하여 작성한 답안의 출력형태가 문제지와 다를 수 있습니다.
◎ 시험을 완료한 수험자는 답안파일이 전송되었는지 확인한 후 감독위원의 지시에 따라 문제지를 제출하고 퇴실합니다.

답안 작성요령

◎ 온라인 답안 작성 절차
  수험자 등록 ⇒ 시험 시작 ⇒ 답안파일 저장 ⇒ 답안 전송 ⇒ 시험 종료
◎ 공통 부문
  • 글꼴에 대한 기본설정은 함초롬바탕, 10포인트, 검정, 줄간격 160%, 양쪽정렬로 합니다.
  • 색상은 조건의 색을 적용하고 색의 구분이 안 될 경우에는 RGB 값을 적용하십시오.
   (빨강 255,0,0 / 파랑 0,0,255 / 노랑 255,255,0).
  • 각 문항에 주어진 《조건》에 따라 작성하고 언급하지 않은 조건은 《출력형태》와 같이 작성합니다.
  • 용지여백은 왼쪽·오른쪽 11mm, 위쪽·아래쪽·머리말·꼬리말 10mm, 제본 0mm로 합니다.
  • 그림 삽입 문제의 경우 「내 PC₩문서₩ITQ₩Picture」 폴더에서 지정된 파일을 선택하여 삽입하십시오.
  • 삽입한 그림은 반드시 문서에 포함하여 저장해야 합니다(미포함 시 감점 처리).
  • 각 항목은 지정된 페이지에 출력형태와 같이 정확히 작성하시기 바라며, 그렇지 않을 경우에 해당 항목은 0점 처리됩니다.
   ※ 페이지구분 : 1페이지 - 기능평가 I (문제번호 표시 : 1. 2.),
           2페이지 - 기능평가 II (문제번호 표시 : 3. 4.),
           3페이지 - 문서작성 능력평가
◎ 기능평가
  • 문제와 《조건》은 입력하지 않으며 문제번호와 답(《출력형태》)만 작성합니다.
  • 4번 문제는 묶기를 했을 경우 0점 처리됩니다.
◎ 문서작성 능력평가
  • A4 용지(210mm×297mm) 1매 크기, 세로 서식 문서로 작성합니다.
  • [   ] 표시는 문서작성에 대한 지시사항이므로 작성하지 않습니다.

- 제목 → 글꼴 : 굴림, 18pt, 진하게, 가운데 정렬 / 책갈피 이름 : 장래희망 / 덧말 넣기
- 머리말 → 머리말 기능, 돋움, 10pt, 오른쪽 정렬

1. 문서 내용 입력 및 제목 편집하기

❶ **07차시(문제).hwp** 파일을 실행한 후 3페이지에 입력된 제목(**직업**) 뒤에 커서를 놓고 [Enter]를 두 번 누른 후 지시선의 내용을 제외한 본문만 오탈자 없이 입력합니다.

➕ 첫 번째 문단 시작은 띄어쓰기 없이 바로 내용을 입력하면 되고, 나머지 문단을 시작할 때는 [Space Bar]를 두 번 누른 후 내용을 입력합니다.

초등학생 미래 희망 직업↵ [Enter]

↵ [Enter]

초등학생들의 미래 희망 직업 조사 결과가 흥미롭다. 교육부와 한국직업능력개발원에서는 2022년 초중등 학생들을 대상으로 한 희망 직업 조사 결과 보고서를 발표했다. 이 중 초등학생들의 희망 직업 결과가 주목할 만하다. 그동안 다년간 1위를 차지했던 '교사'를 밀어내고 '운동선수'가 1위를 차지했으며, 인터넷방송 진행자인 '유튜버'가 처음으로 희망 직업 5위로 10위권에 진입한 것은 처음이다.↵ [Enter]

[Space Bar 2번]⎵⎵각종 국제대회에서 성과를 내는 스포츠 선수들을 보면서 손흥민, 김연아와 같은 운동선수가 되기를 꿈꾸는 것으로 예상된다. 가장 눈길을 끄는 것은 바로 5위에 오른 '유튜버'이다. 1인 미디어 시대가 도래하면서 이미 유튜브에서는 수많은 어린이 인플루언서들이 활약하고 있다. 이 영향으로 유튜버를 꿈꾸는 아이들이 늘어나고 있는 것으로 판단된다.↵ [Enter]

[Space Bar 2번]⎵⎵초중고 학생들이 희망 직업을 선택한 이유로는 '내가 좋아해서', '내가 잘 할 수 있을 것 같아서'가 차례로 1위와 2위를 차지했다. 부모의 희망 직업과는 별개로 자신이 잘 할 수 있는 직업에 대한 선호 현상이 뚜렷해졌다.↵

❷ 제목을 편집하기 위해 블록으로 지정한 후 서식 도구 상자에서 **글꼴(굴림)**, **글자 크기(18pt)**, **진하게(가)**, **가운데 정렬(를)**을 지정합니다.

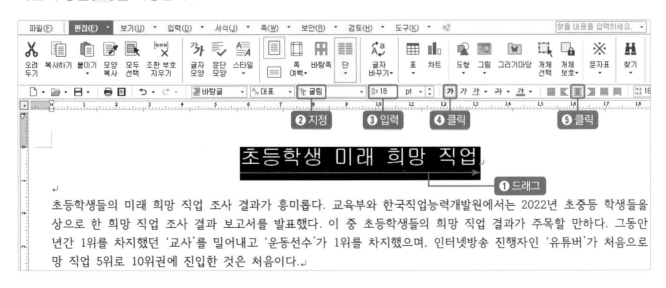

글꼴 : 굴림, 18pt, 진하게, 가운데 정렬
책갈피 이름 : 남원
덧말 넣기

머리말 기능
돋움, 10pt, 오른쪽 정렬 → 행복도시 남원

춘향골 명품 도시
함께 떠나요! 남원 여행

문단 첫 글자 장식 기능
글꼴 : 궁서, 면색 : 노랑

그림위치(내 PC₩문서₩ITQ₩Picture₩그림4.jpg, 문서에 포함)
자르기 기능 이용, 크기(40mm×35mm), 바깥 여백 왼쪽 : 2mm

남원은 동편제 소리의 발상지이며 춘향가와 흥부가의 배경지로서 국악의 역사가 보존 전승되어 온 국악의 본고장으로, 오늘날 동편제 판소리를 정형화한 가왕 송흥록이 태어난 유서 깊은 곳이다. 춘향이의 사연이 얽혀 있는 곳이 많은 관계로 흔히 춘향골이라 부른다. 이에 춘향의 절개와 정절을 부덕의 상징으로 숭상(崇尙)하고 숭모하기 위한 춘향제 가 매년 5월 5일을 전후하여 개최(開催)되고 있다. 신비의 영약으로 잘 알려진 고로쇠 약수 가 지리산 뱀사골, 달궁, 반야봉 등에 군락을 이룬 고로쇠나무에서 매년 우수 무렵부터 경 칩을 지나 보름 정도까지 약 1개월간 채취되어 점차 국민들로부터 각광을 받고 있어 이 또 한 널리 알리고자 축제화하였다. 바래봉 자락에서는 해마다 4월 말에서 5월 중순경까지 철쭉㉠이 장관을 이루어 마치 진홍색 물감을 풀어 놓은 듯 환상적인 비경으로 관광객들을 사로잡고 있다.

각주

또한 남원은 고려 말(1380년) 이성계 장군이 삼남을 휩쓸고 노략질을 하는 왜적을 물리친 황산이 있는 곳으로 고려 사, 용비어천가의 고사에 따라 선조 10년(1577년)에 황산대첩비가 건립되었으며, 왜장 아지발도가 이성계의 화살에 맞아 죽을 때 흘린 피가 바위에 붉게 물들어 지금까지 남아 있다는 피바위로도 유명하다.

♥ 남원의 축제 및 문화 예술

글꼴 : 궁서, 18pt, 하양
음영색 : 빨강

① 남원의 대표적 축제

(ㄱ) 사랑 이야기 축제 : 춘향제

(ㄴ) 향토 문화 축제 : 흥부제

② 남원의 대표적 문화 예술

(ㄱ) 국악 분야 : 남원 판소리

(ㄴ) 국보 : 실상사 백장암 삼층 석탑

문단 번호 기능 사용
1수준 : 20pt, 오른쪽정렬,
2수준 : 30pt, 오른쪽정렬
줄 간격 : 180%

표 전체 글꼴 : 굴림, 10pt, 가운데 정렬
셀 배경(그러데이션) : 유형【수평】,
시작색(하양), 끝색(노랑)

♥ 남원 축제 세부내용

글꼴 : 궁서, 18pt, 기울임, 강조점

구분	시기	장소	주요 행사
바래봉 눈꽃축제	12-2월	운봉읍 용산리	눈썰매 운영, 눈꽃 등반, 눈조각 전시
바래봉 철쭉제	3-5월	운봉읍	철쭉제례, 기념식, 철쭉길 등반대회
고로쇠약수제		산내면 부운리	풍년기원 산신제, 지리산골 터울림
남원흥부제	10월	춘향문화 예술회관	남원농악경연, 각종 백일장, 흥부전 한마당
뱀사골 단풍축제		산내면 와운길	산신제와 등산대회, 판소리 체험

글꼴 : 돋움, 24pt, 진하게
장평 105%, 오른쪽 정렬 → # 남원시문화관광

각주 구분선 : 5cm

㉠ 한국, 중국, 일본 등에 분포하며 걸음을 머뭇거리게 한다는 뜻의 척촉이 변해서 된 이름

쪽 번호 매기기
2로 시작 → ②

❸ 제목이 블록으로 지정된 상태에서 덧말을 입력하기 위해 **[입력] 탭-[덧말(^{덧말})]**을 클릭합니다.

❹ **[덧말 넣기]** 대화상자가 나타나면 덧말 입력 칸에 **유튜버가 대세**를 입력한 후 **<넣기>**를 클릭합니다.

➕ '본말'은 블록으로 지정된 제목 내용이 표시되며, 덧말 위치는 '위'가 기본값이므로 《출력형태》를 참고하여 선택합니다.

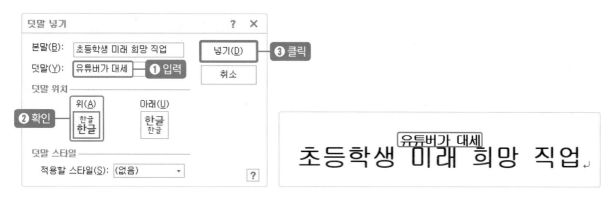

시험꿀팁

제목 위쪽에 덧말을 입력하는 문제가 고정적으로 출제되며, 입력된 덧말을 더블 클릭하면 덧말을 수정할 수 있습니다.

2. 머리말 입력 및 편집하기 　　　– 머리말 기능 → 돋움, 10pt, 오른쪽 정렬

❶ 머리말을 입력하기 위해 **[쪽] 탭-[머리말(▤)]-[위쪽]-[모양 없음]**을 클릭합니다.

➕ 머리말 바로 가기 키 : Ctrl + N , H

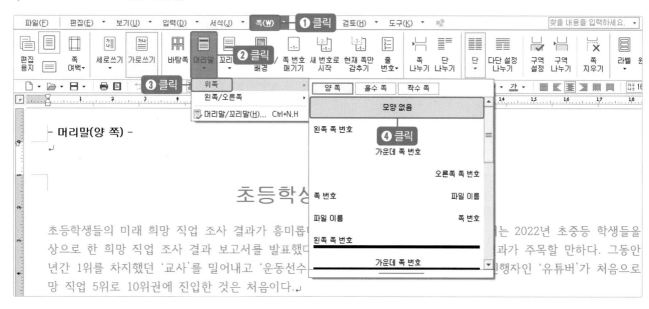

3. 다음 (1), (2)의 수식을 수식 편집기로 각각 입력하시오. (40점)

《출력형태》

(1) $g = \dfrac{GM}{R^2} = \dfrac{6.67 \times 10^{-11} \times 6.0 \times 10^{24}}{(6.4 \times 10^7)^2}$

(2) $\displaystyle\int_0^3 \dfrac{\sqrt{6t^2 - 18t + 12}}{5}\, dt = 11$

4. 다음의 《조건》에 따라 《출력형태》와 같이 문서를 작성하시오. (110점)

《조건》   (1) 그리기 도구를 이용하여 작성하고, 모든 도형(글맵시, 지정된 그림 포함)을 《출력형태》와 같이 작성하시오.

                      (2) 도형의 면색은 지시사항이 없으면 색 없음을 제외하고 서로 다르게 임의로 지정하시오.

《출력형태》

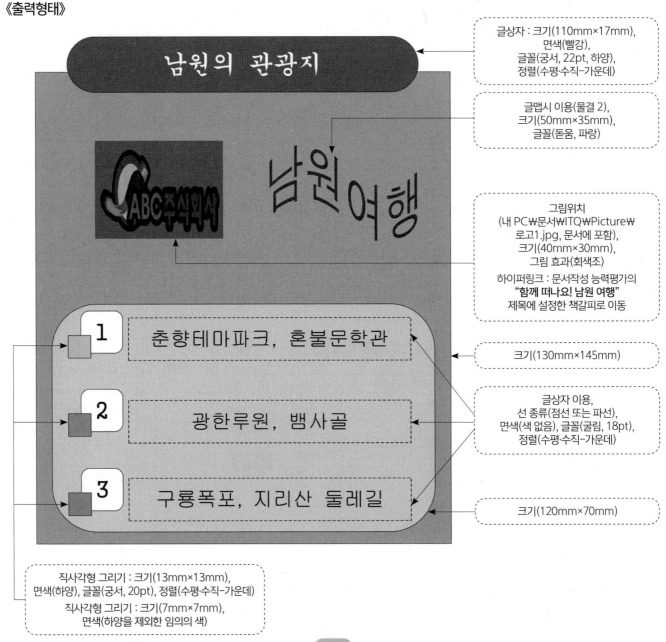

❷ 머리말 입력 부분이 활성화되면 해당 영역을 클릭한 후 문제지를 참고하여 머리말 내용(**초중등 진로교육 현황 조사**)을 입력합니다.

❸ 머리말을 블록으로 지정한 후 서식 도구 상자에서 **글꼴(돋움), 크기(10pt), 오른쪽 정렬(≡)**을 지정합니다.

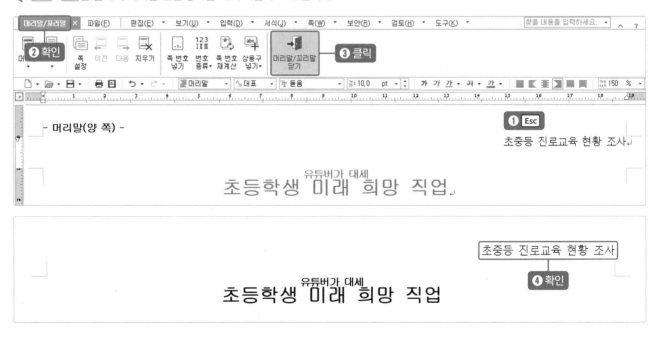

❹ 머리말 작업이 완료되면 Esc를 눌러 결과를 확인한 후 [머리말/꼬리말] 탭-[머리말/꼬리말 닫기(↙)]를 클릭합니다.

➕ Shift + Esc를 눌러서 머리말 편집 상태를 빠져 나올 수도 있습니다.

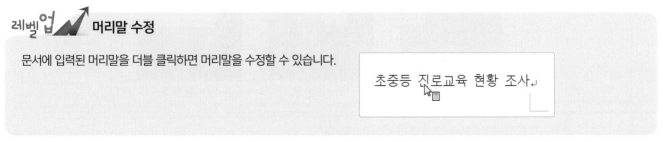

레벨업 📈 **머리말 수정**

문서에 입력된 머리말을 더블 클릭하면 머리말을 수정할 수 있습니다.

초중등 진로교육 현황 조사↵

1. 다음의 《조건》에 따라 스타일 기능을 적용하여 《출력형태》와 같이 작성하시오. (50점)

《조건》 (1) 스타일 이름 - namwon
(2) 문단 모양 - 왼쪽 여백 : 15pt, 문단 아래 간격 : 10pt
(3) 글자 모양 - 글꼴 : 한글(돋움)/영문(굴림), 크기 : 10pt, 장평 : 95%, 자간 : 5%

《출력형태》

Namwon is a city of culture and tourism, where you can enjoy pristine natural landscape and colorful festivals all year around including the Chunhyang Festival.

남원은 판소리 다섯 마당 중 춘향가와 흥부가의 배경지가 될 만큼 예로부터 국악의 산실이었으며, 우리 민족의 영원한 '사랑의 지침서'인 고전 춘향전의 발상지이다.

2. 다음의 《조건》에 따라 《출력형태》와 같이 표와 차트를 작성하시오. (100점)

《표 조건》 (1) 표 전체(표, 캡션) - 돋움, 10pt
(2) 정렬 - 문자 : 가운데 정렬, 숫자 : 오른쪽 정렬
(3) 셀 배경(면색) : 노랑
(4) 한글의 계산 기능을 이용하여 빈칸에 합계를 구하고, 캡션 기능 사용할 것
(5) 선 모양은 《출력형태》와 동일하게 처리할 것

《출력형태》

남원 축제 방문객 현황(단위 : 만 명)

구분	2016년	2017년	2018년	2019년	합계
바래봉 철쭉제	32	28	29	19	
남원춘향제	23	19	27	28	
남원흥부제	28	18	18	19	
바래봉 눈꽃축제	21	14	21	20	

《차트 조건》 (1) 차트 데이터는 표 내용에서 연도별 바래봉 철쭉제, 남원춘향제, 남원흥부제의 값만 이용할 것
(2) 종류 - <묶은 세로 막대형>으로 작업할 것
(3) 제목 - 【굴림, 진하게, 12pt, 배경 - 선 모양(한 줄로), 그림자(2pt)】
(4) 제목 이외의 전체 글꼴 - 굴림, 보통, 10pt
(5) 축제목과 범례는 《출력형태》와 동일하게 처리할 것

《출력형태》

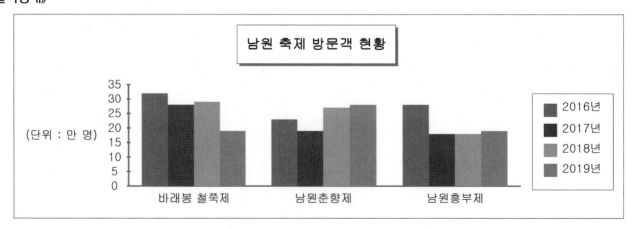

문단 첫 글자 장식 및 한자 입력하기

문단 첫 글자 장식 기능 → 글꼴 : 궁서, 면색 : 노랑

1. 문단 첫 글자 장식하기

❶ 첫 번째 문단의 첫 글자(초) 앞에 커서를 놓고 [서식] 탭-[문단 첫 글자 장식( )]을 클릭합니다.

➕ 글자를 블록으로 지정하지 않도록 주의합니다.

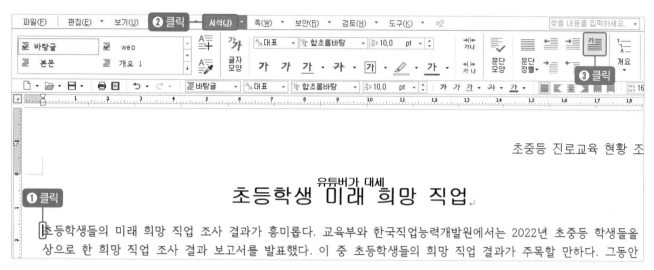

❷ [문단 첫 글자 장식] 대화상자가 나타나면 **모양(2줄( ))**, **글꼴(궁서)**, **면 색(노랑)**을 지정한 후 <설정>을 클릭합니다.

➕ 면 색 '노랑'은 색상 테마( )에서 [오피스] 테마로 변경해야 선택할 수 있습니다.

시험꿀팁

• 문단 첫 글자 장식의 모양은 문제지를 참고하여 작업하며, '2줄'이 고정적으로 출제되고 있습니다.
• 글꼴은 '궁서, 굴림, 돋움'이 주로 출제되며, 면 색은 '노랑'이 고정적으로 출제되고 있습니다.

정보기술자격(ITQ) 실전모의고사

과 목	코 드	문제유형	시험시간	수험번호	성 명
아래한글	1111	C	60분		

수험자 유의사항

◎ 수험자는 문제지를 받는 즉시 문제지와 <u>수험표상의 시험과목(프로그램)이 동일한지 반드시 확인</u>하여야 합니다.

◎ 파일명은 본인의 "수험번호-성명"으로 입력하여 답안폴더(내 PC₩문서₩ITQ)에 하나의 파일로 저장해야 하며, 답안문서 파일명이 "수험번호-성명"과 일치하지 않거나, 답안파일을 전송하지 않아 미제출로 처리될 경우 실격 처리합니다 (예:12345678-홍길동.hwp).

◎ 답안 작성을 마치면 파일을 저장하고, '답안 전송' 버튼을 선택하여 감독위원 PC로 답안을 전송하십시오. 수험생 정보와 저장한 파일명이 다를 경우 전송되지 않으므로 주의하시기 바랍니다.

◎ 답안 작성 중에도 <u>주기적으로 저장하고, '답안 전송'</u>하여야 문제 발생을 줄일 수 있습니다. 작업한 내용을 저장하지 않고 전송할 경우 이전에 저장된 내용이 전송되오니 이점 유의하시기 바랍니다.

◎ 답안문서는 지정된 경로 외의 다른 보조기억장치에 저장하는 경우, 지정된 시험 시간 외에 작성된 파일을 활용할 경우, 기타 통신수단(이메일, 메신저, 네트워크 등)을 이용하여 타인에게 전달 또는 외부 반출하는 경우는 부정 처리합니다.

◎ 시험 중 부주의 또는 고의로 시스템을 파손한 경우는 수험자가 변상해야 하며, <수험자 유의사항>에 기재된 방법대로 이행 하지 않아 생기는 불이익은 수험생 당사자의 책임임을 알려 드립니다.

◎ 문제의 조건은 한컴오피스 2020 버전으로 설정되어 있으며 한컴오피스 NEO는 【 】에 표기되어 있습니다. 이와 관련하여 작성한 답안의 출력형태가 문제지와 다를 수 있습니다.

◎ 시험을 완료한 수험자는 답안파일이 전송되었는지 확인한 후 감독위원의 지시에 따라 문제지를 제출하고 퇴실합니다.

답안 작성요령

◎ **온라인 답안 작성 절차**
　수험자 등록 ⇒ 시험 시작 ⇒ 답안파일 저장 ⇒ 답안 전송 ⇒ 시험 종료

◎ **공통 부문**
　• 글꼴에 대한 기본설정은 함초롬바탕, 10포인트, 검정, 줄간격 160%, 양쪽정렬로 합니다.
　• 색상은 조건의 색을 적용하고 색의 구분이 안 될 경우에는 RGB 값을 적용하십시오.
　　(빨강 255,0,0 / 파랑 0,0,255 / 노랑 255,255,0).
　• 각 문항에 주어진 《조건》에 따라 작성하고 언급하지 않은 조건은 《출력형태》와 같이 작성합니다.
　• 용지여백은 왼쪽·오른쪽 11mm, 위쪽·아래쪽·머리말·꼬리말 10mm, 제본 0mm로 합니다.
　• 그림 삽입 문제의 경우 「내 PC₩문서₩ITQ₩Picture」 폴더에서 지정된 파일을 선택하여 삽입하십시오.
　• 삽입한 그림은 반드시 문서에 포함하여 저장해야 합니다(미포함 시 감점 처리).
　• 각 항목은 지정된 페이지에 출력형태와 같이 정확히 작성하시기 바라며, 그렇지 않을 경우에 해당 항목은 0점 처리됩니다.
　　※ 페이지구분 : 1페이지 - 기능평가Ⅰ(문제번호 표시 : 1. 2.),
　　　　　　　　　　2페이지 - 기능평가Ⅱ(문제번호 표시 : 3. 4.),
　　　　　　　　　　3페이지 - 문서작성 능력평가

◎ **기능평가**
　• 문제와 《조건》은 입력하지 않으며 문제번호와 답(《출력형태》)만 작성합니다.
　• 4번 문제는 묶기를 했을 경우 0점 처리됩니다.

◎ **문서작성 능력평가**
　• A4 용지(210mm×297mm) 1매 크기, 세로 서식 문서로 작성합니다.
　• ⌐‾‾‾‾‾¬ 표시는 문서작성에 대한 지시사항이므로 작성하지 않습니다.

2. 한자 변환하기 – 언급하지 않은 조건은 《출력형태》와 같이 작성합니다.

❶ 본문 내용 중에서 한자로 변환할 단어인 **직업**을 블록으로 지정한 후 F9를 누릅니다.

➕ · 한자 변환 작업 전에 문제지에서 변환할 단어(직업, 국제대회)들을 먼저 확인한 후 차례로 작업합니다.
· [입력]–[한자 입력(🔅)]–[한자로 바꾸기] 메뉴를 이용하거나 한자를 눌러 변환할 수도 있습니다.

유튜버가 대세
초등학생 미래 희망 직업↵

블록 지정+ F9

초 등학생들의 미래 희망 직업 조사 결과가 흥미롭다. 교육부와 한국직업능력개발원에서는 2022년 초중등 학생들
을 대상으로 한 희망 직업 조사 결과 보고서를 발표했다. 이 중 초등학생들의 희망 직업 결과가 주목할 만하
다. 그동안 다년간 1위를 차지했던 '교사'를 밀어내고 '운동선수'가 1위를 차지했으며, 인터넷방송 진행자인 '유튜버'

❷ [한자로 바꾸기] 대화상자가 나타나면 문제지와
동일한 한자를 선택하고 '입력 형식'을 **한글(漢字)**로
선택한 후 <바꾸기>를 클릭합니다.

➕ 입력 형식
– '漢字' : 한글을 한자로만 변환(예 : 韓國)
– 漢字(한글) : 한자와 한글로 변환(예 : 韓國(한국))
– 한글(漢字) : 한글과 한자로 변환(예 : 한국(韓國))

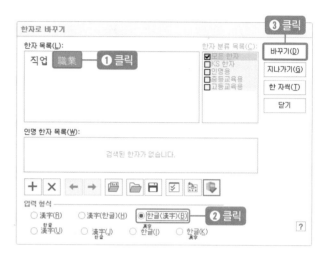

❸ 동일한 방법으로 **국제대회**도 문제지와 동일한 한자로 변환합니다.

초 등학생들의 미래 희망 직업 조사 결과가 흥미롭다. 교육부와 한국직업능력개발원에서는 2022년 초중등 학생들
을 대상으로 한 희망 직업(職業) 조사 결과 보고서를 발표했다. 이 중 초등학생들의 희망 직업 결과가 주목할
만하다. 그동안 다년간 1위를 차지했던 '교사'를 밀어내고 '운동선수'가 1위를 차지했으며, 인터넷방송 진행자인 '유튜
버'가 처음으로 희망 직업 5위로 10위권에 진입한 것은 처음이다.↵
각종 국제대회(國際大會)에서 성과를 내는 스포츠 선수들을 보면서 손흥민, 김연아와 같은 운동선수가 되기를 꿈꾸
는 것으로 예상된다. 가장 눈길을 끄는 것은 바로 5위에 오른 '유튜버'이다. 1인 미디어 시대가 도래하면서 이미 유튜
브에서는 수많은 어린이 인플루언서들이 활약하고 있다. 이 영향으로 유튜버를 꿈꾸는 아이들이 늘어나고 있는 것으
로 판단된다.↵

레벨업 📈 **한자 변환(복합 단어)**

만약 두 개 이상의 복합된 단어를 한자로 변환할 경우에는 괄호를 넣어 해당 단어를 입력한 후 한 단어씩 한자로 변환합니다. 단, 괄호
안의 단어를 한자로 변환할 때는 입력 형식을 '漢字'로 선택합니다.

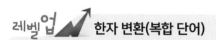

| 초중고 학생들이 선택한 희망직업과는 별개로 자 | ➡ | 초중고 학생들이 선택한 희망직업(희망직업)과는 | ➡ | 초중고 학생들이 선택한 희망직업(希望직업)과는 | ➡ | 초중고 학생들이 선택한 희망직업(希望職業)과는 |

글꼴 : 굴림, 18pt, 진하게, 가운데 정렬
책갈피 이름 : 산업혁명
덧말 넣기

머리말 기능
돋움, 10pt, 오른쪽 정렬 → 4차 산업혁명

융합 기술 혁명
4차 산업혁명과 한국의 미래

문단 첫 글자 장식 기능
글꼴 : 궁서, 면색 : 노랑

각주

그림위치(내 PC₩문서₩ITQ₩Picture₩그림4.jpg, 문서에 포함)
자르기 기능 이용, 크기(40mm×35mm), 바깥 여백 왼쪽 : 2mm

미래의 일자리는 200만 개가 새롭게 증가하지만 700만 개는 사라질 것으로 전망하면서 세계의 주목을 받았다. 현행 사무와 행정, 제조업 등의 일자리는 대규모로 감소할 것으로 예상되고 비즈니스, 금융, 컴퓨터 분야 등의 일자리가 새롭게 나타날 것으로 예상되었다. 4차 산업혁명ⓐ은 현재 청년 일자리 부족이 심각한 사회 문제로 제기(提起)되고 있는 한국에도 큰 시사점을 주고 있는 상황이다. 4차 산업혁명은 3차 산업혁명의 토대 위에 물리, 디지털, 바이오 기술의 융합을 특징으로 하고 있고, 교육에서도 이러닝 기반의 새로운 혁신(革新)이 예고되고 있다.

　정부에서는 4차 산업혁명 준비의 중요성을 인식하고 '4차 산업혁명과 한국의 미래'라는 주제로 미래 교육 포럼을 기획하고 있다. 미국, 독일 등 선진국과의 4차 산업혁명 준비 정도를 비교 및 점검하고 밝은 미래를 위해 한국이 준비해야 할 핵심 사항들을 분야별 전문가 강연을 통해 공유할 수 있는 장을 마련할 예정이다. 이번 행사는 과학기술정보통신부와 교육부가 공동 주최하고 4차산업혁명포럼추진위원회에서 추진할 계획이다. 이번 행사를 통해 우리 청소년들에게 불확실한 미래를 대비할 수 있는 기회가 제공되길 바란다.

★ **4차 산업혁명의 주요 기술**

글꼴 : 궁서, 18pt, 하양
음영색 : 빨강

① 디지털 기술
　(ㄱ) 자료의 디지털화를 통한 복합적인 분석
　(ㄴ) 사물 인터넷, 인공지능, 빅 데이터, 공유 플랫폼
② 바이오 기술
　(ㄱ) 생물학 정보의 분석 및 기술 정밀화를 통한 건강 증진
　(ㄴ) 유전공학, 합성 생물학, 바이오 프린팅

문단 번호 기능 사용
1수준 : 20pt, 오른쪽정렬,
2수준 : 30pt, 오른쪽정렬
줄 간격 : 180%

표 전체 글꼴 : 굴림, 10pt, 가운데 정렬
셀 배경(그러데이션) : 유형【수평】,
시작색(하양), 끝색(노랑)

★ *미래 직업 세계의 변화*

글꼴 : 궁서, 18pt, 기울임, 강조점

구분	분야	내용
세분화 및 전문화	기후변화 전문가	기후의 변화 요인을 파악하여 관련 정책을 수립하는 역할
	노년 플래너	노인들의 건강, 일, 경제, 정서 등의 업무를 전문적으로 수행
융합형	홀로그램 전시기획가	홀로그램 기술을 공연이나 전시에 활용하여 콘텐츠를 기획
	사용자 경험 디자이너	사용자의 경험을 중시하여 제품이나 서비스를 생산
과학기술 진보	아바타 개발자	인간의 뇌와 컴퓨터를 연계하여 가상 공간에서의 아바타 개발

글꼴 : 돋움, 24pt, 진하게
장평 105%, 오른쪽 정렬 → **포럼추진위원회**

각주 구분선 : 5cm

ⓐ 물질적 재화의 생산에 무생물적 자원을 광범위하게 이용하는 조직적 경제 과정

쪽 번호 매기기
4로 시작 → iv

- 각주 → 각주 구분선 : 5cm
- 그림 입력 → 그림위치(내 PC₩문서₩ITQ₩Picture₩그림4.jpg, 문서에 포함), 자르기 기능 이용, 크기(40mm×40mm), 바깥 여백 왼쪽 : 2mm

1. 각주 입력하기

❶ 각주를 입력하기 위해 각주를 입력할 단어(**인플루언서**) 뒤에 커서를 놓은 후 [입력] 탭-[각주(📄)]를 클릭합니다.

➕ 각주 바로 가기 키 : Ctrl+N, N

❷ 문서 하단에 각주 입력 영역이 활성화되면 문제지를 참고하여 각주 내용을 입력합니다.

❸ 각주의 번호 모양을 변경하기 위해 [주석] 탭-[번호 모양(📄)]에서 문제지를 참고하여 **번호 모양(Ⓐ,Ⓑ, Ⓒ)**을 지정한 후 구분선의 길이(5cm)를 확인합니다.

➕ [주석]-[각주/미주 모양 고치기]를 이용하여 '번호 모양'과 '구분선 길이'를 확인 및 변경할 수도 있습니다.

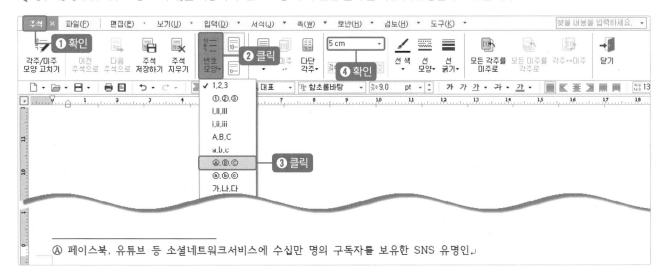

3. 다음 (1), (2)의 수식을 수식 편집기로 각각 입력하시오. (40점)

《출력형태》

(1) $\dfrac{a^4}{T^2} - 1 = \dfrac{G}{4\pi^2}(M+m)$

(2) $\displaystyle\int_0^1 (\sin x + \dfrac{x}{2})dx = \int_0^1 \dfrac{1+\sin x}{2} dx$

4. 다음의 《조건》에 따라 《출력형태》와 같이 문서를 작성하시오. (110점)

《조건》　　(1) 그리기 도구를 이용하여 작성하고, 모든 도형(글맵시, 지정된 그림 포함)을 《출력형태》와 같이
작성하시오.
(2) 도형의 면색은 지시사항이 없으면 색 없음을 제외하고 서로 다르게 임의로 지정하시오.

《출력형태》

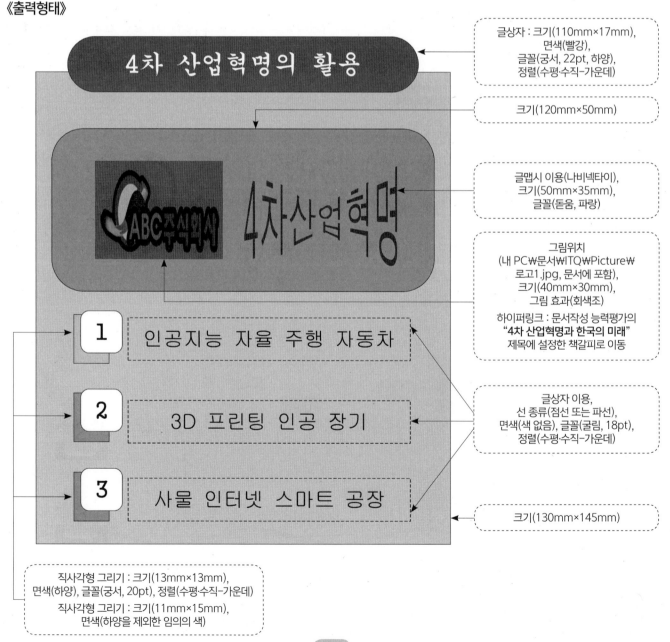

글상자 : 크기(110mm×17mm),
면색(빨강),
글꼴(궁서, 22pt, 하양),
정렬(수평·수직-가운데)

크기(120mm×50mm)

글맵시 이용(나비넥타이),
크기(50mm×35mm),
글꼴(돋움, 파랑)

그림위치
(내 PC₩문서₩ITQ₩Picture₩
로고1.jpg, 문서에 포함),
크기(40mm×30mm),
그림 효과(회색조)
하이퍼링크 : 문서작성 능력평가의
"4차 산업혁명과 한국의 미래"
제목에 설정한 책갈피로 이동

글상자 이용,
선 종류(점선 또는 파선),
면색(색 없음), 글꼴(굴림, 18pt),
정렬(수평·수직-가운데)

크기(130mm×145mm)

직사각형 그리기 : 크기(13mm×13mm),
면색(하양), 글꼴(궁서, 20pt), 정렬(수평·수직-가운데)
직사각형 그리기 : 크기(11mm×15mm),
면색(하양을 제외한 임의의 색)

❹ 각주 번호 모양이 변경되면 문제지와 비교하여 결과가 같은지 확인한 후 **[주석]** 탭에서 **닫기(⊣)** 를 클릭합니다.

    · 문서의 본문 영역을 클릭하거나, [Shift]+[Esc]를 눌러 각주를 닫을 수 있습니다.
    · 문서 아래쪽에 입력된 각주 내용을 클릭하면 각주를 수정할 수 있습니다.

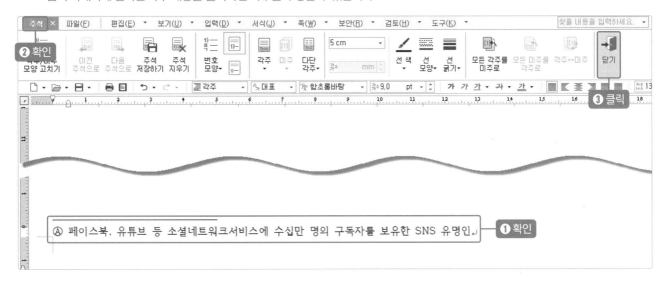

2. 그림 입력하기

– 그림위치(내 PC\문서\ITQ\Picture\그림4.jpg, 문서에 포함), 자르기 기능 이용, 크기(40mm×40mm), 바깥 여백 왼쪽 : 2mm

❶ 그림을 입력하기 위해 **[입력]** 탭-**[그림(🖼)]** 을 클릭합니다.

    그림 바로 가기 키 : [Ctrl]+[N], [I]

❷ **[그림 넣기]** 대화상자가 나타나면 **[내 PC]-[문서]-[ITQ]-[Picture]** 폴더에서 **그림4.jpg** 를 선택한 후 **문서에 포함** 을 체크(✓)하고 **<넣기>** 를 클릭합니다.

    그림을 입력할 때 '글자처럼 취급', '마우스로 크기 지정'은 체크를 해제합니다.

1. 다음의 《조건》에 따라 스타일 기능을 적용하여 《출력형태》와 같이 작성하시오. (50점)

《조건》
(1) 스타일 이름 – revolution
(2) 문단 모양 – 왼쪽 여백 : 15pt, 문단 아래 간격 : 10pt
(3) 글자 모양 – 글꼴 : 한글(돋움)/영문(굴림), 크기 : 10pt, 장평 : 95%, 자간 : 5%

《출력형태》

The Fourth Industrial Revolution is the current trend of automation and data exchange in manufacturing technologies. It includes the internet of things and cloud computing.

4차 산업혁명이란 유전자, 나노, 인공지능, 사물인터넷, 빅데이터, 모바일 등 모든 기술이 융합하여 물리학, 디지털, 생물학 분야가 상호 교류하여 파괴적 혁신을 일으키는 혁명이라 할 수 있다.

2. 다음의 《조건》에 따라 《출력형태》와 같이 표와 차트를 작성하시오. (100점)

《표 조건》
(1) 표 전체(표, 캡션) – 돋움, 10pt
(2) 정렬 – 문자 : 가운데 정렬, 숫자 : 오른쪽 정렬
(3) 셀 배경(면색) : 노랑
(4) 한글의 계산 기능을 이용하여 빈칸에 합계를 구하고, 캡션 기능 사용할 것
(5) 선 모양은 《출력형태》와 동일하게 처리할 것

《출력형태》

4차 산업의 지역별 사업체수(단위 : 백 개)

구분	2017년	2018년	2019년	2020년	합계
대전	12	13	15	15	
부산	22	23	26	27	
대구	16	17	19	20	
인천	20	21	23	25	✕

《차트 조건》
(1) 차트 데이터는 표 내용에서 연도별 대전, 부산, 대구의 값만 이용할 것
(2) 종류 – <묶은 세로 막대형>으로 작업할 것
(3) 제목 – 【굴림, 진하게, 12pt, 배경 – 선 모양(한 줄로), 그림자(2pt)】
(4) 제목 이외의 전체 글꼴 – 굴림, 보통, 10pt
(5) 축제목과 범례는 《출력형태》와 동일하게 처리할 것

《출력형태》

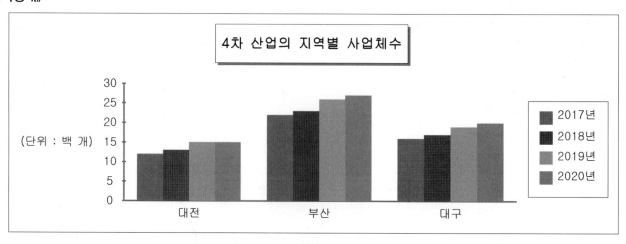

❸ 그림이 삽입되면 그림을 선택한 후 [그림( )] 탭-[자르기( )]를 클릭합니다.

➕ Shift 를 누른 채 조절점을 드래그하면 원하는 그림만 빠르게 잘라낼 수 있습니다.

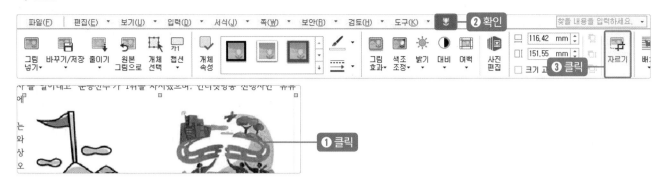

❹ 그림의 테두리에 검정색 자르기 핸들(|, —)이 표시되면 마우스로 드래그하여 문제와 동일한 부분만 표시되도록 그림을 잘라냅니다.

➕ · 대각선 자르기 핸들(┌, ┐)은 상하좌우를 동시에 자를 수 있습니다.
　· 그림 자르기가 완료되면 문서의 빈 공간을 클릭하거나 Esc 를 누릅니다.

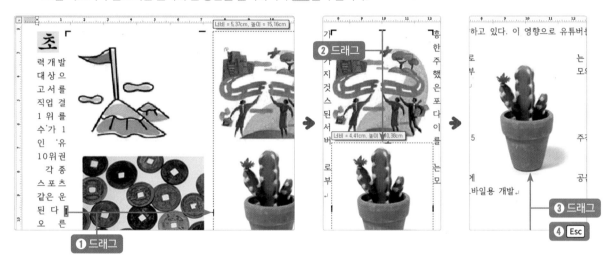

❺ 그림에 속성을 지정하기 위해 삽입된 그림을 더블 클릭합니다.

➕ 그림 위에서 마우스 오른쪽 버튼을 클릭하여 [개체 속성]을 선택해도 결과는 동일합니다.

정보기술자격(ITQ) 실전모의고사

과 목	코 드	문제유형	시험시간	수험번호	성 명
아래한글	1111	B	60분		

수험자 유의사항

◎ 수험자는 문제지를 받는 즉시 문제지와 **수험표상의 시험과목(프로그램)이 동일한지 반드시 확인**하여야 합니다.

◎ 파일명은 본인의 "수험번호-성명"으로 입력하여 답안폴더(내 PC₩문서₩ITQ)에 하나의 파일로 저장해야 하며, 답안문서 파일명이 "수험번호-성명"과 일치하지 않거나, 답안파일을 전송하지 않아 미제출로 처리될 경우 실격 처리합니다 (예:12345678-홍길동.hwp).

◎ 답안 작성을 마치면 파일을 저장하고, '답안 전송' 버튼을 선택하여 감독위원 PC로 답안을 전송하십시오. 수험생 정보와 저장한 파일명이 다를 경우 전송되지 않으므로 주의하시기 바랍니다.

◎ 답안 작성 중에도 **주기적으로 저장하고, '답안 전송'**하여야 문제 발생을 줄일 수 있습니다. 작업한 내용을 저장하지 않고 전송할 경우 이전에 저장된 내용이 전송되오니 이점 유의하시기 바랍니다.

◎ 답안문서는 지정된 경로 외의 다른 보조기억장치에 저장하는 경우, 지정된 시험 시간 외에 작성된 파일을 활용할 경우, 기타 통신수단(이메일, 메신저, 네트워크 등)을 이용하여 타인에게 전달 또는 외부 반출하는 경우는 부정 처리합니다.

◎ 시험 중 부주의 또는 고의로 시스템을 파손한 경우는 수험자가 변상해야 하며, <수험자 유의사항>에 기재된 방법대로 이행 하지 않아 생기는 불이익은 수험생 당사자의 책임임을 알려 드립니다.

◎ 문제의 조건은 한컴오피스 2020 버전으로 설정되어 있으며 한컴오피스 NEO는 【 】에 표기되어 있습니다. 이와 관련하여 작성한 답안의 출력형태가 문제지와 다를 수 있습니다.

◎ 시험을 완료한 수험자는 답안파일이 전송되었는지 확인한 후 감독위원의 지시에 따라 문제지를 제출하고 퇴실합니다.

답안 작성요령

◎ **온라인 답안 작성 절차**
　수험자 등록 ⇒ 시험 시작 ⇒ 답안파일 저장 ⇒ 답안 전송 ⇒ 시험 종료

◎ **공통 부문**
　• 글꼴에 대한 기본설정은 함초롬바탕, 10포인트, 검정, 줄간격 160%, 양쪽정렬로 합니다.
　• 색상은 조건의 색을 적용하고 색의 구분이 안 될 경우에는 RGB 값을 적용하십시오.
　　(빨강 255,0,0 / 파랑 0,0,255 / 노랑 255,255,0).
　• 각 문항에 주어진 《조건》에 따라 작성하고 언급하지 않은 조건은 《출력형태》와 같이 작성합니다.
　• 용지여백은 왼쪽·오른쪽 11mm, 위쪽·아래쪽·머리말·꼬리말 10mm, 제본 0mm로 합니다.
　• 그림 삽입 문제의 경우 「내 PC₩문서₩ITQ₩Picture」 폴더에서 지정된 파일을 선택하여 삽입하십시오.
　• 삽입한 그림은 반드시 문서에 포함하여 저장해야 합니다(미포함 시 감점 처리).
　• 각 항목은 지정된 페이지에 출력형태와 같이 정확히 작성하시기 바라며, 그렇지 않을 경우에 해당 항목은 0점 처리됩니다.
　　※ 페이지구분 : 1페이지 - 기능평가 I (문제번호 표시 : 1. 2.),
　　　　　　　　　2페이지 - 기능평가 II (문제번호 표시 : 3. 4.),
　　　　　　　　　3페이지 - 문서작성 능력평가

◎ **기능평가**
　• 문제와 《조건》은 입력하지 않으며 문제번호와 답(《출력형태》)만 작성합니다.
　• 4번 문제는 묶기를 했을 경우 0점 처리됩니다.

◎ **문서작성 능력평가**
　• A4 용지(210mm×297mm) 1매 크기, 세로 서식 문서로 작성합니다.
　• ⌐ ‾ ‾ ‾ ‾ ¬ 표시는 문서작성에 대한 지시사항이므로 작성하지 않습니다.

❻ [개체 속성] 대화상자가 나타나면 [기본] 탭에서 **너비(40mm)**와 **높이(40mm)**를 입력한 후 **크기 고정** 항목을 체크합니다. 이어서, 본문과의 배치를 **어울림(▥)**으로 선택합니다.

❼ 계속해서 [여백/캡션] 탭을 클릭하여 '바깥 여백'의 **왼쪽(2mm)** 값을 입력한 후 <설정>을 클릭합니다.

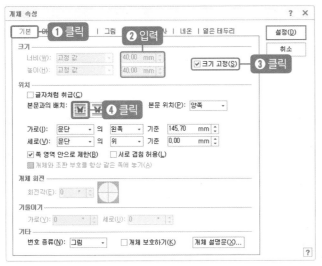

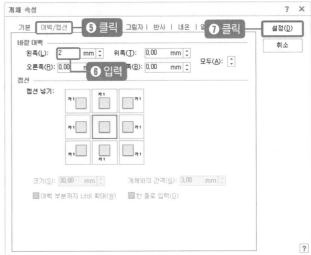

❽ 개체 속성 지정이 완료되면 문제지를 참고하여 그림의 위치를 변경합니다. 단, 그림의 위치를 변경할 때 문장 오른쪽 끝이 문제지와 동일한지 확인합니다.

> ・그림이 삽입된 문장 오른쪽 끝이 문제지와 다를 경우 '오탈자 및 띄어쓰기'를 확인합니다.
> ・키보드 방향키(↑, ↓, ←, →)를 이용하여 그림의 위치를 미세하게 조절할 수 있습니다.

유튜버가 대세
초등학생 미래 희망 직업

> ②확인

초등학생들의 미래 희망 직업 조사 결과가 흥미롭다. 교육부와 한국직업능력개발원에서는 2022년 초중등 학생들을 대상으로 한 희망 직업(職業) 조사 결과 보고서를 발표했다. 이 중 초등학생들의 희망 직업 결과가 주목할 만하다. 그동안 다년간 1위를 차지했던 '교사'를 밀어내고 '운동선수'가 1위를 차지했으며, 인터넷방송 진행자인 '유튜버'가 처음으로 희망 직업 5위로 10위권에 진입한 것은 처음이다.

각종 국제대회(國際大會)에서 성과를 내는 스포츠 선수들을 보면서 손흥민, 김연아와 같은 운동선수가 되기를 꿈꾸는 것으로 예상된다. 가장 눈길을 끄는 것은 바로 5위에 오른 '유튜버'이다. 1인 미디어 시대가 도래하면서 이미 유튜브에서는 수많은 어린이 인플루언서④들이 활약하고 있다. 이 영향으로 유튜버를 꿈꾸는 아이들이 늘어나고 있는 것으로 판단된다.

초중고 학생들이 희망 직업을 선택한 이유로는 '내가 좋아해서', '내가 잘 할 수 있을 것 같아서'가 차례로 1위와 2위를 차지했다. 부모의 희망 직업과는 별개로 자신이 잘 할 수 있는 직업에 대한 선호 현상이 뚜렷해졌다.

> ❶위치 변경

시험꿀팁

[문서작성 능력평가] 부분은 작업량이 많기 때문에 직입 도중에 수시로 문서를 저장해야 합니다. 문서 저장은 [서상하기(ㅂ)]를 클릭하거나 Alt + S를 눌러 저장합니다.

글꼴 : 굴림, 18pt, 진하게, 가운데 정렬
책갈피 이름 : 소하천
덧말 넣기

머리말 기능
돋움, 10pt, 오른쪽 정렬 → 소하천 수질개선

강원 산간지역
민관거버넌스 프로그램 구축

문단 첫 글자 장식 기능
글꼴 : 궁서, 면색 : 노랑

그림위치(내 PC\문서\ITQ\Picture\그림4.jpg, 문서에 포함)
자르기 기능 이용, 크기(40mm×40mm), 바깥 여백 왼쪽 : 2mm

강원 산간지역의 하천 수질은 점오염원보다는 농업비점오염 및 농촌비점오염원의 유입으로 인한 오염(汚染)이 매우 크다. 지형 경사가 큰 산간지역의 특성으로 인하여 우기 시 다량으로 유출되는 토사가 하천으로 유입되면서 수질을 오염시키고, 하류지역 농경지에 토사가 퇴적/매몰되어 부정적인 영향을 미치고 있다. 비점오염원㉠의 특성상 배출범위가 광범위하여 수집을 통한 관리가 불가능한 것이 현실이다.

각주

정부에서는 비점오염원 배출 저감을 위한 다양한 방안을 강구하였으나 효과(效果)를 보지 못하였고, 이에 농업비점오염원 배출 저감을 위한 배출원에서부터 사전 예방적 차원의 관리가 중요하다는 것을 인지하게 되었으며, 이를 위해서는 주민과 농업인의 비점오염원 배출 저감 교육과 홍보가 필요하고 주민의 적극적 참여가 매우 중요하다는 것을 강조하게 되었다. 따라서 소하천 수질 관리를 위해서 농업농촌비점오염의 사전 예방적 관리에 주민과 농업인의 적극적 참여를 유도해야 한다. 또한 고령화되는 농촌지역의 특성을 감안한 역량강화 프로그램을 개발 및 운영하여 주민 스스로 지역 환경을 개선하고 지켜나갈 수 있도록 주민의 관심을 유도하는 것이 필요하다.

※ 주민참여 공론장의 목적 및 주요 내용

글꼴 : 궁서, 18pt, 하양
음영색 : 빨강

가. 주민참여 공론장의 목적
  ㉠ 강원산간 흙탕물 발생 및 수질오염에 대한 의견 공유
  ㉡ 소하천 수질개선을 위한 공동의 목표 수립
나. 주민참여 공론장의 주요 내용
  ㉠ 간담회를 통한 소하천 문제점 공유 및 개선안 논의
  ㉡ 수질오염 개선방안을 위한 공론장 운영

문단 번호 기능 사용
1수준 : 20pt, 오른쪽정렬,
2수준 : 30pt, 오른쪽정렬
줄 간격 : 180%

※ *비점오염원 인식교육*

글꼴 : 궁서, 18pt, 기울임, 강조점

표 전체 글꼴 : 굴림, 10pt, 가운데 정렬
셀 배경(그러데이션) : 유형【수평】,
시작색(하양), 끝색(노랑)

구분	교육주제	교육내용	장소
정화활동	수질개선 EM교육	도시의 평균대기질 농도 파악	거주민 인근하천
주민참여	인식개선 교육	미생물을 이용한 쌀뜨물 발효액 만들기	주민센터 교육장
주민실천	실생활 적용교육	토사유출 및 농업비점오염원 관리 필요성	평생교육기관
실천심화	역량강화 교육	비점오염원 저감 시설의 주민참여 관리 방안	평생교육기관
교육시기 운영계획		강원 산간 지역의 주민실천 사업은 농사시기를 고려할 것	

글꼴 : 돋움, 24pt, 진하게
장평 105%, 오른쪽 정렬
원주지방환경청

각주 구분선 : 5cm

㉠ 불특정 장소에서 불특정하게 수질오염물질을 배출하는 배출원

쪽 번호 매기기
6으로 시작 → ⑥

04 문서의 나머지 내용을 입력한 후 편집하기

소제목 → 글꼴 : 돋움, 18pt, 하양, 음영색 : 파랑

1. 문서 내용 입력 및 표 만들기

❶ 문장 맨 끝(**뚜렷해졌다.**) 뒤쪽에 커서를 놓고 [Enter]를 두 번 누른 후 나머지 본문 내용을 입력합니다.

> 초중고 학생들이 희망 직업을 선택한 이유로는 '내가 좋아해서', '내가 잘 할 수 있을 것 같아서'가 차례로 1위와 2위를 차지했다. 부모의 희망 직업과는 별개로 자신이 잘 할 수 있는 직업에 대한 선호 현상이 뚜렷해졌다. ↵ [Enter]
>
> ↵ [Enter]
> 초등학생 미래 희망 직업 조사 개요↵
> 설문기간 및 조사인원↵
> 설문기간 : 2022년 6월 12일 - 7월 20일(약 5주간)↵
> 조사인원 : 전국 400개 초등학교 8,597명↵
> 조사 시행 방법↵
> 공문 발송 : 웹 페이지 주소를 전체 대상 학교에 공문 발송↵
> 모바일용 개발 : 응답의 편의성 제공을 위해 모바일용 개발↵
> ↵ [Enter]
> 희망 직업 순위 변화와 선택 이유↵ [Enter]

❷ 표를 만들기 위해 **[입력]** 탭-**[표(⊞)]**를 클릭합니다. **[표 만들기]** 대화상자가 나타나면 **줄 수(6)**와 **칸 수 (4)**를 입력한 후 **<만들기>**를 클릭합니다.

> ➕ · 표를 본문에 입력할 때는 '글자처럼 취급'을 클릭하여 선택합니다.
> · 표 바로 가기 키 : [Ctrl]+[N], [T]

❸ 표가 삽입되면 표 오른쪽 끝에서 [Enter]를 두 번 누른 후 단체명을 입력합니다.

↵	↵	↵	↵
↵	↵	↵	↵
↵	↵	↵	↵
↵	↵	↵	↵
↵	↵	↵	↵
↵	↵	↵	↵

↵ [Enter]

↵ [Enter]
한국직업능력개발원↵

3. 다음 (1), (2)의 수식을 수식 편집기로 각각 입력하시오. (40점)

《출력형태》

(1) $\dfrac{V_2}{V_1} = \dfrac{0.90 \times 10^3}{1.0 \times 10^3} = 0.80$

(2) $\displaystyle \int_a^b A(x-a)(x-b)dx = -\dfrac{A}{6}(b-a)^3$

4. 다음의 《조건》에 따라 《출력형태》와 같이 문서를 작성하시오. (110점)

《조건》 (1) 그리기 도구를 이용하여 작성하고, 모든 도형(글맵시, 지정된 그림 포함)을 《출력형태》와 같이 작성하시오.

(2) 도형의 면색은 지시사항이 없으면 색 없음을 제외하고 서로 다르게 임의로 지정하시오.

《출력형태》

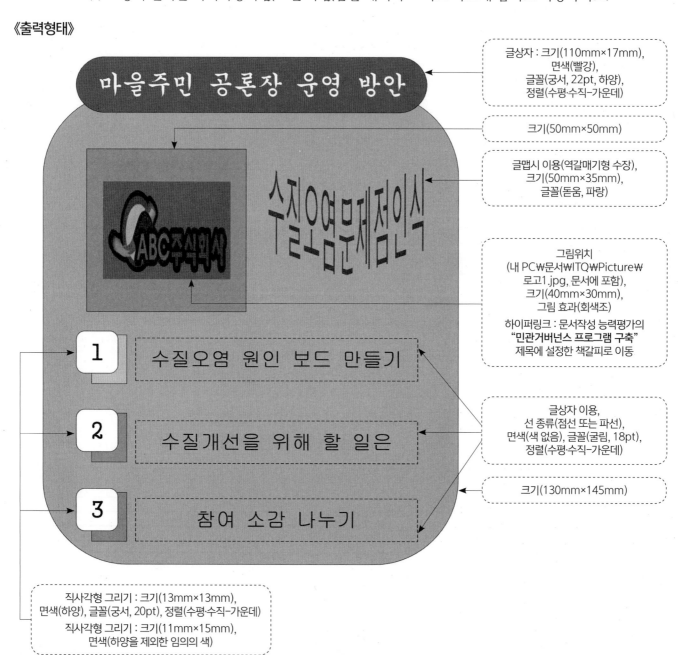

글상자 : 크기(110mm×17mm), 면색(빨강), 글꼴(궁서, 22pt, 하양), 정렬(수평·수직-가운데)

크기(50mm×50mm)

글맵시 이용(역갈매기형 수장), 크기(50mm×35mm), 글꼴(돋움, 파랑)

그림위치 (내 PC₩문서₩ITQ₩Picture₩ 로고1.jpg, 문서에 포함), 크기(40mm×30mm), 그림 효과(회색조)

하이퍼링크 : 문서작성 능력평가의 **"민관거버넌스 프로그램 구축"** 제목에 설정한 책갈피로 이동

글상자 이용, 선 종류(점선 또는 파선), 면색(색 없음), 글꼴(굴림, 18pt), 정렬(수평·수직-가운데)

크기(130mm×145mm)

직사각형 그리기 : 크기(13mm×13mm), 면색(하양), 글꼴(궁서, 20pt), 정렬(수평·수직-가운데)

직사각형 그리기 : 크기(11mm×15mm), 면색(하양을 제외한 임의의 색)

2. 특수문자를 입력한 후 소제목 편집하기 — 글꼴 : 돋움, 18pt, 하양, 음영색 : 파랑

❶ 소제목에 특수문자를 입력하기 위해 **초등학생** 왼쪽에 커서를 놓은 후 **[입력]-[문자표 목록 단추(문자표)]-**
[문자표]를 클릭합니다.

➕ 문자표 바로 가기 키 : Ctrl + F10

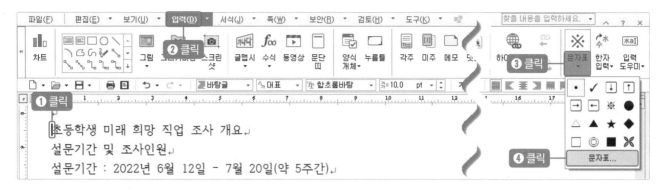

❷ [문자표 입력] 대화상자가 나타나면 [훈글(HNC) 문자표] 탭에서 문자 영역을 **전각 기호(일반)**으로 선택합
니다. 이어서, 문제지와 동일한 특수문자(◆)를 선택한 후 <넣기>를 클릭합니다.

❸ 특수문자가 입력되면 Space Bar 를 눌러 한 칸 띄운 후 똑같은 방법으로 표 제목 왼쪽에도 특수문자(◆)를
입력합니다.

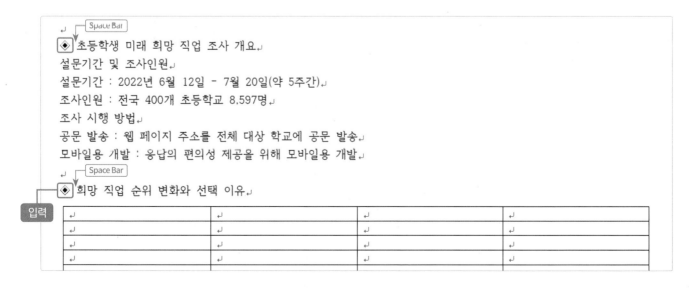

1. 다음의《조건》에 따라 스타일 기능을 적용하여《출력형태》와 같이 작성하시오. (50점)

《조건》　(1) 스타일 이름 – governance

　　　　　(2) 문단 모양 – 왼쪽 여백 : 15pt, 문단 아래 간격 : 10pt

　　　　　(3) 글자 모양 – 글꼴 : 한글(돋움)/영문(굴림), 크기 : 10pt, 장평 : 95%, 자간 : 5%

《출력형태》

Create a framework for governance that forms a private council that links local resources and improves the water quality of private small rivers, centered on local residents.

소하천 지역 주민과 농업인을 중심으로 하는 민간 소하천 수질개선 지역공동체 구성과 지역자원을 연계한 민간 협의체를 구성하는 거버넌스 프레임 워크를 만듭니다.

2. 다음의《조건》에 따라《출력형태》와 같이 표와 차트를 작성하시오. (100점)

《표 조건》　(1) 표 전체(표, 캡션) – 돋움, 10pt

　　　　　(2) 정렬 – 문자 : 가운데 정렬, 숫자 : 오른쪽 정렬

　　　　　(3) 셀 배경(면색) : 노랑

　　　　　(4) 한글의 계산 기능을 이용하여 빈칸에 합계를 구하고, 캡션 기능 사용할 것

　　　　　(5) 선 모양은《출력형태》와 동일하게 처리할 것

《출력형태》

전국 수계 수질개선 지역공동체 현황(단위 : 개)

구분	한강	낙동강	금강	섬진강	합계
환경시민단체	21	13	18	10	
지역마을주민	34	21	16	9	
교육기관	45	28	15	11	
정화시설	9	5	3	2	

《차트 조건》　(1) 차트 데이터는 표 내용에서 구분별 환경시민단체, 지역마을주민, 교육기관의 값만 이용할 것

　　　　　(2) 종류 – <묶은 가로 막대형>으로 작업할 것

　　　　　(3) 제목 –【굴림, 진하게, 12pt, 배경 – 선 모양(한 줄로), 그림자(2pt)】

　　　　　(4) 제목 이외의 전체 글꼴 – 굴림, 보통, 10pt

　　　　　(5) 축제목과 범례는《출력형태》와 동일하게 처리할 것

《출력형태》

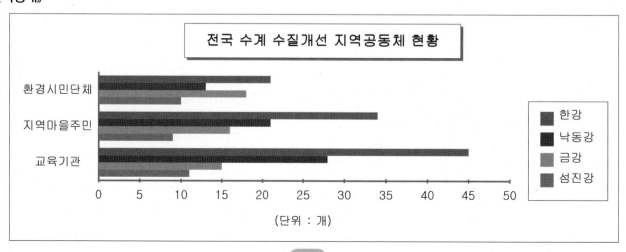

❹ 소제목을 편집하기 위해 다음과 같이 내용을 블록으로 지정한 후 서식 도구 상자에서 **글꼴(돋움)**과 **글자 크기(18pt)**를 지정합니다.

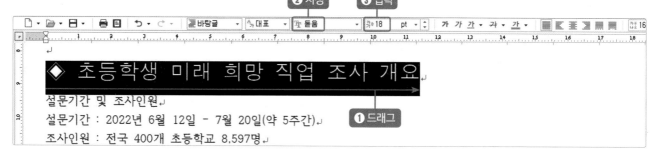

❺ Esc를 눌러 블록을 해제한 후 특수문자를 제외한 내용만 다시 블록으로 지정하고 [편집] 탭-[글자 모양 (가)]을 클릭합니다.

➕ 글자 모양 바로 가기 키 : Alt + L

❻ [글자 모양] 대화상자가 나타나면 [기본] 탭에서 **글자 색(하양)**과 **음영 색(파랑)**을 지정한 후 <설정>을 클릭합니다. 모든 작업이 끝나면 Esc를 눌러 소제목 결과를 확인합니다.

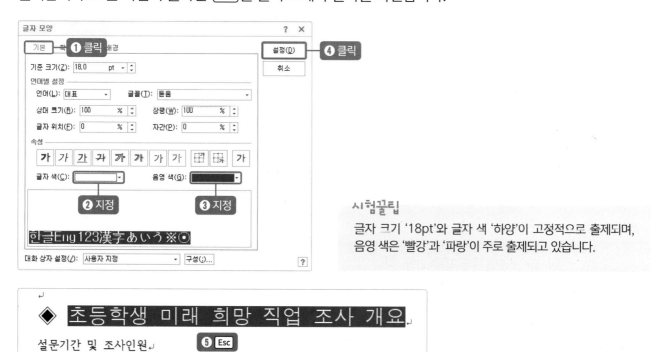

시험꿀팁

글자 크기 '18pt'와 글자 색 '하양'이 고정적으로 출제되며, 음영 색은 '빨강'과 '파랑'이 주로 출제되고 있습니다.

정보기술자격(ITQ) 실전모의고사

과 목	코 드	문제유형	시험시간	수험번호	성 명
아래한글	1111	A	60분		

수험자 유의사항

◎ 수험자는 문제지를 받는 즉시 문제지와 <u>수험표상의 시험과목(프로그램)이 동일한지 반드시 확인</u>하여야 합니다.

◎ 파일명은 본인의 "수험번호-성명"으로 입력하여 답안폴더(내 PC₩문서₩ITQ)에 하나의 파일로 저장해야 하며, 답안문서 파일명이 "수험번호-성명"과 일치하지 않거나, 답안파일을 전송하지 않아 미제출로 처리될 경우 실격 처리합니다 (예:12345678-홍길동.hwp).

◎ 답안 작성을 마치면 파일을 저장하고, '답안 전송' 버튼을 선택하여 감독위원 PC로 답안을 전송하십시오. 수험생 정보와 저장한 파일명이 다를 경우 전송되지 않으므로 주의하시기 바랍니다.

◎ 답안 작성 중에도 <u>주기적으로 저장하고, '답안 전송'</u>하여야 문제 발생을 줄일 수 있습니다. 작업한 내용을 저장하지 않고 전송할 경우 이전에 저장된 내용이 전송되오니 이점 유의하시기 바랍니다.

◎ 답안문서는 지정된 경로 외의 다른 보조기억장치에 저장하는 경우, 지정된 시험 시간 외에 작성된 파일을 활용할 경우, 기타 통신수단(이메일, 메신저, 네트워크 등)을 이용하여 타인에게 전달 또는 외부 반출하는 경우는 부정 처리합니다.

◎ 시험 중 부주의 또는 고의로 시스템을 파손한 경우는 수험자가 변상해야 하며, <수험자 유의사항>에 기재된 방법대로 이행하지 않아 생기는 불이익은 수험생 당사자의 책임임을 알려 드립니다.

◎ 문제의 조건은 한컴오피스 2020 버전으로 설정되어 있으며 한컴오피스 NEO는 【 】에 표기되어 있습니다. 이와 관련하여 작성한 답안의 출력형태가 문제지와 다를 수 있습니다.

◎ 시험을 완료한 수험자는 답안파일이 전송되었는지 확인한 후 감독위원의 지시에 따라 문제지를 제출하고 퇴실합니다.

답안 작성요령

◎ **온라인 답안 작성 절차**
　수험자 등록 ⇒ 시험 시작 ⇒ 답안파일 저장 ⇒ 답안 전송 ⇒ 시험 종료

◎ **공통 부문**
- 글꼴에 대한 기본설정은 함초롬바탕, 10포인트, 검정, 줄간격 160%, 양쪽정렬로 합니다.
- 색상은 조건의 색을 적용하고 색의 구분이 안 될 경우에는 RGB 값을 적용하십시오.
  (빨강 255,0,0 / 파랑 0,0,255 / 노랑 255,255,0).
- 각 문항에 주어진 《조건》에 따라 작성하고 언급하지 않은 조건은 《출력형태》와 같이 작성합니다.
- 용지여백은 왼쪽·오른쪽 11mm, 위쪽·아래쪽·머리말·꼬리말 10mm, 제본 0mm로 합니다.
- 그림 삽입 문제의 경우 「내 PC₩문서₩ITQ₩Picture」 폴더에서 지정된 파일을 선택하여 삽입하십시오.
- 삽입한 그림은 반드시 문서에 포함하여 저장해야 합니다(미포함 시 감점 처리).
- 각 항목은 지정된 페이지에 출력형태와 같이 정확히 작성하시기 바라며, 그렇지 않을 경우에 해당 항목은 0점 처리됩니다.
  ※ 페이지구분 : 1페이지 – 기능평가 I (문제번호 표시 : 1. 2.),
  　　　　　　　2페이지 – 기능평가 II (문제번호 표시 : 3. 4.),
  　　　　　　　3페이지 – 문서작성 능력평가

◎ **기능평가**
- 문제와 《조건》은 입력하지 않으며 문제번호와 답(《출력형태》)만 작성합니다.
- 4번 문제는 묶기를 했을 경우 0점 처리됩니다.

◎ **문서작성 능력평가**
- A4 용지(210mm×297mm) 1매 크기, 세로 서식 문서로 작성합니다.
- ┊┊┊┊┊ 표시는 문서작성에 대한 지시사항이므로 작성하지 않습니다.

05 문단 번호 입력하기

문단 번호 기능 사용 → 1수준 : 20pt, 오른쪽 정렬, 2수준 : 30pt, 오른쪽 정렬 / 줄 간격 : 180%

1. 문단 번호 사용자 정의

❶ 소제목 아래쪽 내용에 문단 번호를 삽입하기 위해 문단 내용 전체를 블록으로 지정한 후 [서식] 탭-[문단 번호 목록 단추(·)]-[문단 번호 모양]을 클릭합니다.

➕ 마우스 오른쪽 버튼을 클릭하여 [문단 번호 모양]을 선택하거나, 바로 가기 키(Ctrl+K, N)를 이용해도 결과는 동일합니다.

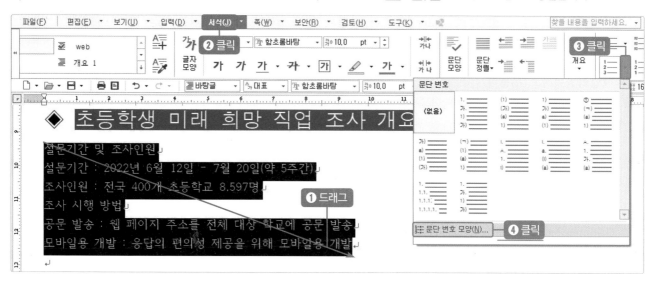

❷ [문단 번호/글머리표] 대화상자가 나타나면 [문단 번호] 탭의 '문단 번호 모양' 항목에서 필요한 **번호 모양**을 선택한 후 <사용자 정의>를 클릭합니다.

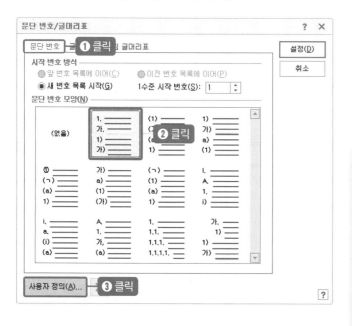

시험꿀팁

[문서작성 능력평가]에서 '1수준'과 '2수준'의 번호 모양을 확인한 다음 1수준과 동일한 모양이 있다면 해당 모양을 선택한 후 <사용자 정의>에서 수정합니다. 만약 동일한 모양이 없다면 원하는 모양을 선택한 후 '1수준'과 '2수준'의 번호 모양을 각각 변경합니다.

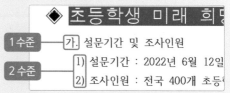

글꼴 : 궁서, 18pt, 진하게, 가운데 정렬
책갈피 이름 : 산업혁명
덧말 넣기

머리말 기능
굴림, 10pt, 오른쪽 정렬 → 4차 산업혁명

문단 첫 글자 장식 기능
글꼴 : 돋움, 면색 : 노랑

제4차 산업혁명
미래사회 변화에 대한 전략적 대응

그림위치(내 PC₩문서₩ITQ₩Picture₩그림4.jpg, 문서에 포함)
자르기 기능 이용, 크기(40mm×40mm), 바깥 여백 왼쪽 : 2mm

벨 이 최초의 실용적인 전화기를 발명(發明)하지 않았다면 오늘날의 스마트폰은 존재하지 않았을 것이고 여전히 파발마나 횃불을 통해 장거리 의사소통을 했을지도 모른다. 인류 역사 변화의 중심에는 새로운 기술의 등장과 혁신이 자리하고 있었고, 새로운 기술의 등장은 단순히 기술의 변화에 그치지 않고 전 세계의 사회 및 경제구조에 큰 변화(變化)를 일으켰다. 기술 혁신과 이로 인해 일어난 사회, 경제 변화가 크게 나타난 시기를 우리는 산업혁명이라고 부른다.

2019년 다보스포럼에서는 '제4차 산업혁명'이라는 의제가 다시 논의되어졌다. 다보스포럼은 제4차 산업혁명이 가까운 미래에 도래할 것이고, 이로 인해 일자리 지형 변화라는 사회 구조적 변화가 나타날 것이라고 전망하고 있다. 또한 제4차 산업혁명을 디지털 혁명에 기반을 두고 물리적 공간, 디지털적 공간 및 생물학적 공간의 경계가 희석되는 기술융합의 시대라고 정의하면서, 사이버물리시스템ⓐ에 기반을 둔 제4차 산업혁명은 기계와 제품이 지능을 가지게 되고 인터넷 네트워크로 연결되어 있어 스스로 학습능력을 갖추게 되어 전 세계의 산업구조 및 시장경제 모델에 커다란 영향을 미칠 것으로 전망하고 있다.

각주

※ 4차 산업혁명을 이끄는 기술

글꼴 : 굴림, 18pt, 하양
음영색 : 파랑

1. 디지털 기술
   가. 사물 인터넷 : 공급망 모니터링 시스템 등에 활용
   나. 주문형 경제 : 우버와 같은 플랫폼 비즈니스
2. 생물학 기술
   가. 합성생물학 : DNA 데이터로 유기체 제작
   나. 바이오프린팅 : 3D 프린터로 피부, 뼈, 심장 등 배양

문단 번호 기능 사용
1수준 : 20pt, 오른쪽정렬,
2수준 : 30pt, 오른쪽정렬
줄 간격 : 180%

표 전체 글꼴 : 돋움, 10pt, 가운데 정렬
셀 배경(그러데이션) : 유형【수평】,
시작색(하양), 끝색(노랑)

※ 주요국 4차 산업혁명 대응현황

글꼴 : 굴림, 18pt, 기울임, 강조점

구분	미국	독일	일본
주요 정책	AMP 2.0	인더스트리 4.0	4차 산업혁명 선도전략
특징	기술자금 보유한 민간 주도	중견, 중소기업 혁신참여 유도	산업구조 재편기회로 활용
추진 주체	민간 주도	민/관 공동	
핵심 기술	빅데이터, 인공지능	자동화 설비/솔루션	산업용 로봇
	공통 : 산업용 사물 인터넷 등		

글꼴 : 궁서, 24pt, 진하게
장평 95%, 오른쪽 정렬 → **정보통신기획평가원**

각주 구분선 : 5cm

ⓐ 자동적, 지능적으로 제어되고 모니터링 되는 다양한 물리적 개체들로 구성된 시스템

쪽 번호 매기기
5로 시작 → 마

❸ [문단 번호 사용자 정의 모양] 대화상자가 나타나면 **1 수준**이 선택된 것을 확인한 후 '번호 모양'을 **가,나,다**로 지정합니다. 이어서, '번호 위치' 항목에서 **너비 조정(20pt)**과 **정렬(오른쪽)**을 지정합니다.

➕ '1 수준' 번호 모양이 '가.' 형태로 표시되어야 하기 때문에 '가,나,다'를 선택합니다.

❹ 계속해서 다음 수준의 모양을 변경하기 위해 **2 수준**을 선택한 후 '번호 서식'을 **^2)**로 수정하고, '번호 모양'을 **1,2,3**으로 지정합니다. 이어서, '번호 위치' 항목에서 **너비 조정(30pt)**과 **정렬(오른쪽)**을 지정한 후 <설정>을 클릭합니다.

➕ '2 수준'은 '1)' 모양으로 번호가 표시되어야 하므로 번호 서식 '^2.'에서 마침표(.)를 삭제한 후 ')'를 입력합니다.

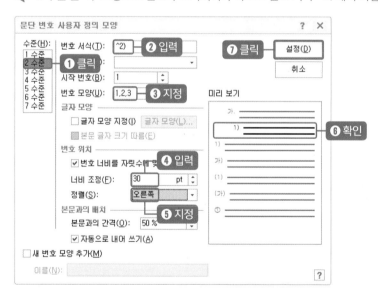

레벨업 📈 **문단 번호 사용자 정의 모양**

❶ '2 수준'의 문단 번호는 '번호 서식' 변경 없이 번호 모양(①,②,③/ a,b,c)만 선택하여 변경할 수도 있지만 문제지와 동일한 번호 모양이 없는 경우에는 번호 서식(^2.)을 직접 수정해야 합니다.

❷ '번호 서식'이 '^2.'인 상태에서 '번호 모양'을 ①,②,③으로 변경하기 위해서는 '^2.' 뒤에 있는 점(.)을 삭제(^2)한 후 '번호 모양'을 변경해야 합니다. 만약 점을 삭제하지 않은 경우에는 원형 숫자 뒤에 점(.)이 포함되어 '①.'으로 나옵니다.

3. 다음 (1), (2)의 수식을 수식 편집기로 각각 입력하시오. (40점)

《출력형태》

$$(1)\ \ R_H = \frac{1}{hc} \times \frac{2\pi^2 K^2 m e^4}{h^2}$$

$$(2)\ \ V = \frac{1}{R}\int_0^q qdq = \frac{1}{2}\frac{q^2}{R}$$

4. 다음의 《조건》에 따라 《출력형태》와 같이 문서를 작성하시오. (110점)

《조건》   (1) 그리기 도구를 이용하여 작성하고, 모든 도형(글맵시, 지정된 그림 포함)을 《출력형태》와 같이 작성하시오.

                    (2) 도형의 면색은 지시사항이 없으면 색 없음을 제외하고 서로 다르게 임의로 지정하시오.

《출력형태》

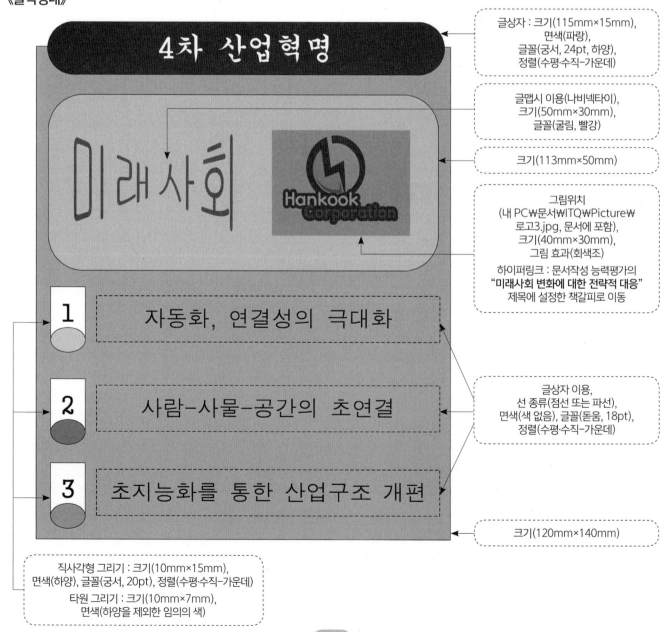

글상자 : 크기(115mm×15mm), 면색(파랑), 글꼴(궁서, 24pt, 하양), 정렬(수평·수직-가운데)

글맵시 이용(나비넥타이), 크기(50mm×30mm), 글꼴(굴림, 빨강)

크기(113mm×50mm)

그림위치(내 PC₩문서₩ITQ₩Picture₩ 로고3.jpg, 문서에 포함), 크기(40mm×30mm), 그림 효과(회색조)

하이퍼링크 : 문서작성 능력평가의 **"미래사회 변화에 대한 전략적 대응"** 제목에 설정한 책갈피로 이동

글상자 이용, 선 종류(점선 또는 파선), 면색(색 없음), 글꼴(돋움, 18pt), 정렬(수평·수직-가운데)

크기(120mm×140mm)

직사각형 그리기 : 크기(10mm×15mm), 면색(하양), 글꼴(궁서, 20pt), 정렬(수평·수직-가운데)

타원 그리기 : 크기(10mm×7mm), 면색(하양을 제외한 임의의 색)

❺ [문단 번호/글머리 표] 대화상자가 다시 나타나면 새롭게 추가된 문단 번호 모양을 확인한 후 <설정>을 클릭합니다.

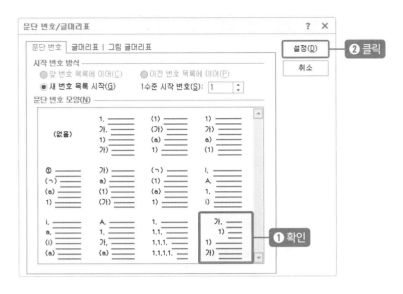

❻ Esc 를 눌러 블록을 해제한 후 문단에 적용된 번호 모양을 확인합니다.

➕ 현재 적용된 문단 번호는 '1수준' 번호 모양입니다.

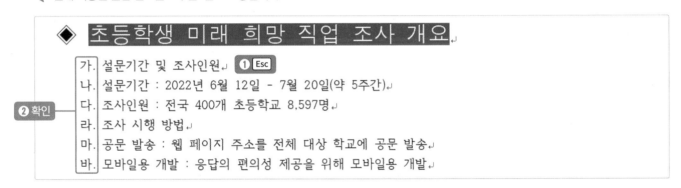

2. 문단 번호 수준 감소 및 줄 간격 변경하기　－줄 간격 : 180%

❶ 문단 번호 수준을 한 단계 감소시키기 위해 둘째 줄과 셋째 줄을 블록으로 지정합니다. 이어서, [서식] 탭- [한 수준 감소( )]를 클릭합니다.

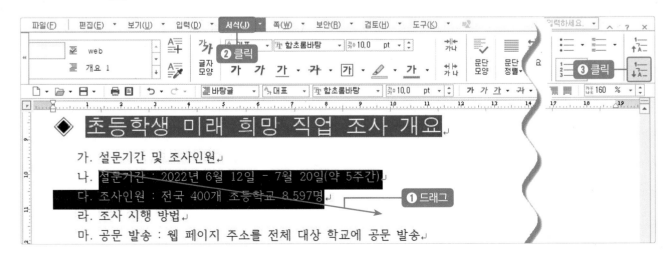

1. 다음의《조건》에 따라 스타일 기능을 적용하여《출력형태》와 같이 작성하시오. (50점)

《조건》　　(1) 스타일 이름 – revolution

　　　　　(2) 문단 모양 – 첫 줄 들여쓰기 : 10pt, 문단 아래 간격 : 10pt

　　　　　(3) 글자 모양 – 글꼴 : 한글(굴림)/영문(돋움), 크기 : 10pt, 장평 : 105%, 자간 : –5%

《출력형태》

　The Fourth Industrial Revolution is building on the Third, the digital revolution that has been occurring since the middle of the last century. It is characterized by a fusion of technologies.

　4차 산업혁명은 인공지능을 통해 실재와 가상이 통합돼 사물을 자동적, 지능적으로 제어할 수 있는 가상 물리 시스템의 구축이 기대되는 산업상의 변화로 인공지능, 로봇기술, 생명과학이 주도할 것으로 예상된다.

2. 다음의《조건》에 따라《출력형태》와 같이 표와 차트를 작성하시오. (100점)

《표 조건》　(1) 표 전체(표, 캡션) – 돋움, 10pt

　　　　　(2) 정렬 – 문자 : 가운데 정렬, 숫자 : 오른쪽 정렬

　　　　　(3) 셀 배경(면색) : 노랑

　　　　　(4) 한글의 계산 기능을 이용하여 빈칸에 평균(소수점 두 자리)을 구하고, 캡션 기능 사용할 것

　　　　　(5) 선 모양은《출력형태》와 동일하게 처리할 것

《출력형태》

4차 산업혁명 관련기술 특허출원(단위 : 건)

기술	2016년	2017년	2018년	2019년	평균
인공지능	1,315	2,216	3,054	4,011	
디지털 헬스케어	3,140	3,047	3,530	4,109	
자율주행	2,896	3,018	3,304	3,986	
지능형 로봇	1,320	1,115	1,485	1,980	✕

《차트 조건》　(1) 차트 데이터는 표 내용에서 연도별 인공지능, 디지털 헬스케어, 자율주행의 값만 이용할 것

　　　　　(2) 종류 – <묶은 세로 막대형>으로 작업할 것

　　　　　(3) 제목 –【궁서, 진하게, 12pt, 배경 – 선 모양(한 줄로), 그림자(2pt)】

　　　　　(4) 제목 이외의 전체 글꼴 – 궁서, 보통, 10pt

　　　　　(5) 축제목과 범례는《출력형태》와 동일하게 처리할 것

《출력형태》

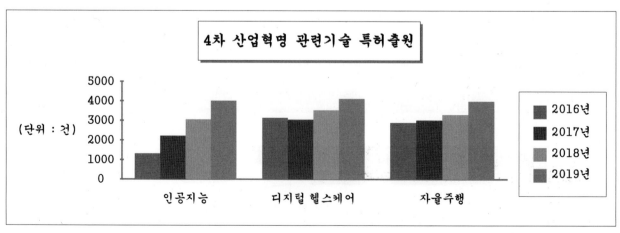

❷ 똑같은 방법으로 다섯째 줄과 여섯째 줄도 문단 번호의 수준을 한 수준 감소시킵니다.

➕ 한 수준 감소 바로 가기 키 : Ctrl + + (숫자 패드), 한 수준 증가 바로 가기 키 : Ctrl + - (숫자 패드)

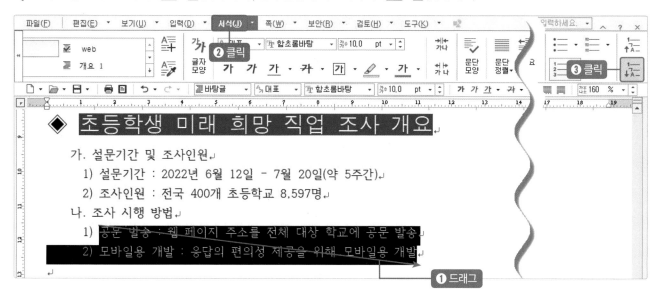

❸ 마지막으로 줄 간격을 변경하기 위해 문단 번호가 적용된 내용 전체를 블록으로 지정합니다. 이어서, 서식 도구 상자에서 줄 간격을 **180%**로 선택한 후 Esc 를 누릅니다.

➕ [저장하기(💾)]를 클릭하거나 Alt + S 를 눌러 지금까지 작업한 내용을 저장합니다.

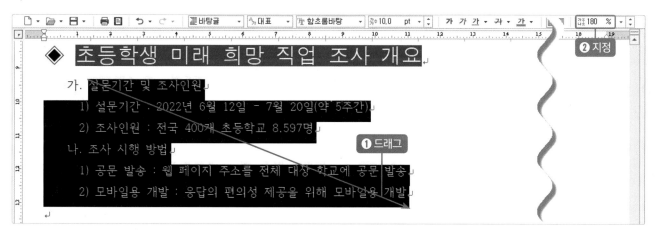

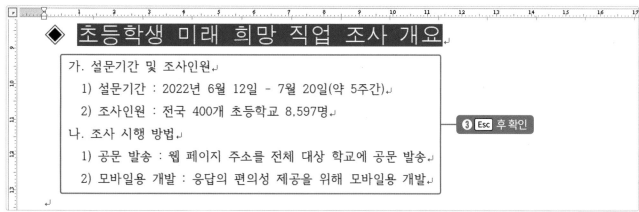

정보기술자격(ITQ) 실전모의고사

과 목	코 드	문제유형	시험시간	수험번호	성 명
아래한글	1111	C	60분		

수험자 유의사항

◎ 수험자는 문제지를 받는 즉시 문제지와 **수험표상의 시험과목(프로그램)이 동일한지 반드시 확인**하여야 합니다.

◎ 파일명은 본인의 "수험번호-성명"으로 입력하여 답안폴더(내 PC\문서\ITQ)에 하나의 파일로 저장해야 하며, 답안문서 파일명이 "수험번호-성명"과 일치하지 않거나, 답안파일을 전송하지 않아 미제출로 처리될 경우 실격 처리합니다 (예:12345678-홍길동.hwp).

◎ 답안 작성을 마치면 파일을 저장하고, '답안 전송' 버튼을 선택하여 감독위원 PC로 답안을 전송하십시오. 수험생 정보와 저장한 파일명이 다를 경우 전송되지 않으므로 주의하시기 바랍니다.

◎ 답안 작성 중에도 **주기적으로 저장하고, '답안 전송'**하여야 문제 발생을 줄일 수 있습니다. 작업한 내용을 저장하지 않고 전송할 경우 이전에 저장된 내용이 전송되오니 이점 유의하시기 바랍니다.

◎ 답안문서는 지정된 경로 외의 다른 보조기억장치에 저장하는 경우, 지정된 시험 시간 외에 작성된 파일을 활용할 경우, 기타 통신수단(이메일, 메신저, 네트워크 등)을 이용하여 타인에게 전달 또는 외부 반출하는 경우는 부정 처리합니다.

◎ 시험 중 부주의 또는 고의로 시스템을 파손한 경우는 수험자가 변상해야 하며, <수험자 유의사항>에 기재된 방법대로 이행하지 않아 생기는 불이익은 수험생 당사자의 책임임을 알려 드립니다.

◎ 문제의 조건은 한컴오피스 2020 버전으로 설정되어 있으며 한컴오피스 NEO는 【 】에 표기되어 있습니다. 이와 관련하여 작성한 답안의 출력형태가 문제지와 다를 수 있습니다.

◎ 시험을 완료한 수험자는 답안파일이 전송되었는지 확인한 후 감독위원의 지시에 따라 문제지를 제출하고 퇴실합니다.

답안 작성요령

◎ 온라인 답안 작성 절차

　수험자 등록 ⇒ 시험 시작 ⇒ 답안파일 저장 ⇒ 답안 전송 ⇒ 시험 종료

◎ 공통 부문

· 글꼴에 대한 기본설정은 함초롬바탕, 10포인트, 검정, 줄간격 160%, 양쪽정렬로 합니다.

· 색상은 조건의 색을 적용하고 색의 구분이 안 될 경우에는 RGB 값을 적용하십시오.
　(빨강 255,0,0 / 파랑 0,0,255 / 노랑 255,255,0).

· 각 문항에 주어진 《조건》에 따라 작성하고 언급하지 않은 조건은 《출력형태》와 같이 작성합니다.

· 용지여백은 왼쪽·오른쪽 11mm, 위쪽·아래쪽·머리말·꼬리말 10mm, 제본 0mm로 합니다.

· 그림 삽입 문제의 경우 「내 PC\문서\ITQ\Picture」 폴더에서 지정된 파일을 선택하여 삽입하십시오.

· 삽입한 그림은 반드시 문서에 포함하여 저장해야 합니다(미포함 시 감점 처리).

· 각 항목은 지정된 페이지에 출력형태와 같이 정확히 작성하시기 바라며, 그렇지 않을 경우에 해당 항목은 0점 처리됩니다.
　※ 페이지구분 : 1페이지 – 기능평가 I (문제번호 표시 : 1. 2.),
　　　　　　　　　2페이지 – 기능평가 II (문제번호 표시 : 3. 4.),
　　　　　　　　　3페이지 – 문서작성 능력평가

◎ 기능평가

· 문제와 《조건》은 입력하지 않으며 문제번호와 답(《출력형태》)만 작성합니다.

· 4번 문제는 묶기를 했을 경우 0점 처리됩니다.

◎ 문서작성 능력평가

· A4 용지(210mm×297mm) 1매 크기, 세로 서식 문서로 작성합니다.

· ┌┈┈┈┐ 표시는 문서작성에 대한 지시사항이므로 작성하지 않습니다.

06 표 제목 편집 및 표 작업하기

- 표 제목 → 글꼴 : 돋움, 18pt, 밑줄, 강조점
- 표 → 표 전체 글꼴 : 돋움, 10pt, 가운데 정렬
  - 셀 배경(그러데이션) : 유형(가운데에서), 시작색(하양), 끝색(노랑)

1. 표 제목 편집하기

❶ 표 제목을 편집하기 위해 다음과 같이 입력된 내용을 블록으로 지정한 후 서식 도구 상자에서 **글꼴(돋움)**과 **글자 크기(18pt)**를 지정합니다.

❷ Esc 를 눌러 블록을 해제합니다. 이어서, 밑줄을 추가하기 위해 특수문자를 제외한 내용만 블록으로 지정한 후 서식 도구 상자에서 **밑줄(가)**을 클릭합니다.

❸ Esc 를 눌러 블록을 해제합니다. 이어서, 강조점을 지정하기 위해 **순위 변화** 글자만 블록으로 지정한 후 **[편집] 탭-[글자 모양(가)]**을 클릭합니다.

💬 글자 모양 바로 가기 키 : Alt + L

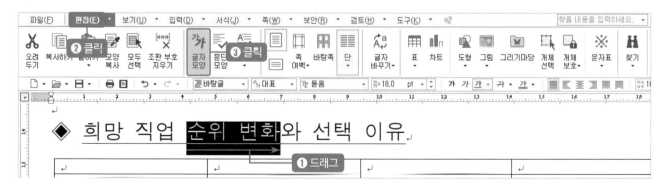

글꼴 : 궁서, 18pt, 진하게, 가운데 정렬
책갈피 이름 : 평생교육
덧말 넣기

머리말 기능
굴림, 10pt, 오른쪽 정렬 → 평생교육

100세 시대 평생교육 활성화

문단 첫 글자 장식 기능
글꼴 : 돋움, 면색 : 노랑

각주

그림위치(내 PC\문서\ITQ\Picture\그림5.jpg, 문서에 포함)
자르기 기능 이용, 크기(40mm×40mm), 바깥 여백 왼쪽 : 2mm

현대사회를 학습과 교육적 시각에서 보면 현대사회는 지식근로자를 필요로 하는 지식기반사회이다. 평생교육⊙은 100세 시대에 그 중요성이 더욱 강조되고 있다. 평생교육에 대한 수요(需要)가 지속적으로 증가하고 있지만 단기 성과 위주로 운영되는 한계점을 보이고 있다. 중장년의 재취업 요구 증가 등 평생교육의 수요 변화로 장기적인 성과를 위한 프로그램이 요구되고 있으나 문화예술교육이나 인문교양교육 중심으로 교육프로그램이 운영되고 있으며 지역별 평생교육 전문 인력도 크게 부족한 상황이다.

우리나라의 평생교육 프로그램의 유형을 분석한 결과 문화예술교육, 인문교양교육, 직업능력교육, 시민참여교육의 순서로 나타났다. 특히, 중장년의 인생이모작을 위한 재취업 요구의 증가 등 평생교육 수요 변화에 맞춰 장기적 성과를 위해 학력보완교육, 기초문해교육 등을 보완하고 직업능력교육 강화에 역점을 둘 필요성이 제기되었다. 정부는 평생교육의 중요성을 인식하고 평생학습을 통한 삶의 질 향상, 인생 제2막을 위한 고용가능성 증진, 사회통합 증진, 지속가능한 발전이 국민의 행복을 보장한다고 보고 100세 시대 국가평생학습체제 구축(構築)을 중요 과제로 선정하였다.

★ **2021 국가평생학습박람회**

글꼴 : 굴림, 18pt, 하양
음영색 : 파랑

A. 주제 및 기간
  1. 주제 : 배움으로 성장하는 평생학습
  2. 기간 : 2021. 3. 15.(월) - 3. 19.(금)
B. 주최 및 장소
  1. 주최 : 경기도 고양시 일산서구
  2. 장소 : 박람회 전시관 태평양홀

문단 번호 기능 사용
1수준 : 20pt, 오른쪽정렬,
2수준 : 30pt, 오른쪽정렬
줄 간격 : 180%

표 전체 글꼴 : 돋움, 10pt, 가운데 정렬
셀 배경(그러데이션) : 유형【수평】,
시작색(하양), 끝색(노랑)

★ *평생교육 주제별 프로그램*

글꼴 : 굴림, 18pt, 기울임, 강조점

평생교육관		직업능력 특별관	
문해교육	한글교육 등	재취업 교육	재취업을 위한 이직, 전직 프로그램
인문교육	인문학 등	창업 교육	창업, 창직 및 폐업 관련 프로그램
교양교육	국제 예절 등	귀농 교육	귀농, 귀촌 교육 프로그램
시민교육	세계시민교육 등	사회공헌 교육	사회봉사 등 사회공헌 프로그램
평생학습 추구		인생 2막 준비	

각주 구분선 : 5cm

글꼴 : 궁서, 24pt, 진하게
장평 95%, 오른쪽 정렬

평생교육박람위원회

⊙ 유아에서 시작하여 노년에 이르기까지 평생에 걸친 교육

쪽 번호 매기기
2로 시작 → ii

❹ [글자 모양] 대화상자가 나타나면 [확장] 탭에서 '기타' 항목의 **강조점**을 문제지와 동일한 모양(ᐧ)으로 선택한 후 <설정>을 클릭합니다.

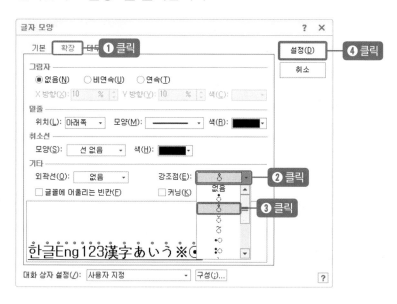

❺ 똑같은 방법으로 **선택 이유** 글자에도 강조점을 지정한 후 Esc를 눌러 결과를 확인합니다.

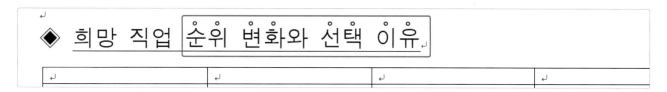

2. 표 작업하기   – 표 전체 글꼴 : 돋움, 10pt, 가운데 정렬

❶ 표 안에 내용을 입력하기 전에 표 안쪽 셀 전체를 블록으로 지정합니다. 이어서, Ctrl+↓를 1~2번 눌러 표의 높이를 변경한 후 서식 도구 상자에서 **글꼴(돋움)**, **글자 크기(10pt)**, **가운데 정렬(≡)**을 지정합니다.

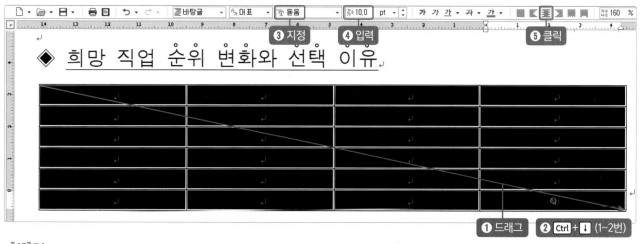

시험꿀팁
• 표 안쪽 글꼴은 '돋움, 굴림, 궁서' 중 하나가 출제되며, 글자 크기 '10pt'와 '가운데 정렬'은 고정적으로 출제되고 있습니다.
• 표의 높이는 채점 대상이 아니지만, 문제지와 비슷하게 맞추기 위해 작업합니다.

3. 다음 (1), (2)의 수식을 수식 편집기로 각각 입력하시오. (40점)

《출력형태》

(1) $\dfrac{h_1}{h_2} = (\sqrt{a})^{M_2-M_1} \fallingdotseq 2.5^{M_2-M_1}$

(2) $\sum_{k=1}^{n} k^3 = \dfrac{n(n+1)}{2} = \sum_{k=1}^{n} k$

4. 다음의 《조건》에 따라 《출력형태》와 같이 문서를 작성하시오. (110점)

《조건》　(1) 그리기 도구를 이용하여 작성하고, 모든 도형(글맵시, 지정된 그림 포함)을 《출력형태》와 같이 작성하시오.

　　　　(2) 도형의 면색은 지시사항이 없으면 색 없음을 제외하고 서로 다르게 임의로 지정하시오.

《출력형태》

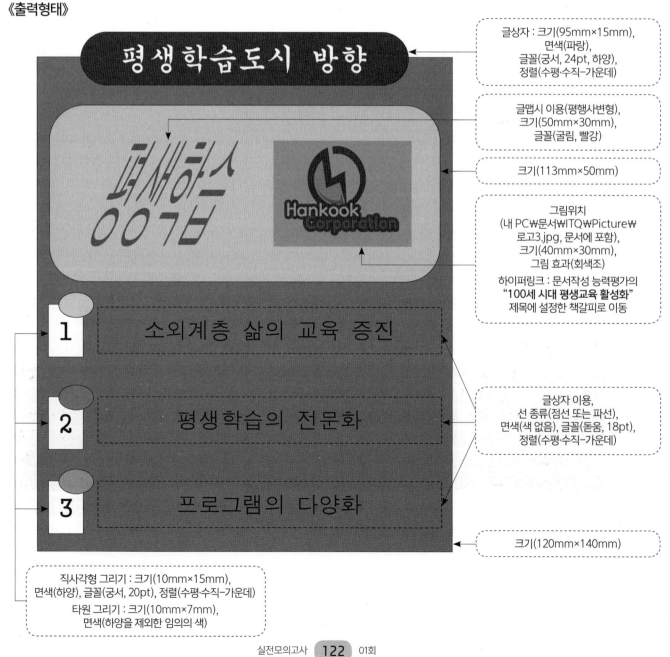

글상자 : 크기(95mm×15mm), 면색(파랑), 글꼴(궁서, 24pt, 하양), 정렬(수평·수직-가운데)

글맵시 이용(평행사변형), 크기(50mm×30mm), 글꼴(굴림, 빨강)

크기(113mm×50mm)

그림위치
(내 PC₩문서₩ITQ₩Picture₩로고3.jpg, 문서에 포함),
크기(40mm×30mm),
그림 효과(회색조)

하이퍼링크 : 문서작성 능력평가의
"100세 시대 평생교육 활성화"
제목에 설정한 책갈피로 이동

글상자 이용,
선 종류(점선 또는 파선),
면색(색 없음), 글꼴(돋움, 18pt),
정렬(수평·수직-가운데)

크기(120mm×140mm)

직사각형 그리기 : 크기(10mm×15mm),
면색(하양), 글꼴(궁서, 20pt), 정렬(수평·수직-가운데)

타원 그리기 : 크기(10mm×7mm),
면색(하양을 제외한 임의의 색)

❷ 특정 부분의 셀을 합치기 위해 아래 그림처럼 블록을 지정한 후 [표(▦)] 탭-[셀 합치기(▦)]를 클릭합니다.

    · 셀 합치기 바로 가기 키 : M
    · 셀 합치기는 문제지의 표를 참고하여 작업합니다.

❸ 셀이 합쳐지면 바로 아래쪽 셀 2개를 블록으로 지정한 후 똑같은 방법으로 셀을 합칩니다.

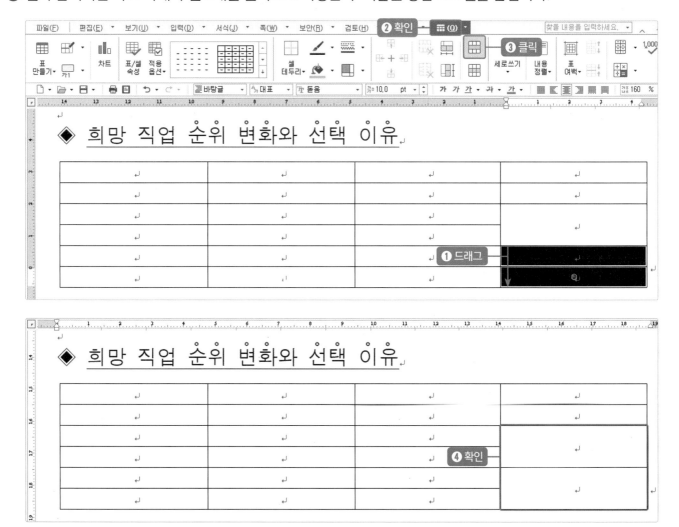

1. 다음의 《조건》에 따라 스타일 기능을 적용하여 《출력형태》와 같이 작성하시오. (50점)

《조건》　(1) 스타일 이름 – lifelong
　　　　(2) 문단 모양 – 첫 줄 들여쓰기 : 10pt, 문단 아래 간격 : 10pt
　　　　(3) 글자 모양 – 글꼴 : 한글(굴림)/영문(돋움), 크기 : 10pt, 장평 : 105%, 자간 : –5%

《출력형태》

　Lifelong education is the "ongoing, voluntary" pursuit of knowledge for either personal or professional reasons. Therefore, it not only enhances social inclusion, but also self sustainability.

　학교교육과 사회교육을 포함하는 평생교육은 개인의 전 생애에 걸쳐 사회, 경제, 문화적으로 발달하는 것을 돕는다. 백세시대를 맞아 평생교육이 중요해지고 있으며 평생교육의 실현을 위한 다각적 방법이 필요하다.

2. 다음의 《조건》에 따라 《출력형태》와 같이 표와 차트를 작성하시오. (100점)

《표 조건》　(1) 표 전체(표, 캡션) – 돋움, 10pt
　　　　　(2) 정렬 – 문자 : 가운데 정렬, 숫자 : 오른쪽 정렬
　　　　　(3) 셀 배경(면색) : 노랑
　　　　　(4) 한글의 계산 기능을 이용하여 빈칸에 평균(소수점 두 자리)을 구하고, 캡션 기능 사용할 것
　　　　　(5) 선 모양은 《출력형태》와 동일하게 처리할 것

《출력형태》

연도별 평생교육 학습자 수(단위 : 십 명)

지역	2016년	2017년	2018년	2019년	평균
서울	5,110	8,122	9,802	9,302	
부산	3,174	4,541	4,621	4,502	
대구	3,892	3,470	4,553	4,972	
경기	11,021	13,040	1,860	1,820	✕

《차트 조건》　(1) 차트 데이터는 표 내용에서 연도별 서울, 부산, 대구의 값만 이용할 것
　　　　　(2) 종류 – <묶은 세로 막대형>으로 작업할 것
　　　　　(3) 제목 – 【궁서, 진하게, 12pt, 배경 – 선 모양(한 줄로), 그림자(2pt)】
　　　　　(4) 제목 이외의 전체 글꼴 – 궁서, 보통, 10pt
　　　　　(5) 축제목과 범례는 《출력형태》와 동일하게 처리할 것

《출력형태》

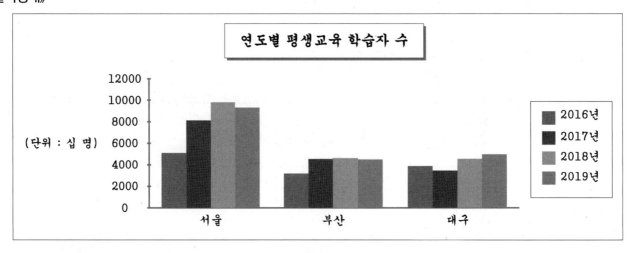

소스파일: 표 블록 지정.hwp

1. 셀 블록 지정 방법

❶ F5를 한 번 누르면 현재 커서가 위치한 셀이 블록으로 지정되며, 방향키를 이용하여 선택된 블록의 위치를 변경할 수 있습니다.

▲ F5를 한 번 눌러 특정 셀을 블록으로 지정

❷ F5를 두 번 누르면 현재 커서가 위치한 셀을 블록으로 고정시키며, 방향키를 이용하여 다른 셀들을 블록에 포함시킬 수 있습니다.

▲ F5를 두 번 누른 후 방향키로 주변 셀을 블록에 포함

❸ F5를 연속으로 세 번 누르면 표 전체를 블록으로 지정할 수 있습니다.

▲ F5를 연속으로 세 번 눌러 전체 셀을 블록으로 지정

2. 셀 나누기 : 셀을 블록으로 지정한 후 [표(▦)] 탭-[셀 나누기(▦)]를 클릭하거나, S를 누르면 선택된 셀을 나눌 수 있습니다.
셀 나누기는 '줄 수'와 '칸 수'로 구분하여 나눌 수 있습니다.

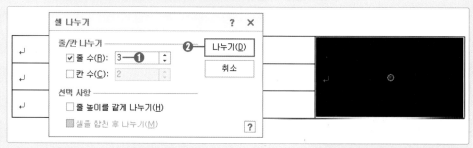

▲ 셀을 블록으로 지정한 후 줄 수를 3개로 나누기

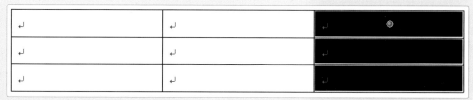

▲ 합쳐진 셀이 3개로 나누어진 결과

정보기술자격(ITQ) 실전모의고사

과 목	코 드	문제유형	시험시간	수험번호	성 명
아래한글	1111	B	60분		

수험자 유의사항

◎ 수험자는 문제지를 받는 즉시 문제지와 <u>수험표상의 시험과목(프로그램)이 동일한지 반드시 확인</u>하여야 합니다.

◎ 파일명은 본인의 "수험번호-성명"으로 입력하여 답안폴더(내 PC₩문서₩ITQ)에 하나의 파일로 저장해야 하며, 답안문서 파일명이 "수험번호-성명"과 일치하지 않거나, 답안파일을 전송하지 않아 미제출로 처리될 경우 실격 처리합니다 (예:12345678-홍길동.hwp).

◎ 답안 작성을 마치면 파일을 저장하고, '답안 전송' 버튼을 선택하여 감독위원 PC로 답안을 전송하십시오. 수험생 정보와 저장한 파일명이 다를 경우 전송되지 않으므로 주의하시기 바랍니다.

◎ 답안 작성 중에도 <u>주기적으로 저장하고, '답안 전송'</u>하여야 문제 발생을 줄일 수 있습니다. 작업한 내용을 저장하지 않고 전송할 경우 이전에 저장된 내용이 전송되오니 이점 유의하시기 바랍니다.

◎ 답안문서는 지정된 경로 외의 다른 보조기억장치에 저장하는 경우, 지정된 시험 시간 외에 작성된 파일을 활용할 경우, 기타 통신수단(이메일, 메신저, 네트워크 등)을 이용하여 타인에게 전달 또는 외부 반출하는 경우는 부정 처리합니다.

◎ 시험 중 부주의 또는 고의로 시스템을 파손한 경우는 수험자가 변상해야 하며, <수험자 유의사항>에 기재된 방법대로 이행하지 않아 생기는 불이익은 수험생 당사자의 책임임을 알려 드립니다.

◎ 문제의 조건은 한컴오피스 2020 버전으로 설정되어 있으며 한컴오피스 NEO는 【 】에 표기되어 있습니다. 이와 관련하여 작성한 답안의 출력형태가 문제지와 다를 수 있습니다.

◎ 시험을 완료한 수험자는 답안파일이 전송되었는지 확인한 후 감독위원의 지시에 따라 문제지를 제출하고 퇴실합니다.

답안 작성요령

◎ 온라인 답안 작성 절차

  수험자 등록 ⇒ 시험 시작 ⇒ 답안파일 저장 ⇒ 답안 전송 ⇒ 시험 종료

◎ 공통 부문

  • 글꼴에 대한 기본설정은 함초롬바탕, 10포인트, 검정, 줄간격 160%, 양쪽정렬로 합니다.

  • 색상은 조건의 색을 적용하고 색의 구분이 안 될 경우에는 RGB 값을 적용하십시오.

    (빨강 255,0,0 / 파랑 0,0,255 / 노랑 255,255,0).

  • 각 문항에 주어진 《조건》에 따라 작성하고 언급하지 않은 조건은 《출력형태》와 같이 작성합니다.

  • 용지여백은 왼쪽·오른쪽 11mm, 위쪽·아래쪽·머리말·꼬리말 10mm, 제본 0mm로 합니다.

  • 그림 삽입 문제의 경우 「내 PC₩문서₩ITQ₩Picture」 폴더에서 지정된 파일을 선택하여 삽입하십시오.

  • 삽입한 그림은 반드시 문서에 포함하여 저장해야 합니다(미포함 시 감점 처리).

  • 각 항목은 지정된 페이지에 출력형태와 같이 정확히 작성하시기 바라며, 그렇지 않을 경우에 해당 항목은 0점 처리됩니다.

    ※ 페이지구분 : 1페이지 – 기능평가 I (문제번호 표시 : 1. 2.),

    　　　　　　　 2페이지 – 기능평가 II (문제번호 표시 : 3. 4.),

    　　　　　　　 3페이지 – 문서작성 능력평가

◎ 기능평가

  • 문제와 《조건》은 입력하지 않으며 문제번호와 답(《출력형태》)만 작성합니다.

  • 4번 문제는 묶기를 했을 경우 0점 처리됩니다.

◎ 문서작성 능력평가

  • A4 용지(210mm×297mm) 1매 크기, 세로 서식 문서로 작성합니다.

  • ⌐‾‾‾‾‾¬ 표시는 문서작성에 대한 지시사항이므로 작성하지 않습니다.

❹ 첫 번째 셀을 선택한 후 문제지를 참고하여 표 안에 전체 내용을 입력합니다.

➕ 셀 안에 내용을 입력한 후 `Tab` 또는 방향키(`↑`, `↓`, `←`, `→`)를 눌러 다음 셀로 이동할 수 있습니다.

◆ 희망 직업 순위 변화와 선택 이유

순위	2021년	2022년	비고
1위	교사	운동선수	아시안 게임, 월드컵 등의 스포츠 행사를 통한 높은 관심
2위	운동선수	교사	높은 사명감으로 일하고 다른 사람의 존경을 받는 직업
3위	의사	의사	
4위	요리사	요리사	내가 아이디어를 내고 창의적으로 일할 수 있는 직업
5위	경찰관	유튜버	

❺ 간격을 줄일 셀들을 블록으로 지정한 후 `Ctrl`을 누른 채 왼쪽 방향키(`←`)를 눌러 셀의 간격을 줄입니다.

➕ • '순위, 2021년, 2022년'만 블록으로 지정한 후 셀 간격을 조절해도 결과는 동일합니다.
   • 셀의 간격은 문제지의 표를 참고하여 작업합니다.

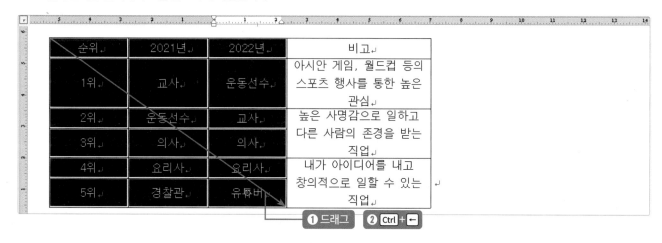

❶ 드래그   ❷ `Ctrl`+`←`

❻ 비고 셀을 클릭하여 블록으로 지정한 후 `Ctrl`을 누른 채 오른쪽 방향키(`→`)를 눌러 셀의 간격을 넓힙니다.

➕ • 블록이 해제되었을 경우에는 '비고' 셀을 클릭한 후 `F5`를 눌러 블록으로 지정합니다.
   • 표의 크기는 문장 오른쪽 끝을 넘지 않도록 주의하여 조절합니다.

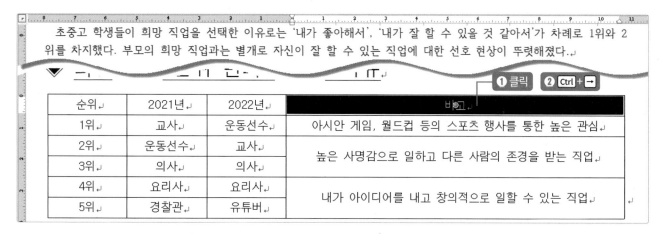

❶ 클릭   ❷ `Ctrl`+`→`

☆

3

실전
모의고사

—

❶ Ctrl +방향키 : 블록으로 지정된 셀을 기준으로 '너비' 및 '높이'를 조절할 수 있으며, 변경된 셀의 크기만큼 표의 전체 크기도 함께 조절됩니다.

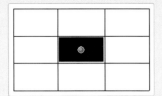 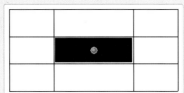

▲ Ctrl + → 누름

❷ Alt +방향키 : 블록으로 지정된 셀을 기준으로 '너비' 및 '높이'를 조절할 수 있으며, 변경된 셀의 크기는 표의 전체 크기에 아무 영향을 주지 않습니다.

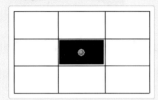 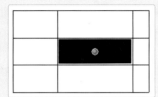

▲ Alt + → 누름

❸ Shift +방향키 : 블록으로 지정된 셀을 기준으로 해당 셀(칸)의 '너비' 및 '높이'를 조절할 수 있으며, 표 전체 크기에는 변화가 없습니다.

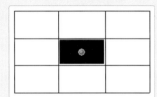 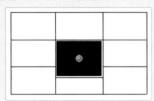

▲ Shift + ↓ 누름

❹ 마우스를 이용하여 표의 테두리 또는 특정 셀의 테두리를 드래그하여 '너비' 및 '높이'를 조절할 수 있습니다.

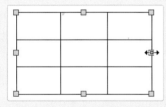 

▲ 표를 선택한 후 조절점을 마우스로 드래그하여 표의 전체 너비를 변경

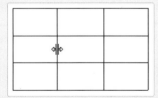 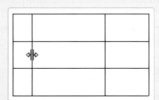

▲ 특정 셀의 테두리를 마우스로 드래그하여 열의 너비를 변경

6 다음의 《조건》에 따라 문서를 작성하시오.

소스파일 : 07차시-06(문제).hwp
완성파일 : 07차시-06(완성).hwp

글꼴 : 궁서, 18pt, 진하게, 가운데 정렬
책갈피 이름 : 록페스티벌
덧말 넣기

머리말 기능
돋움, 10pt, 오른쪽 정렬 → 부산 록페스티벌

문단 첫 글자 장식
글꼴 : 굴림, 면색 : 노랑

온라인 록 마니아
2021 부산국제록페스티벌

각주

그림위치(내 PC\문서\ITQ\Picture\그림4.jpg, 문서에 포함)
자르기 기능 이용, 크기(40mm×40mm),
바깥 여백 왼쪽 : 2mm

부산국제록페스티벌(BIROF)Ⓐ이 2021년 6월에 온라인으로 개최될 예정입니다. 2000년 부터 시작된 이 축제는 2010년까지 매년 여름 다대포 해수욕장 해변에서 개최되었으나, 2011년부터는 삼락생태공원으로 장소를 옮겨 개최되었습니다. 이번 페스티벌은 온라인으로 세계 각국의 록 뮤지션 공연을 통해 열정의 무대를 연출하여 진정한 문화교류를 실현하며, 다양한 장르의 대중적인 록 뮤지션을 초청하여 록페스티벌의 대중화를 추진(推進)하고자 합니다. 자연과 사람, 음악이 어우러져 함께 하는 이번 록페스티벌은 국내는 물론 미국과 일본, 유럽 등 7개국, 14개 팀이 참가하여 진정한 록의 열기를 온몸으로 만끽하게 해 주며, 세계적인 록그룹이 대거 참가하여 축제 분위기를 더욱 고조시킬 것입니다.

이 축제는 세계적인 뮤지션들과의 지속적인 교류(交流)를 통하여 지역 예술인들이 자신들의 음악 활동의 터전을 마련하고 사업적 기반을 마련할 수 있는 토대를 구축하는 계기가 될 것입니다. 단순한 일회성 축제가 아닌 지속적이고 국제적인 행사로 계속 발전하여 부산의 대표적인 문화 상품으로 자리매김할 뿐 아니라 영화와의 결합을 통한 시너지 효과를 창출할 것으로 전망됩니다.

★ 부산국제록페스티벌 개요 ◄

글꼴 : 굴림, 18pt, 하양
음영색 : 파랑

I. 기간 및 장소
  A. 기간 : 2021년 6월 14일 - 2021년 6월 17일
  B. 장소 : 부산 삼락생태공원 특설무대, 온라인 홈페이지
II. 참가 규모 및 주최
  A. 참가 규모 : 국내외 유명 록그룹 초청공연
  B. 주최 : (사)부산문화축제위원회

문단 번호 기능 사용
1수준 : 20pt, 오른쪽정렬,
2수준 : 30pt, 오른쪽정렬
줄 간격 : 180%

표 전체 글꼴 : 돋움, 10pt, 가운데 정렬
셀 배경(그러데이션) : 유형【수평】,
시작색(하양), 끝색(노랑)

★ *록페스티벌 공연 일정* ◄

글꼴 : 굴림, 18pt, 기울임, 강조점

일정	6월 14일	6월 15일	6월 16일	6월 17일
10:00 - 11:00	시그너처 제막식	클라우디안 공연	갱키스트 공연	포니 공연
13:00 - 14:00	미스터펑키 공연	윤딴딴 공연	해리빅버튼 공연	블락스 공연
14:00 - 15:00			로맨틱 펀치 공연	슈퍼밴드 공연
16:00 - 17:00	공로상 시상	라펠코프 공연	종이 비행기 공연	식전 행사
18:00 - 20:00	개막식			폐막식

글꼴 : 궁서, 24pt, 진하게
장평 110%, 오른쪽 정렬 → **부산문화축제위원회**

각주 구분선 : 5cm

Ⓐ 매년 부산에서 개최되는 역동적인 아시아 대표 록페스티벌

쪽 번호 매기기
6으로 시작 → vi

3. 셀 테두리 및 배경(그러데이션) 지정하기

– 셀 배경(그러데이션) : 유형(가운데에서), 시작색(하양), 끝색(노랑)

❶ 1행에 셀 테두리와 배경색을 지정하기 위해 1행을 블록으로 지정한 후 마우스 오른쪽 버튼을 클릭하여 바로 가기 메뉴에서 [셀 테두리/배경]–[각 셀마다 적용]을 선택합니다.

➕ 셀 테두리 / 배경 바로 가기 키 : L

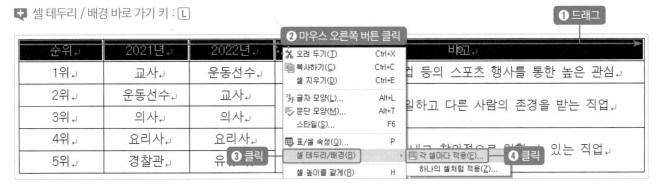

❷ [셀 테두리/배경] 대화상자가 나타나면 [테두리] 탭에서 종류(이중 실선)를 지정한 다음 위(▦), 아래(▦)를 선택합니다.

❸ 계속해서 [배경] 탭의 '채우기' 항목에서 그러데이션을 선택한 후 유형(가운데에서), 시작 색(하양), 끝 색(노랑)을 지정하고 <설정>을 클릭합니다.

➕ 셀 테두리 지정은 문제지의 표를 참고하여 작업합니다.

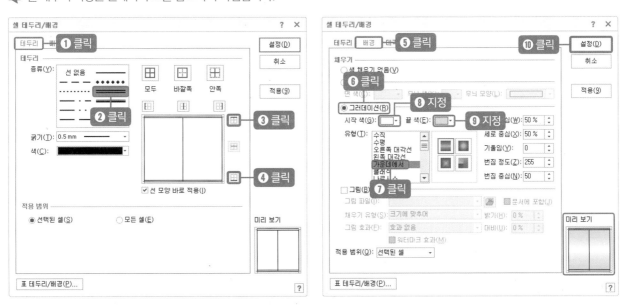

❹ Esc 를 눌러 1행에 지정된 테두리와 그러데이션을 확인합니다.

순위	2021년	2022년	비고
1위	교사	운동선수	아시안 게임, 월드컵 등의 스포츠 행사를 통한 높은 관심
2위	운동선수	교사	높은 사명감으로 일하고 다른 사람의 존경을 받는 직업
3위	의사	의사	
4위	요리사	요리사	내가 아이디어를 내고 창의적으로 일할 수 있는 직업
5위	경찰관	유튜버	

글꼴 : 궁서, 18pt, 진하게, 가운데 정렬
책갈피 이름 : 국기
덧말 넣기

머리말 기능
돋움, 10pt, 오른쪽 정렬 → 대한민국의 상징

문단 첫 글자 장식
글꼴 : 굴림, 면 색 : 노랑

각주

그림위치(내 PC₩문서₩ITQ₩
Picture₩그림4.jpg, 문서에 포함)
자르기 기능 이용, 크기(40mm×30mm),
바깥 여백 왼쪽 : 2mm

국민통합과 자긍심의 상징

우리나라의 국기㉮ 제정은 1882년(고종 19년) 5월 22일 체결된 조미수호통상조약 조인식이 직접적인 계기가 되었다고 한다. 하지만 아쉽게도 당시 조인식 때 게양된 국기의 형태에 대해서는 현재 정확한 기록이 남아 있지 않다. 태극기(太極旗)는 흰색 바탕에 가운데 태극 문양과 네 모서리의 건곤감리 그리고 4괘로 구성되어 있다. 태극기의 흰 바탕은 밝음과 순수, 그리고 전통적으로 평화를 사랑하는 우리의 민족성을 나타내고 있다. 가운데의 태극 문양은 음(파란색)과 양(빨간색)의 조화를 상징하는 것으로 우주 만물이 음양의 상호 작용에 의해 생성되고 발전한다는 대자연의 진리를 형상화한 것이다. 네 모서리의 4괘는 음과 양이 서로 변화하고 발전하는 모습을 효의 조합을 통해 구체적으로 나타낸 것이다. 우주 만물 중에서 건괘는 하늘을, 곤괘는 땅을, 감괘는 물을, 이괘는 불을 상징한다.

예로부터 우리 선조들이 생활 속에서 즐겨 사용하던 태극 문양을 중심으로 만들어진 태극기는 우주와 더불어 끝없이 창조와 번영을 희구하는 한민족(韓民族)의 이상을 담고 있다. 따라서 우리는 태극기에 담긴 이러한 정신과 뜻을 이어받아 민족의 화합과 통일을 이룩하고, 인류의 행복과 평화에 이바지해야 할 것이다.

♠ **국기 게양 방법**

글꼴 : 굴림, 18pt, 하양
음영색 : 빨강

가) 국기 다는 시간
  a) 매일 24시간 달 수 있으나 야간에는 적절한 조명을 해야 한다.
  b) 학교나 군부대는 낮에만 단다.
나) 국기를 매일 게양 및 강하하는 경우
  a) 다는 시각 : 오전 7시
  b) 내리는 시각 : 3월-10월(오후 6시), 11월-2월(오후 5시)

문단 번호 기능 사용
1수준 : 20pt, 오른쪽정렬,
2수준 : 30pt, 오른쪽정렬
줄 간격 : 180%

♠ *국기를 게양하는 날* 글꼴 : 굴림, 18pt, 기울임, 강조점

표 전체 글꼴 : 돋움, 10pt, 가운데 정렬
셀 배경(그러데이션) : 유형【수평】,
시작색(하양), 끝색(노랑)

구분	다는 날	날짜	다는 방법	조기 게양
5대 국경일	3.1절	3월 1일	깃봉과 깃면의 사이를 떼지 않고 닮	현충일(6월 6일) 국장기간 국민장 정부지정일
	제헌절	7월 17일		
	광복절	8월 15일		
	개천절	10월 3일		
	한글날	10월 9일		
기념일	국군의 날	10월 1일		

글꼴 : 궁서, 24pt, 진하게
장평 110%, 오른쪽 정렬 → **행정안전부**

각주 구분선 : 5cm

㉮ 국가의 전통과 이상을 특정한 빛깔과 모양으로 나타낸 기

쪽 번호 매기기 → ④
4로 시작

❺ 표의 나머지 셀 테두리를 변경하기 위하여 표 안쪽 셀 전체를 블록으로 지정한 후 마우스 오른쪽 버튼을 클릭하여 바로 가기 메뉴에서 **[셀 테두리/배경]-[각 셀마다 적용]**을 선택합니다.

➕ 셀 테두리 / 배경 바로 가기 키 : ⌊

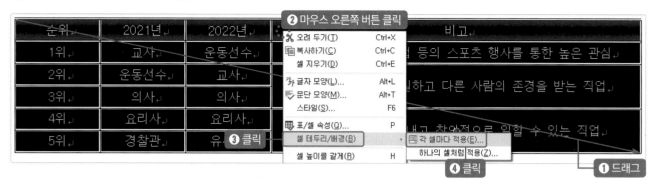

❻ **[셀 테두리/배경]** 대화상자가 나타나면 **[테두리]** 탭에서 종류(**선 없음**)를 지정한 다음 **왼쪽(▥), 오른쪽(▦)**을 선택한 후 **<설정>**을 클릭합니다.

➕ Esc 를 눌러 표의 블록을 해제한 후 왼쪽과 오른쪽에 끝에 적용된 셀 테두리(선 없음)를 확인합니다.

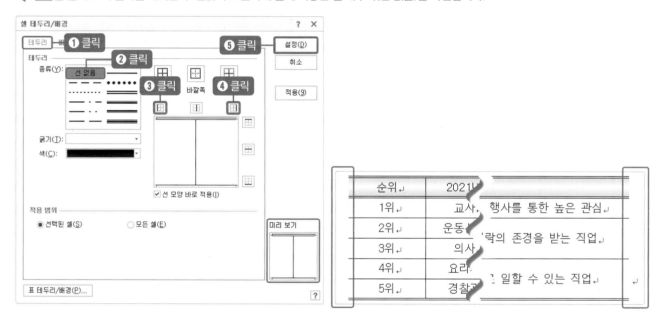

❼ 다시 표 안쪽 셀 전체를 블록으로 지정한 후 마우스 오른쪽 버튼을 클릭하여 바로 가기 메뉴에서 **[셀 테두리/배경]-[각 셀마다 적용]**을 선택합니다.

➕ 표의 양끝 테두리는 '선 없음'으로 지정되었기 때문에 빨간 점선으로 표시됩니다.

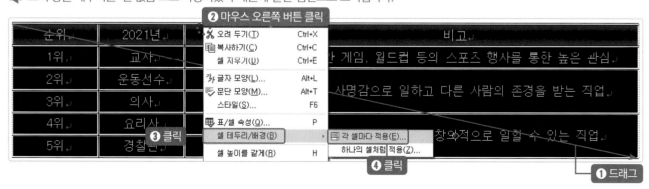

글꼴 : 굴림, 18pt, 진하게, 가운데 정렬
책갈피 이름 : 매진
덧말 넣기

머리말 기능
돋움, 10pt, 오른쪽 정렬 → 콘서트 안내

문단 첫 글자 장식
글꼴 : 굴림, 면색 : 노랑

1세대 아이돌 그룹
인기그룹 A, 콘서트 예매 7분 만에 전석 매진

인　기 아이돌 그룹 A의 인기가 여전하다. 9월 20일부터 9월 22일까지 서울 고척 스카이 돔에서 열리는 콘서트의 티켓 예매가 시작 7분 만에 3만 5천 여석에 이르는 모든 좌석 (坐席)이 매진되었다. 지난해 잠실 종합운동장에서 열린 콘서트도 10분 만에 10만 여석이 모두 매진되었던 터라 이번 콘서트도 티켓 예매가 치열할 것이라 예상되어 예매처에서도 만반의 준 비를 한 것으로 알려졌다.

또한 티켓 정가에 적게는 1만 원에서 많게는 수백만 원까지 프리미엄을 붙여 티켓을 되파는 불법 거래를 차단하기 위해 매크로를 활용한 티켓 예매(豫買)를 차단하고, 불법 거래를 통한

각주
티켓은 주최측에서 사전 통보 없이 취소하기로 했다. 또, 불법 티켓을 소지하고 입장하고자 하는 경우 입구에서 입장 이 제한될 수 있다. 한편 콘서트에서 사용된 굿즈 또한 공식 예매 사이트에서 구입이 가능하다. LED 응원봉은 티켓 과 페어링Ⓐ을 통해 중앙 제어가 가능해 특색있는 관객석을 연출할 예정이다.

데뷔한 지 20년이 넘은 장수 아이돌 그룹이지만 2년 연속 10만 여석의 좌석을 매진(賣盡)시키며 여전히 건재함을 과시한 이들의 앞으로의 행보가 주목된다.

글꼴 : 굴림, 18pt, 하양
음영색 : 빨강

그림위치(내 PC₩문서₩ITQ₩ Picture₩그림4.jpg, 문서에 포함) 자르기 기능 이용, 크기(35mm×35mm), 바깥 여백 왼쪽 : 2mm

추가 티켓 오픈 및 굿즈 현장 판매

A. 추가 티켓 예매

　I) 예매 일정 : 9월 1일 ~ 9월 10일

　II) 오픈 좌석 : 시야 제한석에 한정

B. 굿즈 현장 판매

　I) 판매 위치 : 고척 스카이돔 티켓 부스 앞, 물품별 판매 부스 번호 확인

　II) 판매 물품 : LED 응원봉, 우비, 모자, 팔찌, 티셔츠 등

문단 번호 기능 사용
1수준 : 20pt, 오른쪽정렬,
2수준 : 30pt, 오른쪽정렬
줄 간격 : 180%

표 전체 글꼴 : 돋움, 10pt, 가운데 정렬
셀 배경(그러데이션) : 유형【수평】,
시작색(하양), 끝색(노랑)

오프라인 굿즈 판매 안내 ← 글꼴 : 굴림, 18pt, 기울임, 강조점

물품명	세부 내용	부스 번호	비고
LED 응원봉	풍선 모양의 LED 응원봉, 페어링 과정 필요	1번	
우비	단일 사이즈, 흰색으로 된 비닐 재질	2번	인터넷 사이트를
모자	단일 사이즈, 흰색과 검은색 2종류	3번	이용하면 쉽게 구매
티셔츠	남녀 구분, S, M, L, XL, XXL로 사이즈 구분	4번	가능
그 외의 물품		5번	

글꼴 : 돋움, 24pt, 진하게
장평 105%, 오른쪽 정렬 → # 콘서트 대행사 블루

각주 구분선 : 5cm

Ⓐ 무선으로 연결하기 위해 블루투스 장치에 정보를 수동으로 등록하는 데 필요한 절차

쪽 번호 매기기
5로 시작 → ⑤

❽ [셀 테두리/배경] 대화상자가 나타나면 [테두리] 탭에서 종류(**이중 실선**)와 **아래**(▦)를 선택한 후 <설정>을 클릭합니다.

❾ [Esc]를 눌러 블록을 해제한 후 완성된 표를 확인합니다.

➕ [저장하기(💾)]를 클릭하거나 [Alt]+[S]를 눌러 지금까지 작업한 내용을 저장합니다.

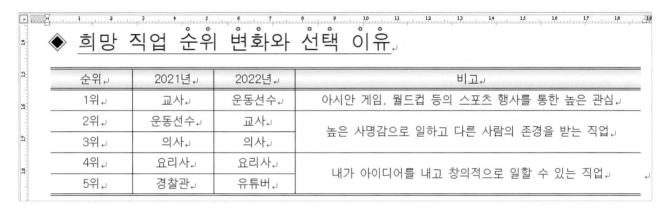

◆ 희망 직업 순위 변화와 선택 이유

순위	2021년	2022년	비고
1위	교사	운동선수	아시안 게임, 월드컵 등의 스포츠 행사를 통한 높은 관심
2위	운동선수	교사	높은 사명감으로 일하고 다른 사람의 존경을 받는 직업
3위	의사	의사	
4위	요리사	요리사	내가 아이디어를 내고 창의적으로 일할 수 있는 직업
5위	경찰관	유튜버	

07 단체명 편집 및 쪽 번호 매기기

- 단체명 → 글꼴 : 굴림, 24pt, 진하게, 장평 105%, 오른쪽 정렬
- 쪽 번호 → 쪽 번호 매기기, 6으로 시작

1. 단체명 편집하기

❶ 단체명을 편집하기 위해 내용을 블록으로 지정한 후 서식 도구 상자에서 **오른쪽 정렬**(▤)을 클릭합니다.

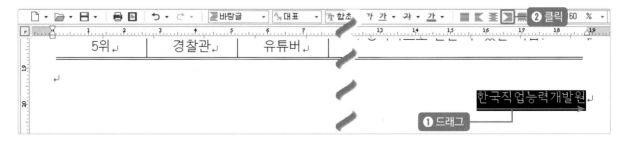

소스파일: 07차시-03(문제).hwp
완성파일: 07차시-03(완성).hwp

글꼴 : 굴림, 18pt, 진하게, 가운데 정렬
책갈피 이름 : 장염
덧말 넣기

머리말 기능
궁서, 10pt, 오른쪽 정렬 → 국민건강관리공단

문단 첫 글자 장식
글꼴 : 궁서, 면색 : 노랑

깨끗한 생활 습관 필요
여름철 불청객 장염 바이러스

그림위치(내 PC₩문서₩ITQ₩Picture₩그림5.jpg, 문서에 포함)
자르기 기능 이용, 크기(45mm×35mm), 바깥 여백 왼쪽 : 2mm

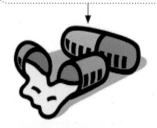

여름이 되면 장염 증상을 호소하며 병원을 찾는 사람이 많아진다. 작년 한 해 장염으로 진료를 받은 환자의 26%가 10세 미만의 아이들이다. 장염은 장에 염증이 생기는 질병으로, 크게 세균성 바이러스와 바이러스성 장염으로 구분된다. 여름에는 고온다습한 환경 때문에 세균에 감염된 음식을 섭취해 세균성 장염에 걸리는 경우가 많고, 환절기나 겨울에는 바이러스성 장염에 걸리는 경우가 많다. 장염은 구토, 복통, 열, 식욕부진, 설사 등 다양한 형태(形態)로 나타나는데, 감기의 증상과 비슷해 제때에 치료를 받지 못하는 경우가 생기기도 하므로 세심한 주의가 필요하다.

영유아⑦들이 장염 바이러스에 걸리면 구토나 설사로 인해 탈수가 생기기 쉬우니 수분 섭취가 가장 중요하다. 이온음료나 쥬스는 상태를 악화시킬 수 있으니, 보리차를 주는 것이 좋다. 또한 이 시기에는 음식물을 소화하는 능력이 떨어지기 때문에 자극적인 음식이나 기름진 음식은 피하는 것이 좋다.

무엇보다 중요한 것은 장염 증상(症狀)이 나타났을 때 지체없이 병원을 방문하여 전문가의 적절한 치료를 받는 것이 가장 좋다. (각주)

◑ 소아 장염의 특징

글꼴 : 돋움, 18pt, 하양
음영색 : 파랑

가. 감염 경로

　⑦ 침 또는 대변 분비물을 통해 주로 감염

　⑥ 어린이집, 유치원 등 단체생활을 하는 곳에서 주로 발생

나. 장염의 증상

　⑦ 구토, 복통, 열, 식욕부진, 설사 등 다양한 형태로 발병

　⑥ 최대 열흘 정도 장염 증상 보임

문단 번호 기능 사용
1수준 : 20pt, 오른쪽정렬,
2수준 : 30pt, 오른쪽정렬
줄 간격 : 180%

표 전체 글꼴 : 굴림, 10pt, 가운데 정렬
셀 배경(그러데이션) : 유형(오른쪽 대각선),
시작색(하양), 끝색(노랑)

◑ *장염에 걸렸을 때 대처 방안*

글꼴 : 돋움, 18pt, 기울임, 강조점

구분	세균성 장염	바이러스성 장염
내용	식중독균에 감염된 음식을 섭취할 경우 발생	바이러스가 묻은 장난감을 입에 넣은 경우 발생
원인균	병원성대장균, 포도상구균	노로바이러스, 로타바이러스
해결 방법	충분한 수분섭취(설사가 심한 경우 1~2일 동안 금식)	
	자극적인 음식 피하기(기름지거나 차가운 음식 섭취 금지)	
	깨끗한 생활 습관(흐르는 물에 손씻기, 육아용품 자주 소독하기)	
	깨끗하고 올바른 식습관만으로 장염 예방 가능	

글꼴 : 궁서, 24pt, 진하게
장평 95%, 오른쪽 정렬 → **임신육아종합포털**

각주 구분선 : 5cm

⑦ 영아와 유아를 합친 단어로 출생부터 만 6세까지의 어린 아이

쪽 번호 매기기
7로 시작 → vii

❷ 내용이 블록으로 지정된 상태에서 [편집] 탭-[글자 모양(가)]을 클릭합니다.

➕ 글자 모양 바로 가기 키 : Alt + L

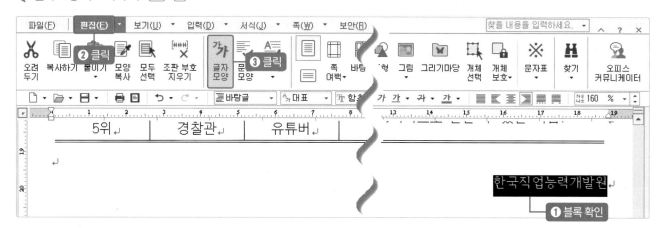

❸ [글자 모양] 대화상자가 나타나면 [기본] 탭에서 기준 크기(24pt), 글꼴(굴림), 장평(105%), 진하게를 지정한 후 <설정>을 클릭합니다.

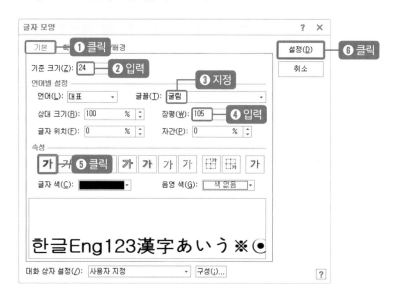

❹ Esc 를 눌러 블록을 해제한 후 서식이 적용된 단체명을 확인합니다.

➕ [저장하기(🖫)]를 클릭하거나 Alt + S 를 눌러 지금까지 작업한 내용을 저장합니다.

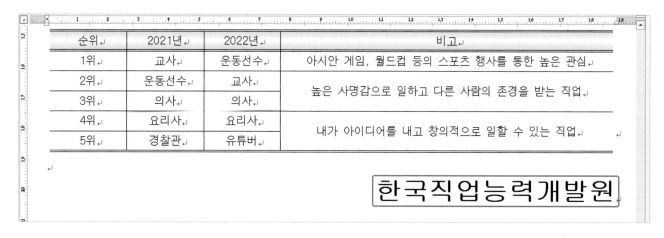

순위	2021년	2022년	비고
1위	교사	운동선수	아시안 게임, 월드컵 등의 스포츠 행사를 통한 높은 관심
2위	운동선수	교사	높은 사명감으로 일하고 다른 사람의 존경을 받는 직업
3위	의사	의사	
4위	요리사	요리사	내가 아이디어를 내고 창의적으로 일할 수 있는 직업
5위	경찰관	유튜버	

한국직업능력개발원

글꼴 : 궁서, 18pt, 진하게, 가운데 정렬
책갈피 이름 : 코딩
덧말 넣기

머리말 기능
돋움, 10pt, 오른쪽 정렬 → 소프트웨어 코딩 교육

문단 첫 글자 장식
글꼴 : 궁서, 면 색 : 노랑

연간 17시간
소프트웨어 코딩 교육 의무화

그림위치(내 PC₩문서₩ITQ₩
Picture₩그림5.jpg, 문서에 포함)
자르기 기능 이용, 크기(40mm×40mm),
바깥 여백 왼쪽 : 2mm

2 019년부터 전국 초중고교에서 소프트웨어 교육이 의무화되어 코딩 교육이 활발하게 진행되고 있다. 이미 미국, 영국, 싱가포르 등에서는 코딩 교육이 실시되었으며, 대학에서도 필수 교양 과목으로 지정될 만큼 코딩 교육의 중요성은 더욱 강조되고 있다. 코딩은 컴퓨터 언어인 C언어, 파이썬 등을 활용하여 컴퓨터가 이해할 수 있는 프로그램을 만들어내는 과정으로, 4차 산업과 맞물려 코딩 교육(敎育)의 중요성이 강조되고 있다.

코딩 교육은 논리적 사고력, 창의력, 문제해결능력ⓐ 등을 키우는 데 도움이 된다. 어떤 명령어를 입력해야 소프트웨어가 정상적으로 작동할지 생각하고, 스스로 해결해 나가는 과정에서 논리적 사고력, 창의력, 문제해결능력 등을 키울 수 있어, 자연스레 역량을 겸비한 창의융합형 인재로 성장하게 될 것이다.

각주

처음 코딩을 배우게 되면 지금까지와는 다른 컴퓨터의 언어(言語)를 배워야 하기 때문에 어려울 수 있겠지만 코딩 언어를 외우는 것에서 벗어나 교구 등을 활용하여 게임을 하는 것처럼 학습하다 보면 코딩에 흥미를 갖게 될 것이다.

♥ 소프트웨어 코딩 교육의 목적과 활동

글꼴 : 굴림, 18pt, 하양
음영색 : 빨강

I) 코딩 교육의 목적

(i) 다양한 문제를 창의적이고 효율적으로 해결하는 컴퓨팅 사고력

(ii) 컴퓨팅 사고력을 통해서 논리력과 문제 해결력

문단 번호 기능 사용
1수준 : 20pt, 오른쪽정렬,
2수준 : 30pt, 오른쪽정렬
줄 간격 : 180%

II) 코딩 교육 방법

(i) 소프트웨어의 기초 원리는 이해하는 놀이 중심 활동

(ii) 아이디어를 소프트웨어로 구현하여 친구들과 공유

표 전체 글꼴 : 굴림, 10pt, 가운데 정렬
셀 배경(그러데이션) : 유형(왼쪽 대각선),
시작색(하양), 끝색(노랑)

♥ 국가별 코딩 교육 현황과 내용

글꼴 : 굴림, 18pt, 밑줄, 강조점

국가	교육시작	내용	비고
대한민국	2019년	연 17시간의 코딩교육 의무화	초등학교 5~6학년 대상
미국	2013년	일부 주에서 정규 교육과정에 포함	대학 입학 시험 과목에 추가
영국		컴퓨팅 과목을 필수 과목으로 지정	5세부터 16세까지 코딩 교육 실시
에스토니아	1992년	가장 먼저 공교육에 코딩 교육 시작	초등학교 1학년부터 교육 시작
핀란드	2016년	가을학기부터 초등학생 코딩 교육 의무화	프로그래밍 언어 1개 이상 마스터

글꼴 : 돋움, 24pt, 진하게
장평 110%, 오른쪽 정렬

블루커뮤니케이션

각주 구분선 : 5cm

ⓐ 발생 가능한 다양한 문제를 인식하고 해결법을 만들어낼 수 있는 능력

쪽 번호 매기기
5로 시작 → V

2. 쪽 번호 매기기   – 쪽 번호 매기기, 6으로 시작

❶ 쪽 번호를 삽입하기 위해 **[쪽] 탭–[쪽 번호 매기기(⬚)]**를 클릭합니다.

　➕ 쪽 번호 매기기 바로 가기 키 : Ctrl + N , P

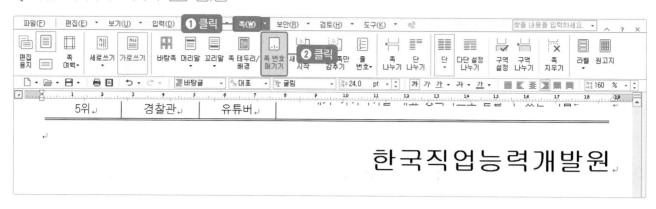

❷ **[쪽 번호 매기기]** 대화상자가 나타나면 **번호 위치(오른쪽 아래), 번호 모양(①,②,③), 줄표 넣기(체크 해제), 시작 번호(6)**를 지정 및 입력한 후 **<넣기>**를 클릭합니다.

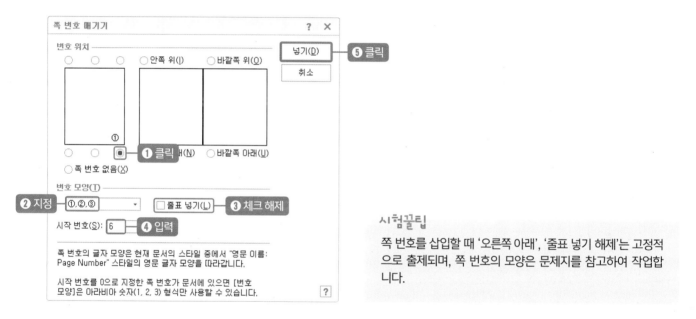

시험꿀팁

쪽 번호를 삽입할 때 '오른쪽 아래', '줄표 넣기 해제'는 고정적으로 출제되며, 쪽 번호의 모양은 문제지를 참고하여 작업합니다.

❸ 문서 아래쪽에 쪽 번호가 삽입된 것을 확인한 후 서식 도구 상자에서 **[저장하기(⬚)]**를 클릭하거나 Alt + S 를 눌러 파일을 저장합니다.

1 다음의 《조건》에 따라 문서를 작성하시오.

소스파일 : 07차시-01(문제).hwp
완성파일 : 07차시-01(완성).hwp

글꼴 : 돋움, 18pt, 진하게, 가운데 정렬
책갈피 이름 : 대출
덧말 넣기

머리말 기능
굴림, 10pt, 오른쪽 정렬 ▶ 국립중앙도서관 자료 제공

문단 첫 글자 장식
글꼴 : 궁서, 면색 : 노랑

초등학교 도서 대출
짜장 짬뽕 탕수육 최다 대출 1위

각주

그림위치(내 PC\문서\ITQ\
Picture\그림4.jpg, 문서에 포함)
자르기 기능 이용, 크기(40mm×35mm),
바깥 여백 왼쪽 : 2mm

전 국 도서관의 데이터를 분석한 결과A 우리나라 초등학생은 김영주 작가의 '짜장 짬뽕 탕수육' 도서를 가장 많이 대출한 것으로 나타났다. '짜장 짬뽕 탕수육' 도서는 저자가 어린이들의 학교 생활을 면밀하게 관찰해 만든 책으로, 도시로 전학 온 종민이는 화장실에 갈 때마다 친구들에게 놀림을 당한다. 하지만 거기에 굴하지 않고 종민이는 지혜롭고 현명하게 해결해 나간다. 친구들이 좋아하는 짜장, 짬뽕, 탕수육을 활용한 종민이의 센스 있는 문제 해결 방법(方法)은 박수가 절로 나올 정도다. 1999년도에 출간되어 현재의 모습과는 차이는 있지만 순수한 아이들의 모습만은 20년 전이나 지금이나 똑같다는 생각이 든다.

이외에 초등학생들의 10년간 인기 대출(貸出) 도서 상위 500위를 살펴보면 시리즈로 구성된 그림책과 학습만화가 전체 대출의 80%를 차지했다. 하지만 학습만화는 초등학교 저학년에서 고학년으로 갈수록 대출의 비중이 줄어들고, 단권 도서와 시리즈 도서는 증가하는 것으로 나타났다. 연령이 증가할수록 만화 형식 보다는 단행본 형식의 도서를 더 선호하는 것으로 보인다.

♠ **초등학생과 중고등학생의 도서 대출 동향**

글꼴 : 궁서, 18pt, 하양
음영색 : 빨강

가) 초등학생 대출 동향

　a) 시리즈로 구성된 그림책과 학습만화 선호

　b) 고학년으로 갈수록 학습만화의 비중 감소

나) 중고등학생 대출 동향

　a) 문학 도서의 대출 비중 압도적

　b) 진로 관련 도서 대출 증가

문단 번호 기능 사용
1수준 : 20pt, 오른쪽정렬,
2수준 : 30pt, 오른쪽정렬
줄 간격 : 180%

표 전체 글꼴 : 돋움, 10pt, 가운데 정렬
셀 배경(그러데이션) : 유형(가운데에서),
시작색(하양), 끝색(노랑)

♠ *지난 10년간 초등학생 인기 대출 도서*

글꼴 : 궁서, 18pt, 기울임, 강조점

도서명	저자	출판연도	분석
짜장 짬뽕 탕수육	김영주	1999년	
자전거 도둑	박완서	2000년	전국 844개 도서관 데이터를 수집, 제공하는
책과 노니는 집	이영서	2009년	'도서관 정보나루'의 지난 10년간 대출
마당을 나온 암탉	황선미	2000년	데이터를 활용한 빅데이터 분석 결과
양파의 왕따 일기	문선	2001년	

글꼴 : 굴림, 24pt, 진하게
장평 90%, 오른쪽 정렬 ▶ ## 국립중앙도서관

각주 구분선 : 5cm

A 도서관 정보나루에서 제공하는 데이터를 수집하여 분석하였음

쪽 번호 매기기
3으로 시작 ▶ 다